Wenn einer eine Reise tut

*Von verpaßten Zügen
und anderen Katastrophen*

Wenn einer eine Reise tut

Von verpaßten Zügen und anderen Katastrophen

Herausgegeben von
Ute Arndt

List

Der List Verlag
ist ein Unternehmen
der Econ & List Verlagsgesellschaft,
Düsseldorf und München

ISBN: 3-471-77030-5

Satz: Franzis-Druck GmbH, München
Druck und Bindung: Ebner, Ulm

Für Kavus – immer unstet und unterwegs

Inhalt

Vorwort

Zum Glück gibt's hier kein Glück!

Jeff und Jon haben zwei Bücher über Höhlen gelesen und glauben, Bescheid zu wissen: Eines Samstags klettern sie in die kalte und nasse Unterwelt West Virginias – und verirren sich gewaltig. Als ihre Freunde sie auf einer Party vermissen, beginnt ein Wettlauf mit der Zeit. Purer Zufall für die Höhlenforscher und Glück für uns, die Leser, wenn wir Tim Cahills wahre Erzählung verschlingen und mit pochendem Herzen in das dunkle Labyrinth hinabsteigen.

Wer auf Reisen geht, sucht Abwechslung und Abenteuer, ob als Pilger im Mittelalter oder als Pauschaltourist auf Mallorca. Das Abenteuer ist die Belohnung für das eingegangene Risiko, sich in Bewegung zu setzen, sein Zuhause zu verlassen und sich in ferne Länder zu wagen. In der Fremde werden wir Reisenden aufmerksamer, neugieriger und manchmal auch wagemutiger. Passiert es dann, das Abenteuer, machen sich tiefe Gefühle Luft, die wir im lauen Alltag kaum noch kennen: Enttäuschung, Empörung, Verletzung, Mißverständnis, Gewalt, Wut und Panik. Eines ist jedoch nur selten zu finden: das Glück. Das Moment wird erst »danach« empfunden, nach der brenzligen Situation, in der Gewißheit, überlebt zu haben. Vielleicht stellt sich dieses Gefühl aber auch erst ein, wenn man davon erzählt.

Abenteuergeschichten sind die schönsten Souvenirs im Gepäck jedes Reisenden – und sie sind die Petits Fours jeder Reiseerzählung. Auch wenn die Reise selbst längst vergessen ist, die Reiseabenteuer bleiben unsterblich: Die Amerikanerin Djuna Barnes wird sich an das Land Tunesien nur noch blaß erinnern, der Schuhputzer aus Sousse verfolgt sie gedanklich jedoch noch heute.

Von abenteuerlichen Höhepunkten lesen Sie in diesem Buch bei Mark Twain, Karl Valentin, Simone de Beauvoir, Michael Crichton, Martha Gellhorn und Ernest Hemingway. Sie reisen und abenteuern in Tagebüchern, Erzählungen, Berichten, in Romanen, Skizzen, Briefen, Autobiographien und Zeitungsartikeln. Aber nicht nur Schriftsteller, auch Forscherinnen wie Mary Kingsley und Gertrude Bell, Pionierinnen wie Elly Beinhorn und Beryl Markham und Journalistinnen wie Oriana Fallaci und Simone Borowiak überkommt das Reiseunglück, das sich nicht immer zur großen Katastrophe auswächst. Manchmal lesen Sie auch von Fehltritten, Eskapaden, Mißverständnissen, brenzligen Situationen oder bösen Beobachtungen. Und zuweilen gerät die gesamte Reise zu einem einzigen Fiasko wie bei Fruttero & Lucentini, Christian W. Lutz und Friedrich-Karl Praetorius. Für den Erzähler sind sie ein Glücksfall, eignen sich Katastrophen als Sujet doch besser als die harmonische Langeweile im Paradies. Aber erst mit der Entwicklung des Tourismus Mitte des 19. Jahrhunderts wurde die Literatur um diese Reisekatastrophen reicher. Zwar hatten die Menschen zuvor auch schon ihre Abenteuer zu bestehen; zwar war es früher noch ungewisser als heute, ob sie mit dem Leben davon- und wieder heimkommen, aber sie thematisierten ihr Unglück nicht. Subjektive Erlebnisse waren der langen Rede nicht wert – so der gesellschaftliche Konsens. Erst mit Entstehung dessen, was man heute Freizeitgesellschaft nennt, und mit dem anerkannten Recht, nur zum eigenen Vergnügen reisen zu dürfen, können sich die Reisenden erlauben, von Erfahrungen und Gefühlen zu schreiben, ohne sich zu blamieren. Und so vermehrten sich in der Literatur seit Ende des letzten Jahrhunderts mit der Zahl der Reisenden auch die Reisegeschichten, gespickt mit Abenteuern, die noch beim Leser das Herz höher schlagen lassen.

Doch glauben Sie nicht, wie Jeff und John nach der Lektüre gegen alle Widrigkeiten gewappnet zu sein. Es könnte gefährlich werden.

Ute Arndt, 1998

Kapitel I
Mit allen Wassern gewaschen

Michael Crichton
Das Mundstück

Michael Crichton (geboren 1942 in Chicago), Schriftsteller (Expedition Kongo, Jurassic Park), *Wissenschaftler und Filmregisseur, beginnt erst nach vielen Jahren des Herumreisens, über seine Erlebnisse von unterwegs auch zu schreiben. Denn aus Ferien, die als Atempausen des Alltagslebens gedacht waren, werden Schwellenerlebnisse in fernen Welten, die den Atem nicht beruhigen, sondern beschleunigen – oder stocken lassen.*

Die sinkende Sonne glühte rot am Horizont, als wir mit unseren Preßluftflaschen und Lampen schwerfällig ins Meer wateten. Als das Wasser uns bis zur Hüfte reichte, blieben wir stehen, um uns die Tauchmaske aufzusetzen und Gurte nachzuziehen. Hinter uns, im Hotel Bonaire, kamen die Gäste zum Abendessen in den Speisesaal.

»Hast du Hunger?« fragte ich meine Schwester.

Sie schüttelte den Kopf. Sie hatte noch nie zuvor im Dunkeln getaucht und hatte ein wenig Angst davor.

Wir waren zu einem zweiwöchigen Tauchurlaub nach Bonaire gekommen. Kim hatte die ersten beiden

Jahre ihres Jurastudiums hinter sich und ich die Rohfassung meines nächsten Romans fertig; beide freuten wir uns auf Erholung und schöne Taucherlebnisse.

Bonaire liegt achtzig Kilometer vor der Küste Venezuelas. Eigentlich ist diese in holländischem Besitz befindliche Insel ein vom Meer vereinnahmter Berg mit steil abfallenden Flanken. Bereits zwanzig Meter vom Sandstrand entfernt war das kristallklare Wasser dreißig Meter tief, und so war das Tauchen im Dunkeln einfach: man mußte lediglich bei Sonnenuntergang vom Hotelstrand ins Wasser gehen und sich auf dreißig Meter Tiefe sinken lassen. Man konnte eine Stunde lang im Dunkeln tauchen und trotzdem noch rechtzeitig zum Abendessen im Hotel sein.

So hatten wir es auch vor.

Meine Schwester steckte sich das Mundstück des Luftautomaten zwischen die Zähne, und ich hörte das Zischen, als sie die Luft einsog. Sie griff sich an die Schultern und bedeutete mir, daß ihr kalt war; sie wollte, daß es losging.

Wir ließen uns unter die Meeresoberfläche sinken.

Die Umgebung ist tiefblau, kleine Fische huschen wie Schatten über den Sand und die Kronen der Korallen. An meiner Wange höre ich die ausgeatmeten Luftblasen entlanggleiten. Ich blicke zu Kim hinüber, um zu sehen, was sie macht. Sie wirkt entspannt. Sie ist eine erfahrene Taucherin, und auch ich tauche seit mehr als zehn Jahren.

Wir lassen uns sinken, den Hang hinab in die Schwärze. Wir schalten die Lampen ein und sehen sofort eine Welt unvorstellbarer bunter Farben. Die Korallen und Schwämme leuchten in kräftigen Grün-, Gelb- und Rottönen.

Wir gehen tiefer, durch das schwarze Wasser, sehen lediglich, was vom Lichtstrahl unserer Lampen getroffen wird. Wir stoßen auf große Fische, die unter überhängenden Korallenbänken schlafen. Wir können sie anfassen, was tagsüber unter keinen Umständen möglich ist. Nachttiere sind jetzt aktiv; eine schwarz-weiß gefleckte Muräne kommt aus ihrem Loch heraus und starrt uns, die machtvollen Kiefer gespannt, mit schwarzen Knopfaugen an. Eine Krake schiebt sich durch den Lichtstrahl meiner Lampe und wird vor Zorn leuchtend rot. In einer Korallennische stoßen wir auf einen winzigen rotgestreiften Krebs, nicht länger als mein kleiner Finger.

Da ich bei diesem Tauchvorgang fotografieren möchte, habe ich meine Kamera umgehängt. Ich mache einige Aufnahmen, dann stupst mich meine Schwester an und macht mir ein Zeichen, daß sie die Kamera haben möchte. Ich nehme den Riemen vom Hals und halte ihn ihr hin. Ich bewege mich langsam; mit einer Taschenlampe, die vom Handgelenk hängt, geht das alles recht schwerfällig. Kim zieht die Kamera zu sich her.

Mit einemmal spüre ich einen scharfen Ruck an meinem Kiefer, das Mundstück wird mir aus den Lippen gerissen. Ich bekomme keine Luft mehr.

Ich weiß sofort, was geschehen ist. Der Kamerariemen muß sich in der Luftleitung verfangen haben.

Ich hänge in der Dunkelheit im tintenschwarzen Wasser und habe keine Luft mehr.

Ich bleibe ganz ruhig.

Wenn man das Mundstück des Luftautomaten verliert, fällt es grundsätzlich an der rechten Körperseite herunter und läßt sich im Wasser neben dem rechten Hüftknochen ertasten. Ich greife hin.

Es ist nicht da.

Ich bleibe ganz ruhig.

Ich taste weiter danach. Ich weiß, daß es irgendwo in der Nähe meiner Hüfte ist. Es muß einfach dort sein. Ich betaste meine Atemluftflasche. Ich betaste meinen Gewichtsgürtel. Ich betaste alles, was ich an Ausrüstung auf dem Rücken trage.

Das Mundstück ist nicht da. Ich bin jetzt ganz sicher: es ist nicht da. Das Mundstück ist nicht da.

Ich bleibe ganz ruhig.

Mir ist klar, daß das Mundstück nicht vom Luftschlauch abgerissen ist, denn dann würde ich laut das Ausströmen von Luft hören. Da mich aber unheimliche schwarze Stille umgibt, ist das Mundstück irgendwo in meiner Nähe. Wenn es nicht rechts von mir heruntergefallen ist, muß es hinter meinem Hals sein, irgendwo am oberen Ende der Luftflasche. Dort läßt es sich zwar etwas schwieriger finden, aber ich fahre mit der Hand hinter den Kopf und taste nach dem Luftschlauch. Ich kann den oberen Teil der Flasche spüren, das senkrecht stehende Metallventil. Ich ertaste Leitungen, weiß nicht, welche davon der Luftschlauch ist. Ich taste weiter.

Ich kann es nicht finden.

Ich bleibe ganz ruhig.

Wie tief bin ich? Achtzehn Meter sehe ich beim Blick auf den Tiefenmesser. Das ist in Ordnung. Ich kann die Luft, die sich in meiner Lunge befindet, langsam und gleichmäßig ausatmen und zur Oberfläche emporsteigen. Das schaffe ich bestimmt. Zumindest halte ich es für ziemlich sicher, daß ich es schaffen kann.

Aber es wäre besser, das Mundstück jetzt zu finden. Hier unten.

Meine Schwester hängt eineinhalb Meter über mir im Wasser; ihre Schwimmflossen bewegen sich sacht vor meinem Gesicht. Ich steige auf, neben sie, und sie sieht zu mir her. Ich zeige auf meinen Mund. Hier: da fehlt was. Kein Mundstück, Kim.

Sie winkt mir zu und signalisiert, daß bei ihr alles in Ordnung ist. Sie hängt sich die Kamera um, und ich begreife, daß sie mich in der Dunkelheit wahrscheinlich nicht besonders gut sehen kann.

Ich fasse sie am Arm. Ich zeige auf meinen Mund. Kein Mundstück! *Keine Luft!*

Sie schüttelt den Kopf, zuckt die Schultern. Sie versteht nicht. Worum geht es? Was versuche ich ihr klarzumachen?

Meine Lunge fängt an zu brennen. Ich stoße einige

Luftblasen in ihre Richtung aus und zeige erneut auf meinen Mund. Sieh doch: mein Mundstück ist weg. Um Gottes willen!

Kim nickt langsam. Ich kann ihre Augen nicht sehen, weil das Glas ihrer Tauchmaske spiegelt. Aber sie versteht. Zumindest glaube ich, daß sie versteht.

Meine Lunge brennt jetzt entsetzlich. Ich muß schleunigst aufsteigen.

Ich bin nicht mehr so ruhig.

In der Dunkelheit pendelt Kim langsam hinter mir. Das Licht ihrer Lampe ist hinter meinem Kopf und läßt meinen Schatten auf die Korallen unter uns fallen. Sie sucht in der Nähe meines Halses um meine Luftschläuche herum. Jetzt ist sie links über mir. Nicht links, Kim! Es muß irgendwo rechts sein! Sie bewegt sich langsam, aufreizend bedächtig.

Meine Lunge brennt.

Ich weiß, daß ich nach oben muß. Ich mahne mich immer wieder; denk dran, daß du ausatmest, denk dran, daß du ausatmest. Falls ich vergesse, beim Auftauchen auszuatmen, gibt es einen Lungenriß. Eine Panikreaktion kann ich mir nicht leisten.

Kim nimmt meine Hand. Sie reicht mir auf ihre langsame, bedächtige Weise etwas. Meine Finger schließen sich um Gummi; sie hat mir das Mundstück in die Hand gedrückt! Ich stecke es mir zwischen die Zähne und blase das Wasser heraus.

Es gurgelt um mich herum, dann strömt mir Luft kalt in die Lunge. Kim sieht fragend zu mir her und beobachtet mich aufmerksam. Ich sauge die Luft ein und huste einige Male.

Mein Herz hämmert. Ich fühle mich benommen. Jetzt, da alles in Ordnung ist, überfällt mich die Panik, die ich unterdrückt hatte. Großer Gott, beinah wäre es um mich geschehen gewesen! Kim sieht mich immer noch fragend an. Wieder alles im Lot?

Ich recke den Daumen. Ja, mir fehlt nichts. Wir setzen den Tauchgang fort, obwohl es mir schwerfällt, mich zu konzentrieren. Ich bin froh, als er vorüber ist. Am Strand breche ich zusammen. Ich zittere am ganzen Leib.

»Das war merkwürdig«, sagt sie. Sie erzählt mir, daß sich der Luftschlauch irgendwie verdreht hatte, so daß das Mundstück hinter meiner linken Schulter herabhing. »Ich wußte gar nicht, daß so was passieren kann«, sagt sie. »Es hat eine Weile gedauert, bis ich es gefunden hatte. Fehlt dir auch nichts?«

»Ich glaube nicht«, sage ich.

»Du zitterst.«

»Das ist wohl nur die Kälte.«

Ich dusche heiß. Allein in meinem Zimmer, empfinde ich den unwiderstehlichen Drang danach, mit einer Frau zusammenzusein. Ich kann ihn nicht unterdrücken. Ich denke: Das ist ein Klischee – kaum dem Tod entronnen, befällt einen das Bedürfnis nach Fortpflanzung. Aber es stimmt. Ich spüre es. Und ich bin mit meiner Schwester da, großer Gott.

Simone de Beauvoir
Buffalos Niagarafälle

Simone de Beauvoir (1908–1986), Schriftstellerin und Philosophin des französischen Existentialismus, unternimmt 1947 eine viermonatige Vortrags- und Vergnügungsreise durch die USA. In ihren Tagebuchaufzeichnungen beschreibt sie ihren Besuch beim Touristenhighlight »Niagarafälle«, von dem sie alles andere als erhellt zurückkehrt.

Werden Sie sich die Niagara-Fälle ansehen?« fragte mich der Sohn des Dr. B. »Ist das schön?« – »Oh, gewiß, das ist schön!« In New York hatte man mir lächelnd gesagt: »Das ist ein Fleckchen für Hochzeitsreisende«, und meist fügte man hinzu: »Aber es ist trotzdem lohnend.« Schon lange wollte ich sie sehen. Keineswegs wegen Chateaubriand, sondern weil ich sie – als ich so alt war wie der Sohn des Dr. B. – eines Sonntags, grün und schaumig, im Châtelet gesehen habe. Ein Akrobat überquerte sie auf einem Drahtseil, in den Armen die Heldin, die er durch diese tapfere Tat gräßlichen Gefahren entriß. Auch habe ich in einem Abenteuerbuch eine Beschreibung gelesen, die mir lange Zeit als stilistisch besonders geglückt erschien. Da ich einen freien Tag habe, werde ich, anstatt direkt nach Cleveland, über Buffalo fahren.

Buffalo ist nicht weit. Zwei Stunden rollt der Autobus durch eine dürftige Ebene: Schnee, nackte Bäume, Holzhäuschen, bald vereinzelt, bald gehäuft zu dem, was man hierorts ein Dorf nennt. In der Ferne sieht man die weiße Linie des Sees. Es sieht aus, als würde ein monotoner Hintergrundvorhang endlos vor unseren Augen aufgerollt, Buffalo. Der Name ist rot und braun wie alte Kinderzeitschriften, er hat den Wildgeruch der Stiefel des Buffalo Bill und der großen Büffelherden; er hat die rauhe Urwüchsigkeit eines Pionierlagers am Ufer eines stürmischen Sees. Wir folgen einer Tramwaylinie, gelangen in eine schwarze, von niedrigen Häusern gesäumte Straße, die von geraden Straßen durchschnitten wird, dort läuft eine schwarze, von niedrigen Häusern umsäumte Chaussee in die Unendlichkeit, 20 oder 25 Meilen lang ist die Einfahrt nach Buffalo. Der Autobus hält mitten auf der Main Street. Kinos, Geschäfte, massive *buildings*, in denen Banken untergebracht sind. Ich lasse meine Koffer in der Station, die gleichzeitig *drugstore*, Buchhandlung und Warteraum ist, und besteige einen anderen Autobus nach den Niagara Falls.

Niagara Falls ist keine Theaterdekoration. Es ist ein Buffalo in verkleinertem Maßstab, eine schwarze und traurige Fabrikstadt. Man gelangt dorthin auf einer Straße, die am See entlangführt, aber man sieht den See nicht. Man sieht Schuppen und Fabriken, es riecht nach Rauch und Benzin. Der Wagen hält vor einer Reiseagentur. Bunte Anschläge laden zu Schiffs- und Wagenfahrten ein. Ein galonierter Angestellter bemächtigt sich meiner. Da ich nicht Zeit genug habe, den Kollektivausflug zu Schiff mitzumachen, bringt er mich in einem Taxi unter. Für ein paar Dollar erhalte ich eine rosa Karte, die ich nach der Fahrt dem Chauffeur zu geben habe. Ein Spezialchauffeur soll mich führen. Er nimmt seine Rolle ernst und hört nicht auf zu reden. Wir fahren eine Straße am Rand einer Schlucht entlang, er beschreibt mir alle Fabriken, die auf dem anderen Ufer die Landschaft verschandeln. Wir kommen über eine große Brücke. Dort muß man halten – wir fahren nach Kanada hinein. Die Zollbeamten sind es schon gewohnt, alle Touristen setzen über den Fluß, um die Fälle vom kanadischen Ufer aus zu sehen, von wo der Blick schöner ist; immerhin brüten sie eine Viertelstunde über meinem Paß – nicht etwa, daß sie etwas auszusetzen hätten: sie betrachten ihn gewichtig. Hinter der Brücke fahren wir weiter die Schlucht entlang, in deren Tiefen sich der Niagara versteckt. Noch habe ich die Farbe seines Wassers nicht gesehen. Vor einem kleinen Pavillon hält der Chauffeur. Dort ist ein *lunch room,* ein Verkaufsstand mit Andenken und ein *lift,* mit dem ich für 50 Cent bis zur Höhe des Wasserspiegels hinunterfahre. Ich sehe mich um, was soll ich sonst tun? Wasser. Ich fahre wieder hinauf, wir starten. Und wieder halten wir. Diesmal geht der *lift* nach oben. Von einer Terrasse aus erblicke ich einen Arm des Niagara und einen Nebenfluß, der in ihn mündet. Wieder herunter und weiter. Wir fahren jetzt in entgegengesetzter Richtung auf die Fälle zu. Das Taxi hält an einem Aussichtspunkt, dann an einem andern mitten in einem verschneiten Park, und da entdecke ich den See. Zur Zeit Chateaubriands, und ehe die Fabriken und Touristenhäuschen erbaut waren, ist diese Landschaft fraglos packend gewesen. Der von Kiefern umgebene See ist gewaltig. Er ist nicht gefroren, aber das grün-weiße Wasser scheint jeden Augenblick erstarren zu wollen. Vielleicht würde – wie ich das in einem Roman von Jules Verne gelesen habe – es genügen, einen Eiszapfen hineinzuwerfen, um diese ganze bewegte Oberfläche zum Gefrieren zu bringen. Der See ist schön wie eine Landschaft von Jules Verne, ein Hauch von Abenteuern und Wundern liegt auf ihm. Der Wind fährt über die grünen Gewässer hin und entblößt ihre weißen, stählernen Wogen – sie würden einem ins Fleisch schneiden. Ein fließendes und hartes Wasser, ein schneidendes Wasser, ganz aus Nadeln und Messerklingen. Wenn der See plötzlich erstarrte, er würde ein langes, tragisches Gewimmer ausstoßen, und das wäre herrlicher als ein Nordlicht.

Neben dieser an unvollendeten Wundern reichen Ungeheuerlichkeit sind die Fälle selbst ein allzu mäßiges Wunder. Vielleicht werde ich sie gewaltiger finden, wenn ich sie von unten sehe. Aber ich steige nicht sofort hinunter. Das Auto fährt auf einen Hügel zu dem Aussichtspunkt Nummer 1. Ein zweistöckiger

Pavillon, *lunch room*, Andenken. Ich löse ein Billett an der Kasse und werde in einen völlig dunklen Raum geführt, in dem ich mich vorwärtstaste. Achtung! Im Schein einer Fackel sehe ich einen dunklen Brunnen und ringsum an den Wänden Fresken, Missionare in langen Röcken darstellend. Der Führer wirft die Fackel in den Brunnen, das Wasser flammt auf. Zuerst haben die Indianer und nach ihnen die Missionare dieses Wunder entdeckt. Tatsächlich, das Wasser steht in Flammen. Der Führer füllt ein Glas, ich trinke es aus, und nachdem ich es getrunken habe, entzündet er im Hintergrund ein Häufchen Mineralien, die eine große Flamme entfachen. Diese Flamme brennt nicht, der Führer hält ohne weiteres seine Hand hinein: ich bin wieder im Châtelet. Ich verlasse den Raum, der *lift* bringt mich in einen großen Saal, vor den Fenstern Fernrohre, die für einen Nickel funktionieren. Darüber eine Freiluftterrasse. Von hier erscheint der See endlos, die Fälle aber sehen gedrückt aus. Wasserfälle wie andere auch.

Das ist noch nicht alles: wir fahren jetzt hinab bis zum Wasser. Ich betrete ein weiteres Gebäude. Der *lift* bohrt sich in die Erde. Ich stehe in einer Fayence-Galerie, die Luft ist feucht. Von diesem Korridor zweigen zwei Garderoben ab, eine für Männer, die andere für Frauen. An den Wänden hängen Hunderte von wasserdichten Mänteln, Hunderte von Stiefeln in verschiedenen Größen stehen auf Gestellen. Eine Garderobiere nimmt mir Mantel und Schuhe ab, sie hilft mir beim Anziehen der Stiefel und des enormen Wachstuchmantels. Eine Kapuze bedeckt meinen Kopf. Es handelt sich darum, unter den Fällen hindurchzugehen. Ich stelle mir vor, daß ich unter dem Wasser des Springbrunnens durchkriechen werde, wie ich es als Kind im Bois de Boulogne (oder war es in den Buttes-Chaumont?) oft getan habe. Aber nein. Ich bin in einem U-Bahn-Tunnel; vorn ist eine Art Fenster, durch das ich, wenn ich den Kopf hebe, die Fälle von unten nach oben sehe. Sie sind halb gefroren, aber man kann nicht einmal die riesigen Eiszapfen berühren. Ein anderer Korridor, ein anderes Luftloch. Ein Mann, der wie ich als Kanalräumer verkleidet ist, liest zögernd eine Inschrift: »Es ist verboten, weiterzugehen.« Er geht weiter, ich auch. Wir stehen jetzt auf dem harten Schnee und haben einen besseren Blick auf den halb gefrorenen Sturz des Wassers. Der Mann ist sichtlich enttäuscht, ich auch. Er hat einen Fotoapparat und bittet mich, ihn zu knipsen. Sein dickes rotes Gesicht lacht freundlich unter der Wachstuchkapuze, den Hintergrund bilden die Fälle. Niedergeschlagen gehen wir den Weg durch den Fayencekorridor zurück. Es war wirklich nicht der Mühe wert, mich zu verkleiden.

Es bleibt mir nichts anderes zu tun als zurückzufahren. Abends sollen bunte Scheinwerfer ein zauberhaftes Licht auf das Wasser werfen; so ungefähr kann ich mir dieses Ausstattungsstück vorstellen. Wenn man ohne Führer hier herumbummelt und sich vor den Attraktionen hütet, kann man vielleicht – trotz

Fabriken und organisiertem Fremdenverkehr – die Schönheit dieser gewaltigen Wasserlandschaft in sich aufnehmen. Was mich angeht, nun, ich habe mich amüsiert wie etwa in einem schlechten Zirkus. Es kommt in Amerika sehr selten vor, daß eine bemerkenswerte Landschaft nicht klassifiziert und unter Schutz gestellt wird. Ich frage mich, warum der Niagara nicht zum Nationalpark oder zum Nationaldenkmal erklärt worden ist.

Um 15 Uhr bin ich wieder in Buffalo. Es weht ein eisiger Wind. Ich gehe in ein rosa-weißes Café, wo vor den Augen der Gäste *doughnuts* gemacht werden; auf einer gleitenden Platte werden die blassen Beignets langsam durch das kochende Fett geführt, dann reihen sie sich, vergoldet und heiß, auf ein Kuchenblech. Ich esse rasch und starte mutig zu einem Spaziergang. Ich möchte den See sehen. Dem Wind entgegen laufe ich die Main Street hinunter. Auf dem Gehsteig rutscht der halbgefrorene Schmutz unter meinen Füßen weg. Werften, Schuppen, Gleise, menschenleere Schiffsrümpfe – ich gehe durch ein *no man's land,* das weder Hafen noch Bahnhof, noch Stadt ist. Weit in der Ferne sieht man den See, aber es gibt keine Möglichkeit, hinzugelangen. Der Wind wird immer schneidender, es wird Abend. Neonreklamen werfen einen roten Schimmer auf die rußschwarzen Gebäude, man könnte meinen: Glut, die von einer dunklen Masse kalter Kohle erdrückt wird. New York muß um diese Stunde schön sein – die Fenster der *buildings* sind ein fahler Glimmer zwischen den goldüberhauchten Steinen, über der Lexington Avenue liegt der Abendnebel ... Aber hier ist Buffalo, der Himmel ist fern wie ein Leid. Ich sehe mir die Main Street an, mir bleibt nur noch das Kino. Ich habe die Wahl zwischen *Razor's Edge* und *Sindbad the Sailor* – ich wähle *Razor's Edge*. Es ist 17 Uhr; als ich aus dem Kino komme ist es 20 Uhr. Drei fast unerträglich langweilige Stunden. Als ich aber zur Stärkung einen Whisky nehme, sage ich mir, daß ich meine Zeit nicht völlig nutzlos vertan habe. Somerset Maugham ist Engländer, aber der nach seinem Roman gedrehte Film ist typisch amerikanisch. Ein junger Mann, der guten Willens ist, leidet unter jenem leichten Unbehagen, wie es heute häufig bei den ehemaligen Kriegsteilnehmern beobachtet werden kann; Leben, Liebe, Erfolg des heutigen Amerika befriedigen ihn nicht mehr. Er faßt den Entschluß, auf die Suche nach seiner Seele zu gehen. Er geht zu den Spezialisten, genau so, wie er in ein Heilbad gehen würde, um dort seine Gesundheit wiederzuerlangen. Er kommt zunächst an die Sorbonne, wo er einen beachtlichen Stapel von Büchern durchliest. Dann sieht man ihn im Hochland von Indien, wo ein Mann mit einem weißen Bart und nackten Füßen ihm das Geheimnis der Weisheit enthüllt. Mit diesem Talisman versehen kehrt er heim, Gutes zu tun. Dieser erste Teil ist bereits bezeichnend: die innere Unruhe des Helden ist ganz offenbar anomal; seine Verlobte, die ihn nicht verstehen kann, bricht mit ihm. Es ist keine Rede davon, mit dieser Angst weiterzuleben, um ihren Sinn in sich selbst zu ergründen; es ist nicht einen Augenblick die Rede von einem verinnerlichten Experiment: das Allheilmittel muß von außen kommen. Auch der zweite Teil stimmt einen nachdenklich. Im großen ganzen besteht das Geheimnis darin, Charität zu üben. Diese Charität nimmt die puritanische Gestalt eines Kampfs gegen die Ausschweifung an. Nachdem er ein paar Neuralgien geheilt hat, versucht der Held, eine Prostituierte aus dem Dreck zu ziehen: diese zuvor anständige Frau hat bei einem entsetzlichen Autounglück ihren Mann und ihre Kinder verloren, das hat ihre Moralbegriffe verwirrt, sie gibt sich dem Trunk hin. Der Versuch mißlingt, die Unglückliche stirbt mit durchschnittener Kehle. Als er sieht, wie ohnmächtig er mit all seinem guten Willen ist, geht er als Kohlenarbeiter in ein nordfranzösisches Bergwerk. Er hat es über sich gebracht, auf sein Vermögen und auf die geliebte Frau zu verzichten und jahrelang eine Antwort auf sein Problem zu suchen: diese Antwort aber ist völlig unfruchtbar. Der Gedanke kommt ihm nicht, daß er ernstlich versuchen sollte, zu handeln. Er beschränkt sich darauf, eine vage seelische Disposition zu kultivieren. So bleibt einem von diesem Film der traurige Eindruck, daß in Amerika sogar der gute Wille zu keiner Hoffnung berechtigt.

Karel Čapek
Bis nach Nidaros

Der tschechische Schriftsteller Karel Čapek (1890 bis 1938) ist ein Meister der philosophisch-hintergründigen Erzählung, sein Schreibstil dabei spekulativ, witzig und satirisch. Er schreibt auch Erzählungen für Kinder, Tiergeschichten und Reiseberichte. In seinen Reisebildern, *die er selbst illustrierte, berichtet er von Besuchen in Italien, Schottland, England, Spanien, Holland und Skandinavien. In Norwegen ist er mit dem Postdampfer von Bergen nach Trondheim unterwegs, mit an Bord: eine amerikanische Christengemeinde.*

In der Tat, das war ein schönes Schiff; es war ein funkelnagelneuer Postdampfer mit allen Bequemlichkeiten, die sich ein bescheidenes Menschenherz nur wünschen kann; das ganze Malheur bestand in der Fracht, die dieses Schiff nach Norden brachte. Damit meine ich nicht Kohl, Mehl und derlei Sachen, die wir unterhalb Bergenhus geladen hatten; schlimmer war das mit der geistlichen Fracht, der Massenexpedition einer amerikanischen Kirche oder christlichen Gesellschaft, die zum Nordkap fuhr; ich wagte nicht, sie zu fragen, was sie eigentlich waren, aus Furcht, sie könnten mich zu ihrem Glauben bekehren.

Ich weiß also nicht genau, was diese amerikanische Kirche lehrt; soweit es feststellbar war, ungefähr folgendes:

1. sie wirft mit übermütigem Geschrei Seilringe auf Pflöcke oder treibt hölzerne Scheiben, die den übrigen Reisenden zwischen die Füße fahren, über die Schiffsplanken, wodurch sich diese heilige Gemeinde siegreich des gesamten Schiffsdecks bemächtigte, noch ehe wir die Anker lichteten;

2. mit verblüffender Kameradschaftlichkeit und Lebendigkeit spinnt sie Gespräche an, einerseits untereinander, andererseits mit den anderen Passagieren; infolgedessen beherrschte sie mit einem Schlage das ganze Heck des Schiffs mit allen Stühlen und Liegestühlen, die sie übrigens sogleich mit ihren Schals, Romanen, Bibeln und Taschen belegte, zum Zeichen dauernder Benutzung und ersessenen Eigentums;

3. sie singt bei Tisch christliche Kriegslieder, so daß sie unsere übrige unorganisierte und schwache Minderheit auch aus dem Schiffsspeisesaal verdrängte;

4. sie stellt lauter Gesellschaftsspiele, Tänze, Unterhaltungen, Massengesänge, Gottesdienste und andere Lustbarkeiten zusammen; höchstwahrscheinlich pflegt sie ein gewisses lustiges Christentum und verbreitet ohne Rast und Ruh eine unschuldige und gottgefällige Heiterkeit des Geistes um sich; ich sage Ihnen, das war fürchterlich;

5. sie betreibt eifrig aktive Nächstenliebe, indem sie sich der von der Seekrankheit befallenen Menschen, der Hunde, Neuvermählten, Kinder, Matrosen, Einheimischen und Ausländer hauptsächlich dieserart annimmt, daß sie sie anspricht und aufmuntert, ihnen bieder etwas zuruft, sie grüßt, sie anlächelt und sie überhaupt mit lauter Freundlichkeit bedroht; und so blieb uns restlichen Passagieren nichts anderes übrig, als uns in den Kabinen zu verbarrikadieren und dort leise und verbissen zu fluchen. Gott sei unserer Seele gnädig!

Es ist eigentlich schön hier: schau nur, dieser stille, helle Fjord zwischen den Felsen von Nord-Nordland und den Granitufern kahler Inseln; schau nur, dieser Sonnenuntergang, feucht und rosig über den ganzen Himmel ausgegossen, über das weite Meer, zwischen Bergen, die neblig und indigoblau schimmern; und das Fischerboot, das gespenstisch mit seinem roten Lichtlein an uns vorbeifährt – Gott, wie ist das schön! Und die heilige Gemeinde begann in dem göttlichen Abend eine geistliche Hymne zu blöken.

Es scheint, sie nimmt als Mitglieder hauptsächlich Damen eines gewissen Alters auf; um die Wahrheit zu sagen, waren das eher alte Weiber wie Kürassiere, abgesehen von einigen hinfälligen, dösenden, mehr oder weniger hundertjährigen Greisinnen; dann ein sechzigjähriger Schotte im kniefreien Röckchen und einem Kinderhut, eine Dame mit einem Pferdegesicht, eine mit einem Anflug von Lupus und eine ohne auffälligen Körpermangel, ein Häuflein Witwen verschiedener Altersstufen, mit gefärbten Haaren bis zu Silbergrau; ein Herr mit Eichhörnchenzähnen und ein bejahrter, kleiner, flinker Herr, einer geräucherten Sprotte ähnlich und offenbar leberleidend; eine Gruppe ältlicher Mädchen, die ganz tapfer ihren Stand ertrugen; kurzum, es sah aus wie ein gewöhnlicher Wohltätigkeitsverein, aber es hätten nicht so viele auf einem Haufen sein sollen; so etwas regt einfach auf. Und sie hätten nicht zur Ehre und zum Ruhme des Schöpfers singen sollen. Oder wenigstens nicht hier. Wenn ihnen bloß jemand gesagt hätte: Guckt euch Sein Werk und Seinen Ruhm an und haltet den Schnabel …

Jetzt hatte die Kirche ihr Lied beendet und schaute sich um. Die Dame mit dem Pferdegesicht setzte sich den Zwicker auf: »Isn't it nice?«

»Wonderful!«

»Und was werden wir jetzt spielen?«

Einfach unverwüstlich; es ist erstaunlich, welche Kraft den menschlichen Seelen der Glaube verleiht!

So geht das nicht weiter; kommt, wir schmeißen die amerikanischen Heiligen ins Meer; oder laßt uns wenigstens über die hölzernen Scheiben lästern, die sie übers Deck schieben; ich weiß, das ist eine schwere Sünde, aber gönnen wir uns doch das Vergnügen! Und laßt uns einen trinken, auf daß der böse Geist des Aufruhrs in uns fahre; und dann, breit gegrätscht und unsere Gürtel fester geschnallt, hacken wir mit den Füßen gegen diese Scheiben und verwischen ihre Kreise: Geht schlafen, ihr Heiligen! Hier sind Menschen, die eine längere Verhandlung mit dem Abend, dem Meer, dem Himmel, dem Schweigen und so weiter haben; schaut zu, daß ihr wegkommt, oder es passiert was.

Aber es passierte nichts, weil auf den norwegischen Schiffen kein Alkohol verkauft wird.

Es war offenbar ein Wunder. Die amerikanischen Heiligen wollten gerade eine neue Hymne anstimmen, und ihr geistlicher Hirt – es war ein dicklicher Heilsagent, sein Mundwerk ging wie geschmiert, und als Abzeichen seiner geistlichen Würde trug er ein baumelndes Kreuzchen ungefähr dort, wo andere gewöhnliche Menschen die Nieren haben –, dieser geistliche Hirt pfiff also auf einer Pfeife ein A; und die dickste Heilige kletterte auf ein Podium, setzte sich auf die Kiste mit dem Lautsprecher, schloß die Augen und öffnete den Mund, um anzustimmen: in diesem Augenblick ging unter ihren Röcken ein scheppernder und höchst weltlicher Foxtrott los. Die ehrenwerte Dame sprang auf, als hätte sie sich auf eine glühende Herdplatte gesetzt; aber der geistliche Hirt erwies sich als großer Mann: er steckte einfach sein A in die Hosentasche und klatschte in die Hände. »Well, let us dance!« Und er forderte die Dame mit dem Lupus zum Tanz auf.

Ein Morgen auf dem weiten Meer; da fahren wir wohl

gerade an einem Ausläufer von Stattland vorüber; hier in dem offenen Sildegapet schaukelt es immer ein bißchen. Das ist auch gleich zu merken; einige Leute auf Deck erbrechen sich munter und ohne Anstrengung, während andere sich damit verzweifelt herumquälen. Die Kirche ist in den Kabinen geblieben; es wird wohl gebetet.

Schau nur, ist das nicht schön: das graue Meer mit den weißen Wellenkämmen; und zur Rechten die kahle, gezahnte, muskulöse Küste von Norwegen; und die schreienden Möwen, wie sie auf den langen Wellen des Windes dahingleiten. Du kannst in das aufgewirbelte Kielwasser schauen; es ist grün wie Vitriol, wie Malachit, wie ein Eisberg oder was; und wütend weißschäumend, umsäumt von Ornamenten des Schaums, guck mal, diese Straße hinter uns, mit Schaum markiert bis zum Horizont; und wie das Fischerboot hin und her geworfen wird, ein Mensch steht drauf und winkt unserem Schiff zu, mit Tatzen wie ein Polarbär ...

»Hallo«, grölt der geistliche Hirt und schwenkt zum Gruß die Mütze; offensichtlich tut er das im Namen seiner Kirche, der Vereinigten Staaten und des Weltchristentums überhaupt.

Schon wieder ein Fjord, auf beiden Seiten von Felsen eingeschlossen; das Wasser hat sich beruhigt, es ist gnädig glatt und leuchtend; die Kirche tritt aufs Deck und teilt nach allen Seiten Lächeln aus. »A fine day!« – »How beautiful!« – »Wonderful, isn't it?« Die Schäflein haben sich in Plaids gehüllt und alle Sitzgelegenheiten mit Beschlag belegt; worauf sie ihre Brillen aufsetzen und Romane und andere heilige Bücher zu lesen beginnen, eifrig über ihre Freunde in Amerika tratschend. Der geistliche Hirt geht um sie herum, klopft bieder den alten Frauen auf die Schultern und redet mit schallender Stimme; es scheint, daß er das Kommando auf dem Schiff übernommen hat. Was hilft's, wir sind alle seinem menschenfreundlichen Wirken ausgeliefert; der Kerl wird uns noch erlösen, wenn wir ihn nicht mit Gewalt auf einem öden Inselchen aussetzen. Ich würde mich zu diesem Zweck mit einigen Männern verbünden, zu denen ich Zutrauen gefaßt habe; das sind ein norwegischer frischgebackener Ehemann, der soeben ein armes, hübsches, lahmendes Mädchen geheiratet hat; ein Herr, der aussieht wie ein italienischer Graf und mit einer schönen schwarzen Dame reist; ein Hochstapler in Texashut und Khakihemd, der immer und ewig beim Bier sitzt und den Leuten vom Leben der Cowboys, Goldgräber oder Pelztierjäger erzählt; kurzum, wir wären genug dazu, aber wir können uns irgendwie nicht besprechen, weil man auf dem Schiff nichts Ordentliches zu trinken kriegt. Ikke Alkohol, ein Jammer ist das.

Endlich legt das Schiff in Ålesund an; das ist ein hübscher, größerer, deftig nach Fisch stinkender Hafen. Der amerikanische Seelenhirt organisiert die Invasion seiner Kirche in Ålesund; und wir anderen, wir schauen uns um, was man hier zu kaufen kriegt. Es stimmt, in jedem zweiten Laden bietet man vielversprechende Flaschen feil, auf denen geschrieben steht, daß sie Rum- oder Ananas- oder Punschextrakt enthalten; aber Alkohol haben sie keinen. Ikke Alkohol, sagen sie, die Hände ausbreitend. Was, ikke Alkohol? Und was trinken dann die wackeren Seeleute? Ikke Alkohol, sagen sie und zucken bedauernd mit den Schultern. Komische Stadt, dieses Ålesund.

Gut, dann laßt es eben sein; wir fahren schließlich nach Molde. Molde ist angeblich eine Stadt der Blumen; das wäre was, wenn es dort nicht etwas zu kaufen gäbe! Also Molde; eine hübsche Stadt, und sie haben dort auf der anderen Seite des Romsdalfjords schöne spitzige Berge; und Gärten voller Rosen und Rittersporn; und eine Kirche aus Holz, aber dort ist bereits der amerikanische Hirt eingedrungen und hat angefangen zu predigen. Eine blühende Stadt, alles was recht ist; aber ikke Alkohol. Sorry, sagt der Verkäufer, aber hier ist kein Alkohol zu kriegen; hier haben wir kein vinmonopolet.

Gut, dann laßt es eben sein; wir kehren ja doch jetzt nicht aufs Schiff zurück, soll dort die Kirche inzwischen hausen, wie sie will; soll sie von mir aus den Kapitän oder den styrman mitsamt der Mannschaft zu ihrem Glauben bekehren; wir fahren jetzt über diese Berge nach Gjemnes, und dort irgendwo werden wir uns wieder einschiffen. Das Auto hat schon gehupt, ist angeruckelt, und auf einmal stop! In den Wagen quetscht sich der Seelenhirt mit dreien seiner Schäflein und setzt sich uns mehr oder weniger auf den Schoß. »Und jetzt können wir fahren«, verkündet er bieder; worauf er anfängt, auf die Kinder von Molde, der Stadt der Blumen, einzuschreien: »Hallo, hallo! Do you speak English? No? No? No! Und du dort, du kannst Englisch? Nein? Na sprich schon, Junge! Kannst du denn nicht Englisch?« Der Apostel aus Massachusetts kann das gar nicht begreifen und wendet sich an mich: »But you speak English, yes? No? No? Und woher sind Sie? Aus Prag? Yes, Prague. I was in Prague. Very nice. Sehr schöne Stadt.«

»Wonderful.«

Da fuhren wir durch die Ronsdaler Riviera, längs des Fannefjords; eine schöne Gegend, ein blauer Fjord, Berge wie in den Alpen; Gott, ich möchte das sehen, aber der Hirt rutscht dauernd hin und her und beugt sich zu seinen Schäflein. Überall sind hier Silberfuchsfarmen, und die Fischer dörren den Stockfisch direkt an den Wänden ihrer Häuser, das habe ich noch nicht gesehen; das muß ein schweres Leben sein, wenn man bedenkt, wie so ein Stockfisch stinkt. Inzwischen entwickelt der Seelenhirt seine Ansichten über die Kindererziehung oder was auch immer; die Schäflein nicken mit den Köpfen und piepsen voller Bewunderung: Yes, indeed und how true; dann stieß sich der geistliche Führer den Kopf am Dach des Autos und verlor die Sprache; und schaute durch das Fenster auf die Granitberge …

»Lovely, isn't it?«

»Wonderful!«

»Well, wovon haben wir gerade gesprochen ...«

Es ging durch Wald und durch ein Tal, über ein trauriges Plateau im Regen, wie das Ende der Welt, unterhalb des Schnees der Berge, an Fischerdörfern vorbei; der unermüdliche Hirt verbreitete sich inzwischen brummend darüber, was Frau Jackson hätte nicht tun sollen. How true! Yes. Indeed. Und dieses traurige Wasser, das ist wohl der Tingvollfjord, und dieses heitere Wasser, das ist vielleicht der Batnfjord; und der geistliche Ratgeber nimmt die Angina durch, den Krebs und andere Krankheiten; das sind lauter moralische Krankheiten, behauptet er; nur moralische, jawohl. Yes. Right. Isn't it so?

Endlich Gjemnes, ein Hafen, handtellerklein, drei Leute warten hier auf das Motorboot nach Kristiansund; oben Schnee auf den grünen Lehnen der Berge, unten grünes Wasser voller brauner Algen; das ist wie ein goldenes, verblichenes Muster auf grünem Brokat. »Dou you speak English?« schreit der geistliche Hirt und versammelt die drei Wartenden um sich; sie verstehen ihn nicht und geraten in eine Agonie der Verlegenheit, aber das macht ihm nichts aus; er schlägt ihnen klatschend auf den Rücken und plaudert lustig weiter. Ein guter Kerl, alles was recht ist.

Und dann kam das Motorboot, das hier die Leute über den Fjord fährt. Der Apostel lud seine Kirche ein und suchte dann nach jemandem, den er ansprechen könnte. Die Kirche besetzte alles, worauf man sitzen konnte, und hub an, fleißig zu zwitschern; und ringsum war ein hübscher Fjord, und es war fast Abend; die Berge atmeten den Dunst des gefallenen Schnees aus, ein Regenbogen wölbte sich, das Wasser vergoldete sich und spiegelte seidig die bläulichen Felsen wider; von unten pulsierte die Schiffsschraube und die joviale Stimme des Hirten. Sonderbar, innen drin im Fjord ist alles so gesegnet grün, wie ein Garten; je näher zum Meer, um so kahler die Felsen, bis nichts mehr ist als nackter Stein, hie und da eine Fischerhütte und auf grauen Felsblöcken große Tröge; sie dienen wohl zum Einsalzen der Stockfische. Nirgends ein Baum, nur bräunliche Grasbüschel zwischen den Steinen – hier gibt die Erde dem Menschen nichts als diesen Fels, damit er darauf seine Fische trockne.

»Schönes Wetter, eh? Was?« ruft der Hirt.

Yes. Lovely.

Wonderful.

Und das ist Kristiansund, die Metropole des Stockfischs, wenn Sie es genau wissen wollen; eine Stadt aus Holz, lauter Geschäftshäuser, lauter Erker für die Ware; graue, grüne, rote Häuschen, um den Hafen geschart; und auf dem First jedes Daches Möwen, meiner Lebtage habe ich nicht so viele Möwen auf einem Haufen gesehen; vielleicht halten sie hier eine geistliche Übung ab.

Hier also müssen wir zurück auf unser Schiff; aber

wir haben Zuwachs bekommen, wir nehmen die Fußballer von Kristiansund zu einem Spiel gegen Trondheim* mit; die ganze Stadt begleitet ihre Helden zum Schiff. Ja selbst die örtlichen Hunde sind zusammengelaufen und wedeln begeistert mit den Schwänzen. Der geistliche Hirt strahlt, denn er liebt die Massen; er beugt sich mit dem Bauch über die Reling und belästigt mit seinem freundlichen Geschrei die hiesigen Hunde. Was soll so ein Hund tun? Er läßt den Schwanz hängen und verschwindet. Und da spricht der große Mann herzlich das örtliche Volk an. »Do you speak English? Yes? No? Schönes Wetter, was? Hahaha!«

* Trondheim, ursprünglich Nidaros, später Trondhjem, nach Aufhebung der Union mit Schweden wieder Nidaros, jetzt aber entweder Trondhjem oder Trondheim, je nachdem, ob Sie landsmålisch oder riksmålisch sprechen; eine bedeutende und reiche Stadt, mit einem alten Hafen am Flusse Nid, mit zwei Hauptstraßen, die Munkegate und Kongensgate heißen, einer königlichen Residenz, die Stiftsgård heißt und angeblich der größte Holzbau Norwegens ist, einer berühmten Kathedrale und einem vinmonopolet (gleich am Hafen, damit Sie's finden). Das vinmonopolet ist geöffnet von elf Uhr vormittags bis fünf Uhr nachmittags, während der Dom von Nidaros nur von zwölf bis zwei amtiert. Hierher also (nämlich in diesen Dom) pilgerte die Heldin von Frau Sigrid Undset, Kristin Lavranstochter; bis heute ist das ein schöner Dom, obwohl er pietätvoll restauriert wurde. Ferner ist hier ein großes Freimaurerhaus, aber das gibt es in allen größeren nordischen Städten. Blühender Handel mit Fischen, Holz und englischen Krimis.

Die Schraube wirbelt, das Schiff legt von der Mole ab; ganz Kristiansund schwenkt grüßend die Hüte und feiert seine Nationalhelden mit einem dreifachen Hurra oder so was.

Der geistliche Hirt dreht seine Mütze im Kreise und dankt Kristiansund für die ihm dargebrachte Huldigung, im Namen Amerikas und der gesamten gebildeten Menschheit.

Ich bitte Sie, styrman, wo kriegt man hier in Norwegen einen Tropfen Alkohol? Nehmen wir an, ich brauche ihn, um meinen Ärger hinunterzuspülen, einen Wurm zu ertränken, mir Courage anzutrinken oder was auch immer; läßt sich da nichts machen?

Läßt sich nicht, Herr; hier ist eine heilige Küste. Von Bergen bis Trondheim ikke Alkohol. Erst in Trondheim ist vinmonopolet, dann in Bodø, Narvik und Tromsø; dort kriegen Sie zu kaufen, was Sie wünschen. Aber hier nicht, sagte der Steuermann melancholisch; hier wohnen lauter heilige Leute. Bei uns liegt zwar auf Alkohol ein Staatsmonopol, aber jede Stadt kann selber bestimmen, ob dort ein vinmonopolet verkaufen darf oder nicht. Aber in Trondheim ist es gut.

In Trondheim flüchteten wir nachts von unserem Schiff. Wie ich sagte, war das ein gutes, neues Schiff; das ganze Malheur lag nur in der Fracht, die es beförderte.

Heide Wilts
Ein Matterhorn kentert

Auf ihrem zehnten Segeltörn 1986/87 zieht es Heide und Erich Wilts – in ihrer Freizeit unermüdliche Hochseesegler – wieder in die hohen Breitengrade. Nachdem sie 1981/82 Südamerika umrundeten und in die Antarktis vorstießen, segeln sie vier Jahre später mit ihrer 15-Meter-Stahlyacht in die Arktis. Begleitet von wechselnden Crews erreichen sie ihr Ziel, Spitzbergen durch die Hinlopenstraße zu umrunden. Zur Crew gehören zeitweilig auch Michael und Walter.

Michael und Walter – unsere beiden Bordalpinisten und Kajakfahrer – wollen ihren Grönlandaufenthalt mit einer Eisbergbesteigung krönen. Dieser Höhepunkt ist schon lange geplant, sie sind aufs beste vorbereitet. Die beiden haben eine komplette Ausrüstung für das Klettern im Eis mitgebracht und deshalb während unserer gesamten bisherigen Fjordfahrt nach einem geeigneten »Riesen« Ausschau gehalten. Nun endlich, vor der mehrere Kilometer breiten Front des Gletschers Kanderluk, glauben sie, ihren Traumeisberg gefunden zu haben. Wohnblockgroß und blendend weiß liegt er da im spiegelglatten Wasser des Sundes, und so vertrauenerweckend stabil – wie für die Ewigkeit gemauert.

Wir fragen uns zuallererst, ob er mit dem Ostgrönlandstrom in den Sund gespült und hier auf Grund gelaufen ist. Denn als alter Berg wäre er für eine Besteigung nicht besonders geeignet. Die fehlende Brandungskehle spricht aber eher für einen jungen, vom Gletscher gekalbten Eisberg. Zunächst drehen wir eine Runde um dieses »Kalb«. Es wird so stark von Treibeis umspült, daß die FREYDIS Mühe hat, voranzukommen.

Die Bedingungen für eine Besteigung scheinen ideal.

»*Unser Eisberg*«, so Michael später in seinem Tagebuch, »*ist kein Berg, sondern ein kleiner Gebirgsstock mit einem etwa 50 m hohen, matterhornähnlichen Gipfel, zwei runden Vorgebirgen und einem kleinen See. 150 m sind es sicher von einem zum anderen Ende. Mehrere in Sonnenlicht getauchte Zacken lassen sprunghaft die Lust zum Klettern in uns wach werden. Eine kleine Bucht ist zu erkennen, von der aus ein Aufstieg aus dem Schlauchboot trockenen Fußes möglich sein müßte. Des Risikos waren wir uns voll bewußt, hatten uns eingelesen, wußten genau, daß bei einer Eisbergbesteigung Können allein nicht ausreicht. Erstmals – soweit ich zurückdenken kann – ging ich bewußt ein Risiko ein, von dem ich wußte, daß es nicht kalkulierbar war. Noch heute bin ich unsi-*

cher, ob sich Walter über diese Tatsache im klaren war. Wenn also das Risiko nicht auszuschließen war, konnte das Motto nur heißen: Reduzierung der Gefahr durch Schnelligkeit, Verkleinerung der Möglichkeit eines Unfalls auch dadurch, allein und immer nur allein auf ein solches Ding zu steigen.

Zu Hause hatten Walter und ich einen Plan gemacht, wie wir gemeinsam mit Seilen und Haken einen solchen steilen Riesen angehen wollten. Schon am Beginn unserer Reise, bei den ersten Begegnungen mit Eisbergen, habe ich diese Taktik dann in Frage gestellt und gegen Walters Meinung verworfen. Die neue Devise war: allein, schnell, optimal ausgerüstet. Allein heißt, daß immer nur einer auf den kenterbereiten Brocken steigt. Schnell heißt, seilfrei zu klettern, ohne Mätzchen rauf und so schnell wie möglich wieder runter. Optimal ausgerüstet bedeutet in diesem Fall, eine Kombination aus Bergsteiger, Taucher und Segler herzustellen, mit Eiskletterausrüstung, Trockentauchanzug und Schwimmweste. Wir wissen außerdem, so etwas machen wir nur einmal im Leben. Also muß es optimal klappen.

Soviel wir wußten, sind die letzten Eisberge 1933 erklettert worden, als Dr. Arnold Fanck, Film- und Skipionier, hier in Grönland Eisberge bestieg, um seinen Film ›S. O. S. Eisberg‹ zu drehen. Sein Buch gleichen Namens wurde Walter und mir zur Bibel und holte uns immer wieder auf den Boden der Tatsachen zurück, wenn wir gar zu euphorisch die Eisbergbe-

steigung planten. Und zur Frage des Risikos: Alles ist eine Sache der Statistik.«

Etwa 30 m vom Berg entfernt hält Erich die FREYDIS auf Beobachtungsposten. Michael macht sich an Deck fertig. Lustig sieht er aus in seinem schwarzen Tauchanzug mit der knallroten Schwimmweste darüber und der violett-blauen Mütze. Allerdings wirken Eisklettergeräte, Bergschuhe und Rucksack etwas deplaziert auf dem Vorschiff eines Seglers.

Wie vereinbart, will Michael als erster auf den Berg und versuchen, die höchste Spitze zu erreichen, dann wieder zum Vorgipfel hinabklettern und sich schließlich überhängend zum Wasser abseilen, wo ihn Folkmar mit dem Schlauchboot aufnehmen soll.

Kalle springt vom Bug aus auf eine größere Eisscholle neben der FREYDIS. Er will sich das Schauspiel von da unten aus ansehen. Klaus, der ebenfalls vorne steht, bleibt lieber an Bord. Als Fünfjähriger war er auf einer Eisscholle die Memel hinabgetrieben und konnte damals nur mit knapper Not von seinen Eltern im Paddelboot zurückgeholt werden. Er hat also schon schlechte Erfahrungen mit dem launischen Eis gemacht. Wir haben sie noch vor uns. Aber das wissen wir noch nicht.

Ich lege einen neuen Film in die Kamera und einen stärkeren Filter vor das Objektiv, da das von den Eiswänden reflektierte Sonnenlicht äußerst intensiv ist. Die Vorbereitungen für das Filmen nehmen mich derart in Anspruch, daß sie mir beinahe über das Unbehagen hinweghelfen, das mich schon während der Planung des Unternehmens immer wieder befallen hat. Um mich zu beruhigen, hat Walter mir von Michael erzählt: »Er ist immer stark motiviert für neue Erlebnisse, aber er geht kein Risiko ein. Er hat beim Bergsteigen schon zu viele Unfälle miterlebt, auch mit tödlichem Ausgang.« Dieses Mal aber ist er – und das steht ja auch in seinem Tagebuch – seinem Vorsatz untreu geworden: Er geht ganz bewußt ein nicht kalkulierbares Risiko ein.

Nachträglich frage ich mich: Was ist damals nur los gewesen mit uns? Waren wir blind und taub? Das unheimliche Krachen, das explosionsartige Bersten und die schaurigen Kenterungen der Eisberge, die wir kurz davor miterlebt hatten, waren das noch nicht genug Warnungen?

Doch Folkmar und Michael legen jetzt ab. Nach etwa fünf Minuten sind sie drüben in der Miniaturbucht angelangt. Zwei Minuten später fährt Folkmar wieder aus der Bucht. In 30 m Abstand vom Berg bleibt er abrufbereit liegen. Rasch hat Michael mit seinen Klettergeräten die erste kleine Steilstufe überwunden. Ohne Pause erklettert er den vielleicht 50 Grad steilen Hang bis zum leicht überhängenden Vorgipfel. Meine Kamera surrt, die Fotoapparate klicken. »Wahnsinn«, höre ich Erich leise sagen, »einfach Wahnsinn.« Das Schwarz des Tauchanzugs und das Rot der Schwimmweste heben Michaels Gestalt scharf von der leuchtend weißen Wand ab. Die Atmosphäre gleicht der bei einer Hochseilnummer ohne Netz unter einer riesigen weißen Zirkuskuppel. Atemlos vor Spannung verfolgen wir jede Bewegung Michaels. Er steigt ohne Seil, ohne Sicherung. Jeder Fehler wäre eine Katastrophe. Ein Sturz aus 40 m Höhe ins Wasser ist wie ein Fall auf Beton.

Dann kommt das letzte, schlimmste Stück: die etwa zehn Meter hohe senkrechte Wand, die zum Gipfelgrat 50 m über dem Wasser führt. Die Zacken von Michaels Eiskletterschuhen und sein Pickel krallen sich ins Eis. Zug um Zug gewinnt er Höhe, bis er schließlich ganz oben steht und uns lachend zuwinkt. Aber er läßt sich keine Zeit, diesen Erfolg zu genießen. Sofort klettert er wieder zum Vorgipfel zurück und hämmert dort einige Spezialhaken tief ins Eis. Dann beginnt das Abseilen vom Überhang. Wenige Sekunden dauert es nur, ohne Wandberührung schwebt Michael unter dem Eissims abwärts. Folkmar, der mit dem Schlauchboot schon direkt unter ihm wartet, nimmt ihm die Steigeisen ab. Dann steuern die beiden auf die FREYDIS zu. Schweißgebadet in seinem Trockenanzug, aber glücklich lachend kommt Michael mit Folkmar an Bord. Die Nervenprobe ist bestanden. Wir sind begeistert, umringen ihn und applaudieren.

Daß Michael gerade eine große bergsteigerische Leistung vollbracht hat, ist uns allen klar. Die Gefahr, in der er dabei schwebte, wird uns aber erst später bewußt.

Walter steht quasi schon in den Startblöcken. Auch für ihn, der erst vor drei Jahren durch seinen Freund Michael zum Bergsteigen kam, bedeutet dieser Eisklotz eine enorme Herausforderung. Michael richtet ihm noch etwas am Brustgeschirr, er ermahnt ihn, nur bis zum Vorgipfel zu gehen, und kritisiert, daß er keine Schwimmweste angelegt hat. Walter lacht nur, reißt einen Witz, gibt sich betont ruhig. Er steigt zu Folkmar ins Dingi, und sie fahren wieder zum Berg.

Kalle, von seinem Schollenausflug zurückgekehrt, steht nun am Ruder, um die FREYDIS auf der Stelle zu halten. Meine Kamera ist wieder einsatzbereit. Noch einmal werde ich Gelegenheit haben, die Abseilszene zu filmen. Denn ausgerechnet, als Michael vom Berg schwebte, war mein Film zu Ende gewesen. Deshalb bin ich eigentlich recht froh, daß auch Walter den Berg angehen will. Andererseits regt sich wieder eine dumpfe Angst in meiner Magengegend. Aber Michael beruhigt mich: »Der Walter ist genauso vorsichtig wie ich. Und das Eis ist hervorragend, fest und griffig, es wird gutgehen.«

Das Dingi hat die kleine Eisbucht erreicht, die jetzt aber im Schatten liegt. Der Eisberg muß sich also in der Strömung ein wenig gedreht haben. Seltsam: Auch diesem Warnzeichen haben wir keinerlei Beachtung geschenkt, es kaum wahrgenommen. Hat die Sorge um die uns noch unbekannten Kletterkünste Walters unseren Blick für die doch bekannte, viel größere Gefahr vernebelt?

Den ersten Sockel hat Walter hinter sich. Auf dem Plateau am kleinen See verharrt er kurz, richtet Eisgeräte, Karabinerhaken, Sicherungsschlingen für den 50 Grad steilen Eishang. »Schneller, Walter, schneller«, mahnt Michael. Er sagt es leise, eher zu sich selbst. Jetzt ist er nicht mehr so cool, wie wir ihn kennen, er hat Angst um seinen Freund. Walter klettert am Steilhang aufwärts. Wenig später steht er oben auf dem Vorgipfel. Auch er hat souverän sein Ziel erreicht. Einige Schritte tiefer liegt der Abseilplatz.

Michael ruft Anweisungen hinüber, wie das Seil einzuhängen sei. Wieder ist er unruhig, die Vorbereitungen für das Abseilmanöver dauern ihm zu lange. Ich dagegen fühle mich schon aller Sorgen ledig und habe gerade noch Zeit, einen neuen Film einzulegen, da seilt Walter sich schon ab. Er schwebt hinunter, pendelt wie vorhin Michael frei unter dem Überhang und sitzt gleich darauf bei Folkmar im Dingi.

»Geschafft!« Wir sind alle erleichtert und jubeln. Jetzt kann nichts mehr passieren. Problemlos ist der Eisberg ein zweites Mal bezwungen worden. Ich habe meine Abseilszene im Kasten. Es gibt nichts mehr zu fotografieren und zu filmen. Wir legen die Kameras beiseite. Die Akrobatennummer ist zu Ende, denken wir – und werden von dem, was nun folgt, völlig überrumpelt.

In den nächsten Minuten verwirklichen sich unsere schlimmsten Alpträume. Wie aus einem Horrorfilm entsprungene, gespenstische Bilder sind in meiner

Erinnerung haften geblieben: Der Berg neigt sich fast lautlos vornüber. Die 50 m hohe Steilwand, an der sich Walter eben noch abgeseilt hat, versinkt in den Fluten. Es knallt und dröhnt, dann bricht der Gipfel, auf dem Michael gestanden und uns zugewinkt hat, wie abgesprengt herunter und zerschellt auf dem Wasser.

»Wo ist Folkmar? Wo ist Walter?« schreit jemand. Sie müßten eigentlich längst wieder zur FREYDIS zurückgekehrt sein. Ich habe das Dingi noch kurz zuvor hinter dem Berg verschwinden sehen und mich gefragt, ob sie wohl eine Ehrenrunde drehen wollen. Und jetzt sind sie von den herabstürzenden Eismassen begraben, von dem drehenden Berg in die Tiefe gerissen worden! Unheilvoll schaukelt der weiße Koloß in dem milchig-grünen, aufschäumenden Eisbrei.

Dann sehen wir das Schlauchboot, aber nur mit Folkmar. Wie die offene Schale einer Riesenmuschel hängt die Eiswand über ihm, droht ihn in einer Falle zu fangen. Ein grauenvoller Anblick! Spätestens jetzt wissen wir, daß es hier um Leben oder Tod geht. Aber auch Folkmar sieht die drohende Wand und gibt Gas. Der Außenborder heult auf; durch brodelndes Wasser prescht das Dingi aus dem Bereich des kenternden Eises.

Wo aber ist Walter geblieben? Während uns die schlimmsten Befürchtungen durch den Kopf schießen, sehen wir den Eisüberhang verharren, drei Meter über dem Wasser bleibt er wie festgezurrt stehen und pendelt dann langsam zurück. Die Falle ist nicht zugeschnappt. »Dort!« Michael hat die Sprache wiedergefunden. »Dort, der schwarze Punkt, das muß Walter sein!«

Der Kopf im Wasser ist deutlich zu erkennen. Folkmar braust sofort darauf zu. Jetzt droht die flache Eisschüssel wieder auf die beiden herabzustürzen. Wir sehen, wie sich das gelbe Schlauchboot mit Folkmar von dem schwankenden Eisdach entfernt, und hören Michaels beschwörende Worte: »Walter muß dranhängen. Sie werden es schaffen, Folkmar wird es schaffen.«

Walter liegt im Boot, als Folkmar an der FREYDIS festmacht. So sieht wohl jemand aus, den gerade der Blitz getroffen hat, denke ich, als ich seinen Gesichtsausdruck erkenne. Er ist pudelnaß, aber der Anzug hat ihn vor dem Schlimmsten bewahrt. Die Handknöchel sind ein wenig aufgeschürft, sonst fehlt ihm nichts. Nur die Witze, die er reißt, als er an Bord klettert, klingen schal, und wir alle bleiben still, können nicht darüber lachen.

Ein Stück weiter wälzt sich immer noch der Berg wie ein riesiges Untier in seinem Eisbrei. So lange wir ihn später sehen können, wiegt er sich langsam rhythmisch hin und her – wie die Unruh einer riesigen Uhr, die beinahe Walters letzte Stunde geschlagen hätte.

Das ganze Unternehmen, von der Wahl des Eisbergs bis zu Walters glücklicher Rettung, hat alles in allem drei Stunden gedauert – drei Stunden, nach denen wir fix und fertig sind. Unter dem Stichwort »Manöverkritik« versucht Michael später, das Geschehen in seinem Tagebuch sachlich und kühl zu analysieren:

»Nach dem bestandenen Abenteuer meinte Sepp an Bord, daß uns der Eisberg unsere Grenzen gezeigt habe. Er hatte unrecht. Wir wußten um die Risiken, hatten sie einkalkuliert, stützten uns auf die Statistik und die Wahrscheinlichkeit. Wir waren Hasardeure, doch das Hasardspiel war uns bewußt.

Was war passiert? Walter hatte versucht, ein zweites Mal den Berg zu besteigen, um zurückgelassenes Material zu bergen. Karabinerschlingen und Eishaken im Wert von 80 Mark waren der Beweggrund für dieses Risiko. Was ihm passierte, hätte mir genauso passieren können. Der Unterschied? Walter stieg vom Dingi aus nochmals auf den Berg – oder wollte es zumindest versuchen. Da kenterte die riesige Eismasse. Walter, noch am Anfang, wurde unter Wasser gedrückt. Wie tief, weiß er nicht mehr. Er löste seine Eisgeräte geistesgegenwärtig und wurde vom Trockenanzug nach oben getragen. Das Glück war, daß die Falle nicht zuschnappte, daß die Hohlkehle des Eisüberhangs nicht durchkenterte und den Kletterer erbärmlich ersäufte – und daß Folkmar im rechten Moment die richtigen und kühnen Entscheidungen traf.

Die Statistik war diesmal auf unserer Seite. Doch ebenso, wie man im Leben einen Lotto-Sechser haben kann, kentert auch mal ein Eisberg, wenn man ihn besteigt. Doch was wäre passiert, wenn sich der Winkel im senkrechten Kletterstück, wo die Steigeisen nur millimetertief eingeschlagen waren, um wenige Grad zum Überhängenden hin verändert hätte? Wir wären aus der Wand gefallen wie Steine!

Den Eisberg wird es wahrscheinlich nicht mehr geben. Vielleicht gelang es ihm, aus dem Sund herauszukommen, mit dem Grönlandstrom nach Norden zu ziehen und mit dem Labradorstrom wieder nach Süden zu segeln. Für uns hat sich ein Pubertätstraum erfüllt. Es ist gutgegangen, haarscharf. Der wahre Held ist Folkmar, er war Spitze. Wir tauften deshalb den Eisberg nach alter grönländischer Manier ›Folkmars Toppen‹.«

Am Abend schon wieder einigermaßen von unserem Schock regeneriert, legen wir voller Erwartung an der Radio- und Fernsehstation am Ausgang des Prins-Christian-Sundes an. Dies soll unser vorläufig letzter Grönlandaufenthalt sein, da wir von hier aus zunächst nach Island segeln wollen. Die beiden Dänen, die uns am Vortag auf der FREYDIS besucht haben, stehen an der Pier, um uns willkommen zu heißen. Auch die beiden Schlittenhunde, die sie bei sich haben, scheinen sich über unseren Besuch zu freuen.

Jack London
Jungfernfahrt

Der kalifornische Schriftsteller Jack London (1876 bis 1916) schreibt nicht nur Goldgräber- und Südseegeschichten sowie sozialkritische Romane, sondern auch Die Fahrt der Snark. *Dabei handelt es sich um den romanhaften, phantastischen Bericht einer Erdumsegelung in einem kleinen Boot zwischen 1906 und 1911. Die Snark muß dafür erst gebaut werden – dieser Umstand ist schon ein Abenteuer für sich. Doch nach nervenaufreibenden Verzögerungen können der Erzähler und seine Freundin Charmian endlich von San Francisco aus in See stechen.*

Und ja, die Snark hat noch etwas, womit ich prahlen muß, und das ist ihr Bug. Keine See wird je über ihn hinwegspülen. Er verlacht die Seen, dieser Bug. Und dazu ist er ein schöner Bug. Seine Linien sind der reine Traum, ich zweifle, daß je ein Boot mit einem schöneren und gleichzeitig brauchbareren Bug gesegnet war. Den Bug ansehen, heißt verstehen, daß die Kostenfrage bei diesem Bug keine Rolle gespielt hat. Und jedesmal, wenn unsere Abreise aufgeschoben wurde oder wenn neue Ausgaben hinzukamen, dachten wir an diesen wunderbaren Bug und beruhigten uns.

Die Snark war ein kleines Boot. Als ich berechnete, daß sie siebentausend Dollar kosten müßte, rechnete ich richtig und korrekt. Ich habe Scheunen und Häuser gebaut, und ich kenne die seltsame Neigung dieser Dinge, den berechneten Preis zu übersteigen. Das wußte ich schon ausgezeichnet, als ich berechnete, daß der Bau der Snark aller Wahrscheinlichkeit nach siebentausend Dollar kosten würde. Nun ja, er kostete dreißigtausend. Fragen Sie mich nicht, wie das zuging. Es ist wahr. Ich setzte meinen Namen unter die Schecks und beschaffte das Geld. Selbstverständlich ist das nicht zu erklären. Unfaßbar und ungeheuerlich, das ist es eben, wie man auch zugeben muß, ehe ich mit meiner Geschichte fertig bin.

Und dazu die Verspätung. Nicht einer von den Handwerkern, nicht eine von den Firmen, mit denen ich zu tun hatte, lieferte je zu der vereinbarten Zeit oder stellte sich je rechtzeitig ein, außer am Zahltage oder wenn eine Rechnung vorgelegt werden sollte. Die Leute schworen bei ihren unsterblichen Seelen, einen bestimmten Gegenstand zu einem bestimmten Tag zu liefern, und trotzdem kamen die Dinge in der Regel nicht weniger als drei Monate nach der vereinbarten Zeit. Aber Charmian und ich trösteten uns damit, daß die Snark ein herrliches Boot sei, so stark und solide, und manchmal fuhren wir auch mit der Jolle hinaus, ruderten um die Snark herum und freuten uns über den wunderbaren Bug.

»Denk nur«, konnte ich zu Charmian sagen, »wenn wir einen Sturm vor der chinesischen Küste bekämen und die Snark beidrehte, wie ihr herrlicher Bug sich dann gegen den Sturm anarbeiten würde. Nicht ein Tropfen Wasser würde über den Bug hereinkommen.«

Und bei solchen Gelegenheiten drückte Charmian mir begeistert die Hand und rief: »Sie ist es wahrhaftig wert, Verspätung, Ausgaben und Mühe und alles andere. Ach, es ist wirklich ein herrliches Boot!«

Unterdessen begannen die Redakteure und Verleger, mit denen ich Kontakte hatte, mich zu quälen, daß ich ihnen eine Erklärung geben sollte. Aber wie sollte ich es ihnen erklären, wenn ich nicht imstande war, es mir selber zu erklären, und wenn keiner, nicht einmal Roscoe, es mir erklären konnte? Die Zeitungen begannen sich über mich lustig zu machen und kleine Gedichte über die Abreise der Snark zu bringen, bei denen der Kehrreim war: »Noch nicht, aber bald.« Und Charmian tröstete mich, indem sie mich an den Bug erinnerte, und ich ging in eine Bank und lieh mir noch fünftausend. Aber ein Gutes hatte die Verspätung doch. Einer meiner Freunde, der zufällig Kritiker ist, schrieb einen Artikel über mich, worin er mich und alles, was ich geschrieben hatte, und alles, was ich je schreiben sollte, verriß, und es war seine Absicht gewesen, daß der Artikel erscheinen sollte, wenn ich mich auf hoher See befand. Als er aber erschien, war ich immer noch auf dem Lande, und seitdem kommt er ununterbrochen mit einer Erklärung nach der andern.

Und die Zeit verging. Eines war uns allmählich klargeworden – es war unmöglich, die Snark in San Francisco fertig zu bekommen. Sie war jetzt schon so lange in Arbeit, daß sie zu zerfallen begann, ja, es war schon so weit mit ihr gekommen, daß sie nicht mehr so schnell repariert werden konnte, wie sie entzweiging. Alle Menschen machten sich darüber lustig. Keiner nahm die Sache mehr ernst, am allerwenigsten die Leute, die an dem Schiff arbeiteten. Ich sagte, daß wir so, wie sie war mit der Snark aufbrechen und sie in Honolulu fertigmachen wollten. Ich versuchte sie in den Bootshafen zu segeln. Ehe sie so weit kam, wurde sie zwischen zwei mächtigen Leichtern eingeklemmt und arg gequetscht. Wir zogen sie auf die Bedding, als sie aber oben war, zerbrach die Bedding, und sie versackte mit dem Achterende im Schlamm.

Tag und Nacht, eine ganze Woche lang, zerrten zwei Schlepper an der Snark. Aber sie blieb eigensinnig mit dem Achterende tief im Schlamm stecken, mitten in den Trümmern der Bedding. Wie wir so in der Klemme saßen, begannen wir die Geräte und Maschinen zu benutzen, die in der San Franciscoer Gießerei verfertigt waren, und mit denen die Kraft von der Maschine auf das Spill übertragen werden sollte. Es war das erstemal, daß wir je das Spill versuchten. Der Guß war fehlerhaft; er ging in tausend Stücke, die Lager verbrannten und das Ankerspill war außer Funktion. Und als das besorgt war, ging es mit der siebzigpferdigen Maschine genauso. Die Maschine kam aus New York; der Unterbau auch; der hatte einen Fehler; der Unterbau hatte eine Menge Fehler, und die siebzigpferdige Maschine riß sich von dem zersplitternden Unterbau los, hob sich hoch, sprengte alle Verbindungsstangen und Bolzen und fiel um. Und die Snark stak weiter in den Trümmern der Bedding, und die beiden Schlepper zerrten vergeblich an ihr.

»Mach dir nichts daraus!« sagte Charmian. »Denk daran, was für ein starkes und solides Boot es ist!«

»Ja«, sagte ich, »und welch herrlichen Bug sie hat!«

Mit einem Riesenfleiß und im Schweiße unseres Angesichts schleppten wir schließlich die Snark von den Trümmern der Bedding ab. Dann kamen die Frachtwagen mit den Sachen, die wir mitnehmen wollten – Bücher, Decken und Gepäck. Und gleichzeitig kam holterdipolter alles andere an Bord – Holz und Kohlen, Wasser und Wasserbehälter, Gemüse, Proviant, Petroleum, das Rettungsboot und die Dampfbarkasse, alle unsere Freunde, alle Freunde unserer Freunde, gar nicht zu reden von den Freunden der Freunde unserer Besatzung. Und es kamen Reporter und Fotografen und Fremde und alle möglichen Sonderlinge und endlich, über dem Ganzen, Wolken von Kohlenstaub vom Kai.

Am Sonntag um elf Uhr sollten wir abfahren, und

es war Sonnabend nachmittag. In der einen Tasche hatte ich ein Scheckbuch, einen Füllfederhalter, einen Datumstempel und ein Stück Löschpapier, in der andern ein- bis zweitausend Dollar in Gold und Papier. Ich war gerüstet, meinen Kreditoren zu begegnen. Und da –

Und da geschah das Unfaßbare und Ungeheuerliche noch einmal. Ehe Roscoe kam, stellte sich ein anderer Mann ein. Der Gerichtsvollzieher. Er klebte einen Anschlag an den stolzen Mast der Snark, so daß alle auf dem Kai lesen konnten, daß die Snark wegen Schulden gepfändet war. Der Gerichtsvollzieher setzte einen alten kleinen Mann zum Aufpassen auf die Snark und ging. Ich hatte nichts mehr auf der Snark zu sagen, nicht einmal mehr über ihren wunderbaren Bug zu befehligen. Das hatte jetzt der alte kleine Mann, der war ihr Herr und Meister, und ich erfuhr, daß ich ihm drei Dollar täglich dafür zu bezahlen hätte. Ich erfuhr auch den Namen des Mannes, der die Snark gepfändet hatte. Er hieß Sellers, und es handelte sich um einen Betrag von zweihundertundzweiunddreißig Dollar!

Sellers? Ich sah in meinem Scheckbuch nach und kam zu dem Ergebnis, daß ich vor zwei Wochen einen Scheck auf fünfhundert Dollar für ihn ausgestellt hatte. Aus andern Scheckbüchern ging hervor, daß ich ihm in den vielen Monaten, die die Snark in Arbeit gewesen war, mehrere tausend Dollar bezahlt hatte. Ja, aber warum hatte er denn nicht wie jeder andere vernünftige Mensch die Rechnung für den elenden kleinen Betrag vorgelegt, statt die Snark zu pfänden? Ich steckte die Hände in die Tasche, und in der einen Tasche stieß ich auf das Scheckbuch, in der anderen auf das Goldgeld und die Scheine. Ich hatte ja Geld genug, um seine elende Rechnung mehrere Dutzend Male zu begleichen, warum hatte er mir keine Zeit gelassen? Es war gar nicht zu erklären, es war einfach das Unfaßbare und das Ungeheuerliche.

Was die Sache noch bedenklicher machte, war der Umstand, daß die Snark spät am Sonnabend nachmittag gepfändet war, und obwohl ich Rechtsanwälte und Agenten rings in Oakland und San Francisco hatte, konnten sie weder den Richter, noch den Gerichtsvollzieher, noch Herrn Sellers, noch Herrn Sellers' Rechtsanwälte und sonst irgendeinen Menschen auftreiben. Alle waren über Sonntag fortgereist.

»Das ist wirklich ein gemeiner Trick!« sagte ich zu Charmian, als wir von Herrn Sellers und seiner Pfändung sprachen. »Eine Krämerseele, die vor Angst den Kopf verloren hat! Aber machen wir uns nichts daraus; unsere Mühen sind bald vorbei, wenn wir alles das hier hinter uns haben und auf dem großen Meere sind.«

Aber schließlich kamen wir doch fort, am Dienstagmorgen, den 23. April 1907. Ich muß gestehen, daß die Abreise sehr mäßig vor sich ging. Wir mußten den Anker mit Handkraft einholen, weil das Spillgetriebe vollkommen verdorben war. Und was von unserer siebzigpferdigen Maschine noch übrig war, lag jetzt als Ballast im Raum der Snark. Aber wenn schon? Das konnte ja alles in Honolulu geordnet werden, und unterdessen konnten wir uns damit trösten, wie prachtvoll der Rest unseres Bootes war. Allerdings arbeitete die Maschine der Dampfbarkasse nicht, und das Rettungsboot zog Wasser wie ein Sieb; aber das war ja nicht die Snark, es war nur Zubehör. Was wirklich etwas bedeutete, das waren die wasserdichten Schotten, die soliden Planken, das Badezimmer, und was sonst dazu gehörte – das war die Snark. Und dazu hatten wir ja das Allerheiligste, den stolzen Bug, der allen Stürmen Trotz bieten sollte.

Wir segelten durch das Goldene Tor hinaus und setzten den Kurs südwärts nach dem Teil des Stillen Ozeans, wo wir hoffen durften, in den Nordpassat zu gelangen. Und dort begannen sofort unsere Schwierigkeiten. Ich hatte gedacht, daß man auf einer Reise wie der, die wir auf der Snark machen wollten, Jugend brauchen würde, und ich hatte drei junge Menschen mitgenommen – den Maschinisten, den Koch und den Kajütjungen. Meine Rechnung stimmte nur zu zwei Dritteln nicht. Ich hatte nämlich vergessen, mit seekranker Jugend zu rechnen. Koch und Kajütjunge mußten gleich in die Koje gehen, und damit war es aus mit dem Nutzen, den wir in der ersten Woche von ihnen haben sollten. Aber das bedeutete auch nicht so viel, denn wir entdeckten bald, daß unsere Apfelsinen irgendwann gefroren gewesen, daß unsere Äpfel faul, und daß zwei Kisten mit Kohl schon vor der Ablieferung verdorben gewesen waren, so daß wir sie sofort über Bord werfen mußten, daß Petroleum über die Karotten gegossen war, daß das Brennholz naß war und nicht zünden wollte, und daß die Kohlen, die in morschen Kartoffelsäcken geliefert worden waren, über das ganze Deck schwammen und durch die Speigatten fortgespült wurden.

Aber was tat das? Das war ja alles ganz nebensächlich. Wir hatten das Boot, und das war doch wohl großartig! Ich schlenderte das Deck hinab und zählte im Laufe einer Minute vierzehn Stellen, wo die herrlichen Deckplanken zusammengesetzt waren; diese Deckplanken, die ich extra in Puget Sound bestellt hatte, damit sie nicht zusammengesetzt waren. Und das Deck leckte, und zwar ganz schrecklich. Das Wasser jagte Roscoe aus seiner Koje und verdarb die Werkzeuge im Maschinenraum, gar nicht zu reden von dem Proviant, den es in der Kombüse verdarb. Auch die Seiten der Snark leckten, und der Boden leckte, und wir mußten jeden Tag pumpen, um sie lenz zu halten. Der Fußboden der Kombüse befindet sich ein paar Fuß über der Innenbekleidung der Snark, und doch wurde ich, als ich in der Kombüse stand, um mir ein bißchen kaltes Essen zu holen, bis zu den Knien durchnäßt, so schwappte das Wasser darin auf und ab, und das kaum vier Stunden, nachdem das Schiff zum letztenmal lenz gepumpt worden war.

Und dann die prachtvollen wasserdichten Räume.

Das Wasser floß, frei wie die Luft, aus einem Raum in den andern; ferner kam ein starker Geruch von Benzin aus dem hintersten Raum, der mich den geheimen Verdacht schöpfen ließ, daß einer oder mehrere von den fünf oder sechs Tanks, die dort aufbewahrt wurden, leckgesprungen waren. Und das Badezimmer mit seinen Pumpen, Handgriffen und Ventilen – das war außer Funktion, ehe vierundzwanzig Stunden vergangen waren.

Die Menschen, die uns wie in einem Sieb auf die See geschickt, hatten uns verraten, aber der liebe Gott muß es gut mit uns gemeint haben, denn wir hatten so lange stilles Wetter, bis wir lernten, daß wir jeden Tag pumpen mußten, um uns oben zu halten, und daß wir uns mehr auf ein Streichholz als auf das solideste Stück Eisen verlassen konnten, das es auf der ganzen Snark gab. Je mehr die Stärke und Solidität der Snark eine Sage zu werden begann, desto mehr setzten Charmian und ich unser ganzes Vertrauen auf den Bug der Snark. Wir hatten nichts anderes, auf das wir uns verlassen konnten. Alles war unfaßbar und ungeheuerlich, das wußten wir wohl, aber der Bug, der war sicher. Und da eines Abends, als wir beidrehen wollten –

Wie soll ich es beschreiben? Zuerst will ich zur Aufklärung von Laien mitteilen, daß »Beidrehen« ein Manöver ist, das im Sturm mittels verminderter Segel ausgeführt wird, wodurch man ein Schiff zwingt, sich gegen Wind und See zu drehen und sich dort zu halten. Wenn der Sturm nicht zu stark ist und die Seen nicht zu hoch gehen, kann ein Schiff von der Größe der Snark mit Leichtigkeit beidrehen, wonach man an Deck nichts mehr vorzunehmen hat. Der Ausguckmann ist überflüssig. Das Ruder wird festgezurrt. Alle Mann können sich schlafen legen oder Karten spielen.

Nun, es wehte ein kleines Sommerstürmchen, als ich zu Roscoe sagte, es sei am besten, beizudrehen. Es wollte Nacht werden. Ich hatte den ganzen Tag gesteuert, und alles an Deck (Roscoe, Bert und Charmian) war müde, während die übrigen seekrank waren. Nun traf es sich so, daß wir schon zwei Reffe in das Großsegel geschlagen hatten; Außenklüver und Klüver waren geborgen, und das Vorstaksegel war gerefft und der Besan auch festgemacht. Ungefähr um diese Zeit ging der Klüverbaum kopfüber in eine See und brach mitten durch. Ich legte das Ruder hart, um beizudrehen. Die Snark rollte in diesem Augenblick ins Wellental. Ich legte das Ruder immer härter um. Das Schiff rührte sich nicht aus dem Wellental. Ich ließ Roscoe und Bert die Großschot tothalen. Die Snark rollte weiter ins Wellental und bald war die eine Reling unter Wasser, bald die andere.

Wir holten das Großsegel mitschiffs. Das veränderte den Kurs der Snark nicht um ein Zehntel Grad. Wir setzten das Sturmsegel an den Besan und slackten das Großsegel. Die Snark rollte weiter im Wellental. Ihr herrlicher Bug weigerte sich, seine Schuldigkeit zu tun und dem Winde Trotz zu bieten. Lieber Leser, was würdest du tun, wenn du dich in einem kleinen Boot befändest, das im Wellental rollte, achtern mit einem Sturmsegel, das außerstande wäre, den Bug in den Wind zu schwingen? Den Seeanker werfen? Das eben taten wir. Wir hatten einen auf Bestellung verfertigten Patentanker, und es war garantiert worden, daß er nicht sinken konnte. Denken Sie sich einen eisernen Faßreifen, der einen großen Segeltuchbeutel aufsperren sollte – das ist ein Seeanker. Nun ja, wir befestigten eine Leine am Seeanker und am Bug der Snark und warfen den Seeanker dann über Bord. Die Leine nach dem Bug wurde totgehalt. Das Sturmsegel am Besan hatte die Neigung, den Bug in den Wind zu schwingen, aber trotz dieser Neigung nahm die Snark den Seeanker ganz ruhig zwischen die Zähne und rollte weiter im Wogental, den Anker nachschleppend.

Jetzt frage ich: Wer hat je von einem Segelschiff gehört, das nicht beidrehen wollte? Es war dunkel, und hin und wieder erschien der Mond zwischen den Unwetterwolken. Um uns lag auf dem Wellental kalt und unerbittlich das Mondlicht, und die Snark rollte vergnügt darin herum. Und dann bargen wir Seeanker und Besansegel, setzten das gereffte Staksegel, fielen ab und ließen die Snark vor dem Winde laufen, und dann gingen wir hinunter – nicht zu einer warmen Mahlzeit, die für uns bereitstand, sondern, um über den schmutzigen, schleimigen Fußboden in der Kajüte zu gleiten, und uns angekleidet in unsere eigenen Kojen zu legen, so daß wir bereit waren, wenn etwas geschehen sollte.

Während ich dies schreibe, befinden wir uns im Nordostpassat und fahren vor ihm mit einer Fahrt von sechs Knoten die Stunde. Wir haben eine sehr brave See, und das Fahrzeug ist sich selbst überlassen – es steht nicht einmal ein Mann am Ruder. Falls jemand es genau wissen will: wir haben Nordostwind; das Besansegel der Snark ist beschlagen; das Großsegel ist nach Steuerbord gefiert; die Vorschoten sind flach gehalt, und der Kurs der Snark ist SSW. Und doch gibt es Leute, die vierzig Jahre lang die Meere befahren haben und behaupten, daß kein Schiff vor dem Winde laufen kann, ohne daß man steuert.

Ich warte jetzt den nächsten Sturm ab, um zu sehen, ob man nicht die Snark mit dem Achterende in den Wind bringen kann. Ich glaube, es geht. Es hängt alles davon ab, wie das Achterende die Seen abreitet. Und wer weiß, ob nicht an einem stürmischen Morgen im Chinesischen Meer ein alter Graubart von Schiffer gucken und sich ungläubig die Augen reiben wird beim Anblick eines merkwürdigen kleinen Fahrzeugs, ungefähr so wie die Snark, das mit dem Achterende in den Wind gedreht liegt und geduldig wartet, bis der Sturm ausgeweht hat.

Charles Nicholl
Ausflug nach Laos

Auf seiner Thailandreise 1986 verschlägt es den französischen Schriftsteller Charles Nicholl ins Goldene Dreieck, das Grenzgebiet des Mohnanbaus und der Waffen-, Drogen- und Diamantenhändler. Dort wäscht eine Hand die andere: Der Händler Harry verspricht Nicholl Einblicke in das verbotene Gebiet, wenn dieser im Gegenzug ein paar Tage auf seine thailändische Freundin Katai aufpaßt.

Ich erwachte in dem kleinen Zimmer aus Holz, Ritzen gleißenden Lichts in den Fensterläden, fremdartiges Vogelgezwitscher, Klappern von Töpfen und Pfannen im Küchenbereich, der Anbruch eines neuen heißen Tages. Ein Gecko gickerte über der Tür, als ich auf die Veranda hinausging.

Katai unterhielt sich unten im Hof mit Suree. Sie hatte den Morgen schon organisiert. Wir würden zwei Fahrräder leihen und picknicken fahren.

Auf dem Markt kauften wir Obst und Bier und Coca-Cola, einen Beutel gekochten Reis und Gemüse und einige Portionen *miang* (fermentierter Tee und Gewürze in ein Blatt gewickelt – man hält es im Mund, es ist erfrischend und leicht stimulierend). Wir brachen nach Süden auf, in die Sonne, an der Tabakfabrik vorbei, über kleine Brücken, den Fluß zur Linken und das Versprechen der Berge vor uns. Katai trug einen breitrandigen Strohhut, den sie von Suree geliehen hatte. Er war ein bißchen zu groß und flog ihr beim Radfahren vom Kopf. Sie plapperte und scherzte, sprach über die Schulter hinweg. Ich konnte nur die Hälfte verstehen. Sie hatte die Melancholie des vergangenen Abends überwunden. Harry würde nicht vor heute abend kommen, sagte sie, und daher spräche nichts dagegen, daß wir den Tag genossen.

Als ich sie so ansah, wie sie die heiße, ungepflasterte Straße entlangradelte, den Hut auf dem Rücken, in weiten schwarzen Hosen und schwarzem Trikothemd, erschien sie mir wie die Verkörperung Südostasiens. Ich dachte an einen Ausspruch von Harry: *Indochine, mon amour.*

Die Hitze glitzerte in den Bäumen, die meist niedrig und eher Buschwerk waren, gelegentlich aber auch riesige Schattenspender. Überholende Fahrzeuge wirbelten Staubwolken auf, so daß wir am Straßenrand nach Luft rangen. Nach einer Weile machten wir Rast, um den Staub aus unseren Kehlen zu waschen. Katai schnitt Grimassen beim Geschmack der sterilisierenden Tabletten, die ich dem Trinkwasser beigegeben hatte. Und weiter ging es, an Chiang Saen Noi vorbei, mit seinem alten Tempel auf der Anhöhe. Die Straße bog nach Osten ab. Wir überquerten den Fluß Kok, der hier in den Mekong mündet, und in einem Dorf namens Ban Sae verließen wir die Straße und folgten einem holprigen Uferpfad am Rande von Schwemmland mit Reisstoppeln.

Am frühen Nachmittag waren wir dann bereit für unser Picknick. Wir fanden einen Weg, der an den Fluß hinunterführte, vorbei an niedergebrannten Tabak- und Maisfeldern. Dort stand eine mit Palmwedeln gedeckte Hütte, zu klein, um darin zu wohnen, eher ein Getreidelager oder ein Unterstand für einen Fischer. Schatten spendete ihm eine Gruppe von Bananenbäumen mit ihren Stauden unreifer grüner Früchte und den malvenfarbenen Blütenranken, die herunterhingen wie die Troddeln der Klingelzüge in viktorianischen Wohnzimmern. Hier ließen wir unsere Fahrräder zurück. Ich ging schwimmen. Der Fluß war sehr flach: Noch mehrere Meter weit draußen konnte ich stehen. Eine langgestreckte, blasse Sandbank sonnte sich in der Flußmitte. Das Wasser war überraschend kalt. Obwohl sie so träge aussah, war die Strömung doch stark, sobald man die flachen Stellen verlassen hatte.

Wir aßen und tranken. Das Singha-Bier war süß und warm. Ich legte mich zurück ins Gras, schläfrig und zufrieden, so zufrieden, wie ich mich seit Jahren nicht mehr gefühlt hatte. Bangkok schien in einer anderen Welt zu sein. Sogar Harry war irgendwie fern und konturlos, jemand, den ich vor langer Zeit kennengelernt hatte. Ich fragte mich, ob er überhaupt auftauchen würde: Ein Teil von mir wünschte, daß er kam, der andere wünschte es nicht, und ich war zu müde, um herauszufinden, welchem Teil ich den Vorzug gab.

Dann sagte Katai: »Ich will rüber.«

Ich fragte schläfrig: »Wo rüber?«

»Da rüber.« Ich sah auf, blinzelte ins Sonnenlicht. Sie saß im Schneidersitz neben mir und blickte hinüber auf die dunstverschleierten schartigen Baumsilhouetten von Laos auf der anderen Seite des Flusses.

»Du bist verrückt«, sagte ich. »Niemand darf nach Laos. Die sperren dich in ein Umerziehungslager, wenn sie dich erwischen, und den Schlüssel werfen sie weit weg.« Das jedenfalls ist es, was man sich über das kommunistische Laos so erzählt.

»Es ist ja niemand da, der uns sieht.« Sie kauerte jetzt auf den Knien, suchte den Horizont ab. »Sieh doch, da ist nichts.«

»Und warum –«

»Weil ich noch nie in einem anderen Land gewesen bin, deshalb. Weil ich keinen Paß habe, kein Geld, keine Möglichkeit, in der Welt herumzureisen wie der *farang*. Ich möchte, daß du mich nach Laos bringst, Charlie.«

»Und wieder zurück«, murmelte ich, noch immer an die Warnungen denkend, die ich in bezug auf Laos gehört hatte. Aber so, wie sie mich ansah, hätte ich sie zum Mond gebracht.

»Sieh doch«, sagte sie. »Wenn wir bis zu der Sandbank da kommen, sind wir schon fast da.«

»Das täuscht«, sagte ich. »Wie gut kannst du schwimmen?« Sie antwortete nicht. Statt dessen bat sie mich, ihr den Rücken zuzukehren. Als sie bereit war – einen *sarong* über der Brust geknotet und zwischen die Beine gezogen, die traditionelle Badekleidung der Thai-Frau –, streckte sie mir die Hand entgegen, und zusammen gingen wir in den Mekong. Ohne große Schwierigkeiten gelangten wir hinaus auf die Sandbank. Wir konnten waten, bis wir auf ungefähr fünfzig Meter heran waren. Dann mußten wir schwimmen. Die Strömung war stark, aber die Sandbank erstreckte sich über eine Länge von gut achthundert Metern, und es schien keine Gefahr zu bestehen, an ihr vorbeigerissen zu werden. Wir ließen uns vom Fluß treiben, schwammen diagonal, Katai wie ein kleines Kind, Hundepaddeln.

Unsere Füße berührten wieder Boden, und wir wateten auf die Sandbank. Der Sand war gesprenkelt von Narrengold und seltsam elastisch. Unsere Füße sackten ein, aber brachen die Oberfläche nicht auf. Wir hinterließen keine Fußabdrücke. Wir gingen flußaufwärts zurück bis zur Spitze der Sandbank und planten die zweite Etappe der Überquerung. Hier war der Fluß nicht viel breiter als das Stück, das wir überquert hatten, aber er sah tiefer aus und schien schneller zu fließen. Dies hier war der richtige Fluß, das Stück, das wir überquert hatten, war im Vergleich dazu nur ein ruhiger Seitenarm.

»Mir gefällt nicht, wie er aussieht«, sagte ich.

»Was fürchtet der *farang*?«

»Salz, Zucker und das Ertrinken im Mekong, das fürchtet er.«

Sie sah enttäuscht aus. »Nun, dann muß ich eben allein gehen, Charlie.«

»Du bist verrückt«, sagte ich abermals.

Sie stand unschlüssig am Rand. Ich sah auf dem gegenüberliegenden Ufer Vögel aufsteigen und auseinanderstieben. Dann hörte ich hinter uns eine Stimme, unten am entfernten Ende der Sandbank. Ein Mann war auf einem Bambusfloß herübergekommen. Er winkte uns zu.

Wir gingen zu ihm. Es war ein alter Mann mit einem runzligen Affengesicht und kurzgeschorenen Haaren in der Farbe angelaufenen Metalls. Er kam aus einem Dorf namens Ban Suan Dok, ein paar Kilometer den Uferpfad hinauf. Er hatte hier seine Gemüsebeete: Tomaten, Gurken und eine kleine Wurzelpflanze, die aussieht wie eine verfeinerte Kartoffelsorte und einen süßlichen, frischen Geschmack hat. Er hatte wohl Humusboden gebracht, um ihn mit dem Sand zu mischen.

Katai fragte ihn, ob er meinte, wir könnten auf das Laos-Ufer hinüberschwimmen. Er lachte und mahnte sie mit einem Wackeln des Zeigefingers. »*Ra wang*«, sagte er. »Sei vorsichtig. Der Fluß ist sehr stark.«

»Würden Sie uns auf Ihrem *sampan* rüberbringen?« fragte ich. »Wir bezahlen auch für die Überfahrt.«

Er sah mich argwöhnisch an. Dann fragte er Katai: »Warum will der *farang* hinüber?«

»Wir wollen einfach nur einmal nach Laos«, sagte sie.

Er schüttelte schmunzelnd den Kopf. »Aber, kleines Mädchen, du bist doch schon in Laos.«

Wir starrten ihn an. Ich sagte: »Soll das heißen, das hier ist Laos, hier?« Er nickte. Er nahm die Bambusstange, mit der er stakte, und markierte mit ihr den Uferrand der Sandbank.

»*Chai daen*«, sagte er. Die Grenze.

Er ging zu seinen Beeten und bewässerte sie mit Wasser, das er aus dem Fluß schöpfte. Das Lebensgeschick eines einfachen Bauern: Dieses Stück Land wird es nicht mehr geben, wenn der Mekong Hochwasser führt, aber bis dahin würde der Mann es nicht brachliegen lassen. Nach einer Weile machte er sich daran, sein Floß wieder ins Wasser zu ziehen. Er fragte, ob wir mit ihm zurückfahren wollten.

Ich sagte: »Ist schon o. k., wir schwimmen.«

»*Ra wang*«, sagte er nochmals und stakte dann flußabwärts auf die Thai-Seite des Flusses zu.

»Und wie fühlst du dich so in einem fremden Land?« fragte ich.

Sie zuckte mit den Achseln. »Hier genauso«, sagte sie.

Wir hätten das Angebot des alten Bauern annehmen sollen. Auf dem Rückweg zum Thai-Ufer waren wir unvorsichtig. Wir verließen die Sandbank weiter flußabwärts, als wir gekommen waren. Wir stellten fest, daß das Wasser tiefer und die Strömung stärker war. Wir versuchten, uns weiter flußaufwärts vorzuarbeiten, aber das Wasser stand uns bis zum Kinn, und jeder Schritt war eine große Anstrengung.

Katai bekam es mit der Angst zu tun. »Charlie, das gefällt mir nicht.« Ihre Stimme war schrill.

Ich sagte: »Ist schon o. k., wenn die Strömung zu stark wird, können wir zurückgehen und es weiter unten versuchen.«

»Ja, laß uns zurückgehen, bitte.«

Aber irgendwie gelang es uns nicht. Der Fluß schien uns eingeschlossen zu haben. Wohin wir uns auch wandten, das Wasser wurde tiefer. Es kostete schon Mühe, still zu stehen: Die Strömung zerrte an unseren Beinen, der Schlamm drückte sich zwischen unseren Zehen hinauf, wir wurden in Richtung des Chinesischen Meers gezogen.

»Wir müssen hinüberschwimmen«, sagte ich, versuchte, gelassen zu klingen. Ich war mir aber überhaupt nicht sicher – es schien wirklich die Gefahr zu bestehen, über die Sandbank hinaus mitgerissen zu werden, und dann steckten wir ernsthaft in Schwierigkeiten. Aber eine andere Wahl blieb uns wohl nicht.

»Charlie, ich habe Angst.«

»Schwimm!« schrie ich sie an. Wir schwammen gleichzeitig los, Richtung Thai-Ufer. Die Strömung drückte uns zurück, und eine Weile schwammen wir mit aller Kraft, ohne auch nur das geringste Stück voranzukommen. Ich hörte sie nach Luft schnappen, keuchen. Ich wußte, wenn jemand erst mal begonnen hatte, Wasser zu schlucken, wurde er von Sekunde zu Sekunde schwächer. Ich trat Wasser auf der Stelle, bereit, ihr zu helfen, als ich mit den Füßen Boden berührte.

»Sieh, ich kann stehen!« rief ich. Sie sah ziemlich erschreckt aus, atmete schwer. Ich hielt sie in den Armen, stützte ihr Kinn, verschaffte uns beiden eine Ruhepause. »Es ist o. k.«, sagte ich. »Das tiefe Stück haben wir hinter uns. Wir können jetzt wieder gehen.«

Oder doch nicht? Tiefen und Untiefen des Flusses waren trügerisch. Wir befanden uns nur hundert Meter flußabwärts von der Stelle, wo wir losgegangen waren – ich konnte unsere Kleidungsstücke dort am Ufer liegen sehen –, aber alles war völlig anders. Kaum hatten wir die Richtung zum Ufer eingeschlagen, fühlte ich das Flußbett unter uns abfallen. Ich bemerkte auch, daß das Ufer hier steil war. Rote Erde und Wurzelwerk waren zu sehen, zwischen Wasseroberfläche und Uferböschung lag gut ein Meter.

Wir schwammen jetzt wieder, gerieten in einen Strudel. Katai prustete und kreischte. Ich versuchte ihr zu helfen, aber ich bin kein Rettungsschwimmer, und die Lage wurde nur noch schlimmer. Sie schlug mit den Armen um sich, stieß mir einen Ellbogen ins Gesicht. Sie schluckte wieder Wasser.

»O nein, o nein«, jammerte sie.

Dann änderte sich die Strömung plötzlich wieder, und wir wurden ans Ufer getrieben. Ich sah das Floß des Bauern in einer kleinen Einbuchtung. Als wir dicht genug dran waren, ließ ich Katai los. Die Strömung trieb sie gegen das Heck des Floßes. Sie klammerte sich fest. Ich wurde noch ein Stückchen weiter getrieben und verlor sie aus den Augen, aber bald darauf gelang es mir, eine Wurzelschlinge an der Uferböschung zu packen.

Keuchend und dankbar hing ich daran. Mir wurde bewußt, daß wir beinahe ertrunken wären. Ich hörte Katai meinen Namen rufen. Ob sie es aus Besorgnis tat oder Hilfe brauchte, wußte ich nicht. Ich rief zurück: »Bist du o. k.?«

»Nein.« Sie saß im Schlamm, hustend und nach Atem ringend. Der alte Mann kniete neben ihr, hielt ihren Kopf zwischen ihren Knien nach unten. Sie hatte eine Menge Wasser geschluckt. Während sie es ausspuckte und aushustete, weinte sie.

»O Gott, ich dachte, wir würden beide sterben«, sagte sie, als sie mich sah.

»Wir waren o. k., Katai, *no pompen*«, sagte ich mit wenig Überzeugungskraft.

»O Gott«, sagte sie nochmals. Sie hätte nie Buddhas Namen in den Mund genommen, aber doch gehört, daß *farang* ständig »O Gott« und »O Jesus« sagen.

Der alte Mann redete leise auf sie ein. Ich konnte nicht verstehen, was er zu ihr sagte, und sie schien es auch nicht übersetzen zu wollen. Später sagte sie mir: »Der alte Mann sagt zu mir, ich bin ein Mädchen, das großes Glück hat. Er sagt, Fluß ist hungrig. Das war sein Wort: *hungrig*. Er sagt, jedes Jahr, bevor der Regen kommt, ertrinkt jemand im Mekong. Letztes Jahr war es ein Junge aus Chiang Mai: Er war ein sehr guter Schwimmer, aber der Fluß nahm ihn. Die Leute hier sagen, wenn der Fluß niemanden nimmt, wird der Regen nicht kommen, wird die Ernte verdorren.«

»Wie ein Opfer«, sagte ich.

»Ja, es ist der *naga* des Mekong. Er muß jemanden nehmen. Und dafür bringt er dann den Regen.«

Wir radelten die sandige Straße nach Chiang Saen zurück. Die Sonne war hinter dichtem Dunst verblichen. Sie hing über dem Fluß, über unseren Köpfen. Das erweckte den Eindruck, als radelten wir bergauf. Katai war schweigsam und blaß. Das Wasser hatte ihre Haut grau gefärbt. Sie fuhr sehr langsam, blieb immer hinter mir.

Wir hielten an, um eine Pause zu machen. Moskitos versammelten sich um meine schweißnassen Schultern. Katai starrte hinaus auf den Fluß und fing wieder an zu weinen. Sie sagte: »Ich wünschte, Harry wäre hier. Du paßt nicht auf mich auf. Du läßt es zu, daß der Fluß mich beinahe nimmt. Harry paßt gut auf mich auf.«

Im Guest House lief sie die Treppen hinauf und ging ohne ein Wort in ihr Zimmer. Die Tür schlug hinter ihr zu.

Kapitel II
Auf Wegen und Stegen

Martha Gellhorn
Mit Mr. Dandy im Dschungel

Für die amerikanische Kriegsreporterin und Erzählerin Martha Gellhorn sind alle Reisen Katastrophen gewesen – das legt jedenfalls ihr Band: Reisen mit mir und ihm *(1978 in London erschienen) nahe – und vergeblich sucht man nach Hinweisen, die vom Gegenteil überzeugen könnten. 1942 in Surinam – ihr Artikel ist längst geschrieben – unternimmt Gellhorn zum Abschluß ihres Aufenthalts eine Entdeckungsreise ins Landesinnere.*

Albina, auf der holländischen Seite des Marowijne-Flusses, war ein Handelsposten für Gold und Balata, das in Eingeborenenkanus antransportiert wurde. Guttapercha wird aus dem Milchsaft des Balatabaums gemacht, und es ist nützlich im Krieg, wenn ich auch nicht weiß, warum. Arrowak-Indianer, Kariben und Buschneger lebten in Dörfern rund um Albina. Die Kariben waren nach einem tobenden Leichenbegängnis stockbetrunken, man konnte das Kassava-Gebräu überall riechen. Ein holländischer Zivilist half mir hinüber zur Strafkolonie St. Laurent in Französisch-Guayana und erzählte dem französischen Wachposten, ich sei eine Touristin, die kleine Schmucksachen kaufen wolle, welche die Sträflinge herstellten. Er hatte mich ermahnt, nicht Englisch zu sprechen, also redeten wir laut ein grammatisch falsches Deutsch, und der Posten war zufrieden.

Französisch-Guayana war eine Strafkolonie, die Teufelsinsel, das berüchtigtste Gefängnis, eine solche Schande für das 20. Jahrhundert, daß die Franzosen besser über ihre *mission civilisatrice* geschwiegen hätten. Jetzt ist sie aufgegeben, so daß sich die Franzosen mit besserem Gewissen brüsten können. Die Sträflinge, Skelette mit stumpfen Augen in rot und weiß gestreiften Pyjamas, schlugen Holz im Dschungel, bis sie vor Erschöpfung und Krankheit starben. Eine der senkrechten Mauern dieses Gefängnisses stieg aus dem Fluß auf, der voller Krokodile und Piranhas war. Ein drei Meter hoher Zaun aus Eisen, mit Stacheln besetzt, schloß es zur Stadtseite hin ab. In der Dämmerung patrouillierten Wachen mit Mausern den Zaun. Kam ein Gefangener ihm zu nah, wurde er erschossen. Die Gesichter der Wachen entsprachen ihrer Arbeit, es war ein ekelhafter Ort. Ich beeilte mich wegzukommen.

Einige der Gefangenen waren tatsächlich nach Albina geflüchtet, nahmen lieber den Fluß als Risiko auf sich als den sicheren, langsamen Tod in St. Laurent. Es war ihr Traum, sich den Freien Franzosen in Westafrika anzuschließen, aber es gab keine Transportmöglichkeiten dorthin. Sie waren den Holländern dankbar dafür, daß die sie wie menschliche Wesen behandelten. Wir saßen im Staub und rauchten amerikanische Zigaretten, und sie erzählten mir, seit die Vichy-Regierung Frankreich übernommen habe, versuchten die Behörden in Guayana, die Gefangenen durch Hunger, Überarbeitung und Strafen zu vernichten. Die Vichy-Franzosen waren gelehrige Schüler der Nazis. Niemand könnte länger als drei Monate überleben, wenn die Bestrafung begann. Die Hälfte der Männer, etwa 700, waren im Gefängnis von St. Jean de Maronie gestorben. Viele Männer starben jeden Tag in St. Laurent.

Die holländischen Offiziere und gemeinen Soldaten waren älter und weniger fröhlich als die amerikanischen. Aus guten Gründen, aber die Holländer und Amerikaner kamen gut miteinander aus, respektierten einander und akzeptierten freundschaftlich ihre unterschiedlichen Gewohnheiten und Eigenarten. Die Holländer hatten den Krieg schon in Holland erlebt, und ihre Familien lebten noch im besetzten Heimatland. Sie schrieben sich durchs Rote Kreuz, und man konnte es einem Mann am Gesicht ablesen, wenn er einen schlechten Tag hatte, weil er einen Antwortbrief erwartete und keiner gekommen war. In den Briefen aus Holland konnte nicht viel mitgeteilt werden, aber solange noch welche in bekannter Handschrift ankamen, wußten die Männer, daß ihre Familien lebten, und das reichte.

Sie bildeten javanische und indische Truppen auf

dem Platz vor dem Hotel aus, jeden Morgen ab fünf. Noch spät am Abend brannten die Lichter in den Büros der Kommandantur. Surinam war neben den winzigen karibischen Inseln das letzte Land, in dem sie ihre eigene Flagge hissen konnten.

Nachdem ich mich an dieser entlegenen Front prächtig unterhalten hatte, schrieb ich meinen Surinam-Artikel, gab ihn zur Post, und nun wäre es an der Zeit gewesen, nach Hause zu reisen. Aber ich kaufte erst einmal eine Landkarte und war sehr enttäuscht. Denn auf der Karte war so wenig enthalten wie in Surinam selbst: die Hauptstadt, ein paar Ansiedlungen nahe der Küste und mehrere Flüsse. Die Landkarte zeigte mir den Saramacca-Fluß, der sich von Paramaribo aus mal durch grüne, mal durch weiße Flächen wand, die einen grüner Dschungel, die anderen unbekanntes Land. Der Fluß war eine blaue Linie bis zu einem kleinen christlichen Kreuz, wo sich vermutlich der am weitesten gekommene Reisende zum Sterben niedergelegt hatte. Hinter dem Kreuz bestand der Fluß nur noch aus blauen Punkten, die seinen unbekannten Lauf – durch einen dicken weißen Fleck – andeuten sollten. Der Saramacca, was für ein verführerischer Name, schrie förmlich danach, erforscht zu werden. Wie konnte nur jemand annehmen, ich ließe mir diese Gelegenheit entgehen. Und warum mußte überhaupt jemand wissen, was ich trieb? Eine Entdeckungsreise war etwas ganz Neues für mich.

Ein schwarzer Dandy bot sich mir als Reiseführer,

Dolmetscher und Organisator an. Ich weiß nicht mehr, wie dieser seltsame Typ in mein Leben trat. Vielleicht durch den Eigentümer von Jonas Home Industries, mit dem ich mich über seine Waren unterhalten hatte; ich sagte ihm vermutlich, daß ich gern den Fluß hinauffahren würde, um mal selbst Ausschau zu halten, wo diese entzückenden Schlangen in Flaschen, riesigen Tausendfüßler und Affenschädelrasseln herkamen. Der Dandy behauptete, sein Name sei Harold; ich habe niemals jemanden getroffen, auf den der Name Harold weniger paßte. Für mich war er Mr. Dandy. Er trug eine so dunkle Sonnenbrille, daß er augenlos aussah, eine rote Fliege, einen verschwitzten, verbeulten Homburg und einen Anzug in gleicher Verfassung. Ich war mir sicher, er hatte die Syphilis, weiß der Himmel, warum. Er war klebrig-höflich und insgesamt widerlich.

Ich muß wohl vor Hitze wirr im Kopf gewesen sein, denn sonst finde ich keine Erklärung dafür, daß ich mich mit diesem einzigen Begleiter ins Unbekannte wagte. Nicht daß ich gern einen Freund mit hineingezogen hätte, nicht nach China, aber die Katze wäre schon ein großer Trost gewesen. Mr. Dandy war für die gesamte Ausrüstung und den Proviant verantwortlich. Ich packte so unerläßliche Dinge wie Zigaretten und Bücher in einen Korb, behielt mein Zimmer und kündigte an, daß ich für eine Weile Freunde besuchen würde. Es kam mir nicht empfehlenswert vor, über meine Forschungsreise zu reden, bevor ich nicht das Totenkreuz auf der Karte hinter mich gebracht hatte und zurückgekehrt war.

Mr. Dandy und ich machten uns ein paar Stunden lang in einem Taxi auf den Weg und stiegen dann auf dem Fluß in einen ausgehöhlten Baumstamm um, den drei Buschneger, die Lendenschurz und Stricknadeln im Haar trugen, paddelten. Ich war beleidigt wegen der Stricknadeln. Konnten sie nicht zwischen einem Touristen, der Lokalkolorit schnuppern möchte, und einer angehenden Forscherin unterscheiden? Über meine unfreundlichen Bemerkungen zu den Stricknadeln erstaunt, sagte Mr. Dandy, diese Burschen trügen sie immer. Warum sie sich denn meiner Meinung nach sonst die Mühe machten, Geld zu verdienen, wenn nicht, um hübsche Haarnadeln zu kaufen? Ich wurde an Bord gehievt, nahm auf einem Haufen aus Zelt und Moskitonetz Platz, und wir fuhren den Fluß hinauf.

Paddeln ist nicht gerade eine schnelle Form zu reisen, und die Strömung stand gegen uns. Wir bewegten uns sehr langsam über den Fluß, der breit und braun war wie alle Flüsse hier und so eingezwängt vom Dschungel, daß man nichts sehen konnte außer einer hohen, staubigen grünen Barriere zu beiden Seiten des leblosen Wassers. Ich hörte das unangenehme Quaken irgendwelcher Vögel, aber ich sah sie nie. Mr. Dandy strotzte von furchterregenden Belehrungen – ich dürfe meine Hände nicht in den Fluß tauchen, oder sie würden abgebissen. Ich hatte keineswegs das unbändige Verlangen, meine Hände in etwas zu tauchen, das mir wie dicker, heißer Schlamm vorkam, und ich glaubte ihm auch nicht. Um die reiche Irre, die sie fürs Paddeln bezahlte, zu unterhalten, warf die Mannschaft etwas von dem breiigen Fraß, den sie zu sich genommen hatte, ins Wasser, und sofort begann es zu kochen. Das Futter wurde nach unten gerissen, und der Fluß mit all seinen verborgenen Reizen floß glatt weiter. Ich behielt die Hände bei mir und überlegte, ob diese Baumstämme wohl jemals kenterten. Kaum bereit, es zuzugeben, war mir nach dem ersten Tag doch viel weniger nach Entdeckungen zumute.

Mr. Dandy machte einen Platz aus, an dem der Dschungel ein paar Meter zurückgewichen war, und da kampierten wir dann für die Nacht. Pedantisch und wieder ganz unheilschwanger sagte mir Mr. Dandy, ich solle mich wegen der Moskitos bei Sonnenuntergang in mein Kinderzelt verkriechen.

»Ich bin auch in Paramaribo nicht bei Sonnenuntergang unter mein Moskitonetz gesprungen, und da gibt es Millionen von Moskitos. Sehen Sie sich meine Arme an.« Meine Arme sahen aus, als hätte ich die Masern.

»Diese hier sind schlimmer, glauben Sie mir, Moddom, sie machen Sie krank.«

»Was glauben Sie, machen sie in Paramaribo? Die halbe Stadt hat Malaria.« Diese Woche war der Konsul umgefallen, letzte Woche hatte der Zensor das Zittern und Schütteln bekommen. Was Krankheiten anging, hatte man gewöhnlich die Auswahl zwischen Malaria und einer einheimischen Art von Ruhr.

»Nein, schlimma als Malaria, glauben Sie mir, Moddom.«

Oh, verdammt, ich wollte nicht neben ihm sitzen, eingehüllt in den Rauch des Feuers, das er zur Moskitoabwehr entzündet hatte. Es war auch so schon heiß genug. Ich konnte nirgendwo lesen. Fester Boden war besser als das Beiboot, aber ich war mir nicht sicher, was ich vorzog, naß vom Regen zu frieren oder schweißnaß zu ersticken. Mr. Dandy summte am rauchenden Feuer. Die Stricknadeljungen, mit denen ich kein Wort wechseln konnte, weil sie eine eigene Sprache sprachen, schienen sich in den ausgehöhlten Baumstamm gelegt zu haben. Ich war wieder bei den nur zu gut bekannten langen Nächten angekommen.

Am nächsten Tag rettete mich ein Buschnegerdorf davor, nur ausdruckslos auf den Dschungel zu starren. Sie hatten sich Land freigehackt und lebten in spitzen Strohhütten, splitternackt, aber eingefettet und somit glänzend und nach ranziger Kokosnußbutter stinkend, der hier verbreiteten Elizabeth-Arden-Hautcreme. Mr. Dandy erklärte, die Haut sei das Anziehendste an einer Frau, und ich verstand das gut, denn die Damen bestanden hauptsächlich aus riesigen Hinterteilen, als trügen sie ihr Kissen mit sich, und Hängebrüsten. Kleine Lederbeutel, die Zaubermittel gegen böse Geister enthielten, hingen zwischen allen Brüsten. Ein paar der Männer trugen einen braunen Baumwollsack, der ihre Geschlechtsteile faßte. Ich war überrascht, daß ein nackter schwarzer Mann für ein an Weiße gewöhntes Auge nicht nackt aussieht. Die Körper der Männer waren bis zur Hüfte vom Kanupaddeln muskulös und kräftig, aber sie hatten dürre Beine. Das Dorf empfing mich mit viel Drücken, Tatschen, Zwicken und lachendem Gejohle. Sie behandelten mich wie eine Zirkusnummer und nicht wie eine Entdeckerin.

Die Vorfahren dieser Schwarzen, die als Sklaven hierher gebracht worden waren, flohen in die Freiheit und den Busch. Seit zweihundert Jahren hatten sie keiner Regierung Tribut entrichtet, keinen Herrschern gehorcht außer den eigenen und in Unabhängigkeit vom weißen Mann gelebt. Nichts hatte sich für sie geändert, bis auf ihre Verpflanzungen aus dem afrikanischen Busch in den südamerikanischen Busch. Sie hatten nicht einmal etwas für Stricknadeln übrig. Trotzdem gefiel es mir dort nicht recht, mir wurde von den mich umgebenden Körpergerüchen übel. Die Leute wirkten jedoch glücklich, sie lebten in ihrem eigenen Stil, wie sie es immer getan hatten. Die Freiheit war genug.

Mr. Dandy steckte tief in der Unterhaltung mit dem Häuptling und bemerkte meine zunehmend dringlicher werdenden Zeichen zum Aufbruch nicht. Ich war der schmerzhaften Kniffe nun müde und gerade dabei, ihn anzubrüllen, als er zu mir kam. Jedesmal, wenn ich ihm ins Gesicht sah, versetzte es mir einen Schock:

schwarze Löcher statt Augen. »Der Häuptling sagt, sie sollen Missy Wilhelmina erzählen, er ist traurig, hören zu müssen, daß sie nicht nach Hause kann.«

»Missy Wilhelmina?«

»Sie wissen doch, die Königin.«

»Richtig, ich sag's ihr das nächste Mal, wenn ich sie sehe. Nun aber los, ich möchte hier schnell raus.«

Nun kam eine Flußbarkasse an uns vorbei, die eine Ladung kamerabehängter, winkender Amerikaner trug, die Männer in den bekannten Hemden mit aufgedruckten tropischen Blumen, die Damen mit Haarnetzen und Plastiklockenwicklern gegen die ruinöse Feuchtigkeit. Ich weiß nicht mehr, wer sie waren oder wie sie dort hinkamen. Können sie eine Gruppe von Bauxit-Managern auf Urlaub gewesen sein? Wir holten sie ein an der großen Lichtung im Dschungel, von der aus ein Damm zu einem primitiven Bretterbungalow führte. Ein weißes Paar lebte hier, ein dickbäuchiger, haariger Amerikaner mittleren Alters und ein junges Mädchen. Der Mann pries das Leben in Sünde, weit entfernt vom Schwachsinn der modernen Welt. Das Mädchen, eine frühe Vorläuferin ihrer heutigen Hippieschwestern, erschien mir wie jemand, der im Dunkeln singt, um sich Mut zu machen. Ein paar Buschneger tauchten auf und stampften in einem Schlottertanz umher. Die Touristen waren lärmend begeistert und richteten ihre Kameras auf die edlen Wilden.

Ich hielt die Touristen, aber auch das weiße Pärchen,

für verrückt. Wir neigen dazu, den Splitter im eigenen Auge zu übersehen, und so unterließ ich es, daran zu denken, daß die Touristen und das weiße Paar womöglich mich und meine Baumstammhorde für unglaublich verrückt hielten.

Wir kampierten wieder, wieder zog ich mich bei Sonnenuntergang in mein Zelt zurück, konnte nicht lesen, fand den Boden hart und die Nacht äußerst lang. Mr. Dandy versicherte mir immer wieder, wir seien nahe an dem christlichen Kreuz auf der Karte. Er hätte mir genausogut versichern können, wir wären in der Nähe von Paris.

Am dritten Tag erreichten wir ein anderes Flußdorf, wo jeder gut eingefettet war und nach der modischen ranzigen Kokosnußbutter zum Himmel stank. Ich tauschte chinesische Höflichkeiten mit dem betagten Häuptling, bis ich durchdringende Schreie hörte, einen Körper unter Marter. Ich verlangte zu erfahren, was los sei, und bekam von allen Anwohnern und Mr. Dandy nur ein festes Schweigen zur Antwort. Die Schreie waren die einer Frau. Ich rannte durch das Dorf und fand heraus, daß die Laute aus einer verschlossenen Strohhütte kamen. »Holt sie raus«, schrie jetzt auch ich, »was macht ihr da, helft ihr doch! Hört auf, sie zu quälen«, brüllte ich, »was ist das, helft ihr!« Ich gab wütend meine Befehle, jemand mußte einfach das Schreien beenden.

Die schwarzen Leute waren vor mir zurückgewichen, und ihre Gesichter drückten einen starren Zorn aus, der mich erschaudern ließ. Mr. Dandy, der die Situation, wie immer sie war, begriff, packte mich am Arm und zog mich trotz meiner Proteste fort. Er drängte mich in den ausgehöhlten Baumstamm, und unsere Mannschaft paddelte in vollem Tempo davon, verfolgt von einem schlechtgezielten Steinhagel aus den Händen jüngerer Dorfbewohner. Ich konnte aus Mr. Dandy keine sinnvolle Erklärung für diese Vorkommnisse herausquetschen. Entweder wußte er nichts oder wollte nichts sagen, aber ich hatte mich in Buschangelegenheiten eingemischt, und Mr. Dandy war dankbar, daß wir unbeschädigt davongekommen waren.

In all den Jahren seither habe ich keinen Anlaß gehabt, diese Episode irgend jemandem zu berichten. In diesem Sommer allerdings, als ich in meinem Gedächtnis kramte, erzählte ich sie einer Freundin, als wir auf ihrer Terrasse in der Schweiz saßen, Wein tranken und den herrlichen Sonnenuntergang über der Kluft grüner Hügel des Rhône-Tals und den gezackten Schneebergen dahinter beobachteten. Ich bewunderte diese Aussicht, die ich geradezu inbrünstig liebe, und plauderte geistesabwesend weiter: »Ich habe nie begriffen, worum es bei diesem Aufruhr ging.«

»Vielleicht bekam sie ein Kind«, sagte meine Freundin.

Das war mir nicht eingefallen und natürlich die Antwort. Natürlich. Sie schlossen eine Frau allein in einer Hütte ein und ließen sie sich ausschreien, diese

Kokosnußbutter-Wilden. Und da es ein uralter Geburtsritus war, seit undenklichen Zeiten Brauch, waren sie sowohl erschreckt als auch beleidigt, als ich mich einmischte. Ich begriff, daß Mr. Dandy mir einen echten Dienst erwiesen hatte. Ich konnte mir nun vorstellen, daß eine gutgezielte Steinigung gefolgt wäre, wenn er nicht so schnell gehandelt hätte.

Vielleicht später an jenem Tag der Niederkunft oder auch am folgenden Tag kamen wir zu einem Holzfällerlager. Drei schwitzende, freundliche weiße Männer steuerten eine schwarze Arbeitertruppe beim Baumfällen; es ging um seltene Hölzer, vermute ich, da sich ein so kleines Unternehmen für Papierholz oder durchschnittliches Bauholz nicht gelohnt hätte. Ich war angenehm überrascht zu hören, daß ich wenigstens meine Stimme nicht verloren hatte. Mr. Dandy war, was Informationen betraf, genauso nutzlos wie Mr. Ma, dazu fehlte es ihm noch an Mr. Mas Charme. Wir reisten schweigend. Die Holzfäller haben mir sicherlich etwas zu ihren Bäumen gesagt, aber Informationen sind etwas, was ich ständig suche und als erstes vergesse. Ein kleiner schwarzer Junge lief einen vier Stockwerke hohen Baumstamm hinauf, geschickter als jeder Affe, und erschreckte mich furchtbar. Ich dachte, er wolle nur angeben und würde dabei zu Tode stürzen. Ich löste bei meinen weißen Genossen laute Heiterkeit aus, nicht etwa durch witzige Bemerkungen, sondern einfach nur dadurch, daß ich mit meiner lächerlichen Expedition dorthin gelangt war.

Am fünften oder sechsten Tag war ich bereit, das Entdecken den Entdeckern zu überlassen, die ich nun ihrer Ausdauer wegen verehrte, aber zugleich für eine besondere Sorte von Wahnsinnigen hielt.

Ich konnte nicht sagen, wo wir uns befanden, vielleicht waren wir an dem Grabkreuz schon vorbei, vielleicht lag es noch Wochen vor uns. Das Scheitern eines Unternehmens: juckend von Insektenstichen, eingequetscht in ein Kinderzelt und einen Baumstamm, schmutzig, durstig nach kaltem Wasser, krank von jedermanns Gerüchen, einschließlich der meinen, der Langeweile einer echten Horrorreise ausgeliefert. Wir kehrten um. Ich freute mich auf die Fleischtöpfe der Zivilisation in Paramaribo.

Dann traf mich das Fieber. Ich dachte, es sei Malaria, aber Malaria ist zwar übel, aber nichts im Vergleich zu dem, was der Saramacca hervorbrachte. Meine Knochen fühlten sich an wie gebrochen, ich wimmerte vor Schmerzen, wenn ich mich bewegte, und schließlich konnte ich es nicht mehr. Ich wurde zum Schlafen ans Ufer getragen und konnte nur wimmernd neben das Zelt kriechen, bis zum letzten Atemzug sittsam in bezug auf unvermeidliche menschliche Bedürfnisse. Mr. Dandy schüttelte mich und schrie: »Moddom, Moddom«, wie ein Butler, der vermeldet, daß das Haus brennt. »Wach werden, Moddom! Sie reden und weinen!«

»Was?« Der Mann war verrückt. Ich hatte doch fest geschlafen.

»Trinken Sie etwas Tee, Moddom. Ist gut gegen Schmerzen. Ich sagte Ihnen ja, diese Moskitos sind schlimmer.«

»Was?« Ich konnte mich zum Trinken nicht aufrichten. Mr. Dandy mußte mich wie eine Krankenschwester betreuen. Er hatte seine schwarze Brille abgenommen, die nun orangerote Augen preisgab, wie die Dotter der chinesischen tausendjährigen Eier. Sein Atem war auch schlecht. Er war in großer Aufregung, vielleicht befürchtete er, ich würde sterben, eine schwache weiße Frau, und es ihm überlassen, die Sache den Behörden in Paramaribo zu erklären. Ich wünschte, er würde aufhören zu atmen und weggehen.

Ich war ungerecht zu Mr. Dandy. Es war nicht seine Schuld, daß ich beschlossen hatte, den Saramacca zu erforschen. Er machte seinen Job gut und tat mehr als das, wozu er sich verpflichtet hatte. Die Stricknadeljungen stellten aus Schlingpflanzen eine Art Tragbahre her. Mr. Dandy brachte mich an Bord und ließ das Boot so schnell wie bei einem Bootsrennen ohne Halt von der Morgen- bis zur Abenddämmerung paddeln. An die Rückreise habe ich nur eine schwache Erinnerung. Sie kann nicht mehr als zwei oder drei Tage gedauert haben. Mr. Dandy lieferte mich im Hotel ab, wo ich unentdeckt auf allen vieren die Treppe zu meinem Zimmer hinaufkroch und dort liegenblieb, ohne auf den Gedanken zu kommen, Gertie einen Arzt holen zu lassen. Aber ich bin mir da nicht sicher: War ich zu krank, klar zu denken, oder zu beschämt zuzugeben, wo und wie ich krank geworden war. Später diagnostizierte mein eigener Arzt diese schreckliche Krankheit als Dengue, volkstümlich und zu Recht »Knochenbruchfieber« genannt. Sie soll immer wiederkommen, tat es aber nie.

Das Fieber fiel von selbst in wenigen Tagen. Ich erzählte Gertie Lügen, um mein Gesicht zu retten: Ich hätte eine Allergie, die öfter solche Fieberanfälle auslöse. Ich wolle keinen »unserer Jungen« sehen, da ich den Kummer und die Verlegenheit bei Abschieden nicht ertragen könne. Wenn auch das Fieber verschwand oder sich wenigstens abschwächte, so hatte ich noch heftige Schmerzen in allen Gelenken. Ich sagte Gertie, daß ich in aller Stille mit dem nächsten Flugzeug nach Norden verschwinden würde.

»Haben Sie eine schöne Zeit bei Ihren Freunden verbracht?« fragte Gertie.

»Eine sehr schöne Zeit.«

Philippe Frey
Der Alptraum

»Der weiße Nomade« ist der französische Ethnologe Philippe Frey, der 1990/91 die Sahara als erster Mensch von Osten nach Westen, vom Roten Meer zum Atlantischen Ozean, durchquert, allein mit seinen Kamelen. Der Alptraum jedes Wüstenreisenden: hungrig, durstig und erschöpft die Orientierung zu verlieren, in einem Sandmeer, das sich täglich verändert, und mit Karten, die nie stimmen.

Am übernächsten Tag nach meinem Aufbruch von Tamassoumit müßte ich, wenn alles gutgeht, Bou Naga erreichen. Schon in der Morgendämmerung klettere ich auf eine monumentale Düne, um mir ein Bild vom Weg der nächsten Stunden zu machen. Ein entmutigender Ausblick: ein unendliches, wogendes Sandmeer, soweit das Auge reicht. Auf jeden Fall habe ich den Punkt erreicht, an dem es kein Zurück mehr gibt. Es ist unmöglich, nach Tamassoumit zurückzukehren. Die Kamele würden es nicht überleben. Und so beginnen wieder die ermüdenden Aufstiege, gefolgt von beinahe senkrechten Abstiegen. Hoffentlich hat mich der alte Maure nicht belogen, sonst werde ich mit hundertprozentiger Wahrscheinlichkeit austrocknen. Doch wie kann ein Bergwerk an diesem Ort ausgebeutet werden? Vielleicht per Flugzeug. Tatsächlich habe ich auf meiner Karte in der Nähe von Bou Naga ein behelfsmäßiges Leuchtfeuer ausgemacht. Oder aber per Lastwagen durch ein großes Dünental, das Aftout Faï, hindurch, das nach Südwesten führt. So viele Fragen, auf die ich erst an Ort und Stelle eine Antwort finden werde. Ich male mir schon das Gesicht der westlichen Techniker beim Anblick dieses »weißen Nomaden« aus. Aber noch immer muß ich erst einmal dorthin gelangen. Die Sandwüste lockert sich ein wenig auf, die Dünen nehmen etwas an Höhe ab und sind nicht mehr ganz so unüberschaubar. Zwar sind sie noch immer genauso steil und zerklüftet, aber stellenweise findet man zwischen ihnen neutrale und flache Abschnitte. Ich glaube, daß ich endlich zum Ausgang gelange. Gelegentlich visiere ich steinige Inselchen an, die aus dem Sand auftauchen. Die Landschaft wird freier, aber die Kamele stolpern über jeden Stein. Endlich komme ich ins Aftout Faï, eine riesige Senke, die sich direkt nach dem noch fast vierhundert Kilometer entfernten Nuakschott hin orientiert. Das Landschaftsbild ist eindrucksvoll, von unendlichen Ausmaßen. Ein von kleinen, zerklüfteten Bergspitzen eingeschlossenes Becken. Das Ganze umgeben vom allgegenwärtigen Sand. Ein schöner Ort für einen Bergarbeiter. Ich nähere mich dem Eingang zum Stollen und spitze die Ohren, um vielleicht irgendein

Brummen zu hören. Hier ist die in der Senke behelfsmäßig abgesteckte Landepiste. Das Bergwerk befindet sich einige Schritte weiter links. Mit dem Fernglas registriere ich am Horizont eine Form, die in der mineralischen Wüste fremdartig wirkt: einen Tank oder etwas dieser Art. Ich gehe darauf zu. Je näher ich herankomme, desto mehr schnürt sich mir die Kehle zu. Ich fühle, wie mir ein Schauer die Wirbelsäule hinabläuft. Vor Ort angekommen, bin ich wohl oder übel gezwungen, die Tatsachen zu akzeptieren: Das Bergwerk ist seit Jahren stillgelegt. Der betonierte Sockel eines abgerissenen Gebäudes, zwei auf dem Boden liegende schwarze Tanks von großem Fassungsvermögen, die Pfosten einer zusammengebrochenen Überdachung. Das ist alles. Ich lasse die Tiere niederknien, um selbst auf die Tanks zu steigen und sie zu untersuchen. Ich öffne die Deckel: leer. Als ich barfuß von einem der Tanks auf den Boden springe, werde ich angesichts dieser kritischen Lage von einem Schwindel ergriffen. Die Angaben des Alten von Tamassoumit stellen sich als mörderisch heraus.

Schnell, die Karte! Ich habe weniger als zehn Liter kochendheißes Wasser in meinen Schläuchen. Meine Situation ist mehr als kritisch. Ich gerate ein wenig in Panik, als ich die Karten auspacke. Die Kamele begreifen indessen sichtlich gar nichts und warten nur auf den Augenblick des Tränkens. Da ich sie mitten unter Tag hinknien lasse, ist es zwangsläufig, um sie zu tränken.

Ein paar wilde Kamele, die ich am Rande des Aftout Faï wahrgenommen habe, lassen mich vermuten, daß es irgendwo Wasser gibt. Weniger als drei Tagesmärsche entfernt in irgendeiner Richtung. Das nützt mir rein gar nichts. Da wäre wohl Aguilal Faï oder vielleicht ein anderer in einer sonderbaren Weise auf der Karte verzeichneter Brunnen. Mindestens drei Tagesmärsche nach Südosten. Mit zehn Litern? Oder aber ich könnte mich nach Nordosten wenden und versuchen, das mauretanische Adrar und vielleicht Nterguent zu erreichen. Ich zögere. Auf jeden Fall ist die Situation hoffnungslos. Ohne noch länger zu überlegen, schlage ich die Richtung nach Aguilal Faï ein, indem ich dem gewaltigen Dünental folge.

Als ich drei Stunden später meine verläßlichste Karte zu Rate ziehen will, stelle ich fest, daß sie verschwunden ist. Sie muß durch das gähnende Loch in meiner Jackentasche gefallen sein. Tatsächlich gehe ich schon seit Wochen in Lumpen. Die Nähte platzen auf, die Stoffe verrotten durch das ständige Schwitzen und fransen aus. Zwecklos, weiterzugehen. Ohne die Karte werde ich niemals die genaue Lage einer Wasserstelle ausfindig machen. Ich mache kehrt und wende mich diesmal in Richtung auf das Adrar, indem ich an der Sandmauer entlangziehe, die das Dünental begrenzt. Wenn ich innerhalb von achtundvierzig Stunden kein Wasser finde, bin ich ein toter Mann.

Die Nacht senkt sich langsam herab. Ich beschließe, meinen Weg die ganze Nacht hindurch fortzusetzen, wohl wissend, daß im Augenblick jede Stunde zählt.

Nach meiner Einschätzung werde ich schon morgen abend nicht mehr weitergehen können, wenn der Wasservorrat erschöpft ist. Ich weiß, ich fühle, daß die Dinge von dem Moment an, wo der Geist aufhört zu funktionieren, ganz schnell gehen. Selbst im Aklé Aouana spürte ich nicht wirklich, daß ich geistig »abrückte«. Aber dort hatte ich auch Wasser. Hier fast nicht mehr: jetzt gerade noch fünf Liter. Eine andere Karte weist mich auf zwei *oglats* kurz vor den ersten Ausläufern des Adrar hin, auf der anderen Seite des Sandmeeres, das das Aftout im Norden begrenzt. Aber sind sie zugeschüttet? Meiner Ansicht nach ja. Fast alle *oglats*, auf die ich seit zwei Monaten gestoßen bin, waren zugeschüttet. Man kann sich eigentlich nur auf befestigte Brunnen verlassen. Mich an einen solchen zu begeben ist praktisch der einzige Ausweg. Doch der nächste liegt dreißig Kilometer entfernt hinter den Dünen. Das Gehen wird immer mühevoller.

Gegen 11 Uhr abends gönne ich mir eine Viertelstunde Ruhe, während der ich mit nacktem Oberkörper auf dem warmen Boden liege. Bevor ich mich wieder auf den Weg mache. Ich spare an jedem Schluck Wasser, und undeutlich bemerke ich schon jetzt die Auswirkungen auf meine Psyche und meinen Körper. Ich fühle, daß es die letzte Nacht ist, in der ich auf mein Schicksal Einfluß nehmen kann, in der ich weitergehen und versuchen kann, mich zu retten. Ohne Wasser ist der Wille wie ein Motor ohne Getriebe. Ich spüre, daß die Kamele am selben Punkt angelangt sind.

Tausend kleine Anzeichen deuten darauf hin. Ich beginne, diese Tiere im Hinblick auf ihre Möglichkeiten zu kennen. Doch ich kenne ebenfalls sehr gut ihre Grenzen. Und in dieser Jahreszeit …

Noch immer richte ich meinen Kurs nach den Sternen aus. Ich nähere mich mühsam der nächstgelegenen Wasserstelle, doch irgendwie habe ich das undeutliche Gefühl, einen Irrtum zu begehen. Zahlreiche Anhaltspunkte machen mich unsicher, und ich habe den verschwommenen Eindruck, in die Irre zu gehen. Vorher waren da diese wilden Kamele. Hier gibt es wohl Wildpfade, aber ihre Richtung ist sonderbar. Früher ließ die Beschaffenheit der Losung darauf schließen, daß die Tiere vor kurzem getrunken hatten. *Sebkha*-Wasser. Ein etwas fauliges Wasser, nach der Streuung des Kotes zu urteilen, der eigentlich in kleinen, ovalen Kügelchen auftreten müßte. Die Weideflächen sind weniger abgegrast als vorher. Und dann diese Sandmauer, die sich vor mir ausdehnt und den Horizont versperrt.

Diesmal verlasse ich mich auf meinen Instinkt. Es ist zwei Uhr morgens, als ich umkehre und den Rückweg zum Standort des Bergwerks antrete. Warum? Ich kann es nicht genau sagen. Eine dumpfe Vorahnung. Vielleicht ein verhängnisvoller Irrtum. Die Zukunft wird darüber entscheiden. Eine nahe Zukunft, die vielleicht nicht länger als vierundzwanzig Stunden sein wird. Bis zum Morgengrauen wandere ich abwechselnd durch hoch emporragende Dünengebiete und

Schotterebenen, um ins Becken von Aftout zu gelangen. Seit einigen Stunden ist der Mond aufgegangen, beinahe rund, und die Landschaft erscheint mir ganz klar. Die weißen Dünen zeichnen sich grau gegen den dunklen Fels ab. Meine nackten Füße müssen sich kaum in den dichten Schotterfeldern vorwärtstasten. Meine Sohlen spüren die felsigen Unebenheiten nicht mehr, und ich schreite voran, den Leitstrick in der Hand, lediglich mit meinem Sarouel bekleidet.

Die Morgendämmerung überrascht uns am Rande des Beckens. Ich bin also seit vierundzwanzig Stunden pausenlos gelaufen. Ich habe in dieser Nacht sehr wenig getrunken, vielleicht gerade einen Liter. Es bleiben mir noch zwei. In ein paar Minuten wird die Sonne aufgehen und brennend ihren halbkreisförmigen Lauf nehmen. Vielleicht war es ein Irrtum, zu dem stillgelegten Bergwerk zurückzukehren. Vielleicht fühle ich mich nur zu einem Ort voll vertrauter Dinge hingezogen: Beton und verbogenes, altes Eisen. Sobald ich dort bin, lasse ich meine Tiere zum letzten Mal niederkauern. Ich werde zuerst eines schlachten, um das in seinem Pansen gespeicherte Wasser zu sammeln, später dann auch das andere. Ich werde mein Notfunkfeuer einschalten und habe vielleicht eine winzige Chance, davonzukommen, wenn sie sehr schnell machen. Zumindest werden sie den Leichnam vorfinden. Von ferne gewahre ich einen der beiden Tanks. Noch ein paar hundert Meter.

Ich werde das fuchsrote Kamel opfern, das mir am

Ende zu sein scheint. Sobald ich meine Sachen ausgebreitet und einen scharfen Gegenstand gefunden habe. Weil ich natürlich mein Messer verloren habe. Ich stelle mir das Gemetzel vor. Am besten ist es, das Tier mit einer doppelten Schrotladung ins Maul zu töten. Aber vielleicht könnte ich ihm zuerst die Oberschenkelschlagader einritzen, um ein wenig Blut zu saugen. Anschließend die Schrotladung. Und danach muß ich einen schneidenden Gegenstand finden. Ich denke an den Deckel einer Konservenbüchse. Ich habe tatsächlich noch eine übrig. Oder aber ich schlitze ihm den Bauch mit einem Stahlträger auf, den ich auf dem Gelände habe herumliegen sehen. Schon suche ich mit den Augen den Platz ab. In einer Minute werde ich meine Tiere niederknien lassen und mich sofort daranmachen. Dann werde ich den Magen in meinem *chech* ausdrücken, um die Magenflüssigkeit zu erhalten. Diese werde ich den noch verbliebenen zwei Litern beimengen. In ein paar Sekunden …

Mechanisch drehe ich den Kopf und … ein Wunder: eine kleine Karawane von freilaufenden Kamelen und zwei Männer, die sie fünfzig Meter auf meiner Linken vor sich her treiben. Was machen sie da? Sie stellen mir dieselbe Frage. Doch sie haben keine Zeit, meine Antwort abzuwarten; die Kamele laufen auseinander. Sie bedeuten mir, ihnen zu folgen. Ich kann nicht umhin, zu fragen: »Gibt es Wasser in dem dreißig Kilometer entfernt hinter den Dünen gelegenen *oglat*, das ich heute nacht aufsuchen wollte?«

»*Mafiisch ma, oglat e mut.*« (Nein, es gibt kein Wasser mehr. Das Oglat ist versandet.)

Da ist etwas Unvorstellbares, Unglaubliches geschehen. Was hat mich dazu bewogen, umzukehren? Denn es ist sicher, daß ich, hätte ich meinen Weg fortgesetzt, nicht mehr die Kraft gehabt hätte, zum Ausgangspunkt zurückzukehren. Aber wo ist dann der Brunnen?

»*Hassi beidan. Khamsa sa'a.*« Hier ist die Erklärung: Es gibt zwanzig Kilometer von hier einen Brunnen namens Hassi Beidan (der »weiße Brunnen«), der auf den Karten nicht vermerkt ist. Und natürlich gibt es auch keine Weißen mehr im Bergwerk. Ich sehe das Gesicht des alten Mauren von Tamassoumit vor mir. Er hatte recht. Ich hatte von seinen Erklärungen bloß nichts verstanden. Ich spüre trotz allem etwas durch und durch Übernatürliches in dieser Vorahnung, ohne der Sache deshalb noch weiter auf den Grund gehen zu wollen. Wir Weißen werden jedenfalls nie etwas davon verstehen. Aber bin ich nicht auch während der langen Monate im Kontakt mit der Wüste und ihren Erscheinungen für das Übernatürliche empfänglicher geworden? Enttäuscht hatte mir meine ehemalige afrikanische Verlobte gewünscht, ich möge in der Wüste verdursten. Dafür werde sie sorgen. Worte ohne Belang? Vielleicht, aber ich werde mir darüber klar, wie sehr der Gedanke daran mich mitunter bearbeitet. Meine erbitterte Energie läßt allmählich nach, und ich werde zu sehr zum Spielball der Elemente.

Es ist Mittag. Die beiden Mauren halten an und schlagen im Schutz einer sehr mageren Akazie ihr Lager auf. Die Tiere flüchten sich sogleich in den spärlichen Schatten der *bab*-Büsche. Endlich habe ich Zeit, die beiden Männer aufmerksam zu betrachten: Der eine hat eine eher dunkle Haut. Schlank, schmächtig, kleines *djinn*-Bärtchen. Der andere ist hellhäutiger, sehr lebhaft und behende. Alle beide haben einen der Wüste entsprechenden Körperbau. Sie sind wegen der knappen Nahrung von mäßiger Größe und damit in erstaunlicher Weise an ihren Lebensraum angepaßt. Sie seien rein zufällig hier, erzählen sie mir, denn normalerweise verirre sich nie jemand an diesen Ort. Ich mache ihnen begreiflich, daß meine Tiere Gefahr laufen, sehr rasch zu verenden, wenn sie nicht heute noch trinken. Ein kurzer Blick bestätigt ihnen meine Diagnose. Tatsächlich. Sie teilen mir mit, daß sie selbst sich auf jeden Fall auch nach Hassi Beidan begeben müssen. Der eine werde mich sofort dorthin begleiten, während der andere hierbleiben solle, um auf die Tiere und das Gepäck aufzupassen. Einverstanden. Von neuem sattle ich die erschöpften Tiere, und wir machen uns auf den Weg zum Brunnen.

Nach drei ununterbrochenen Marschstunden in der größten Bullenhitze äußert mein Begleiter plötzlich das Verlangen, schneller zu reiten. Wir seien eine Stunde vom Brunnen entfernt, verkündet er mir, der Brunnen liege gerade voraus. Ohne eine Antwort abzuwarten, treibt er sein Reittier an und verschwindet im gestreckten Galopp am Horizont.

Ein heißer Wind hat sich erhoben, in dem sich glühende Hitze und trockene Luft vereinigen und der alle Spuren verwischt. Am Rand des Dünengebiets, in das ich den Mauren und sein Reittier habe hineinsprengen sehen, finde ich nur noch einen Teppich aus unberührtem Sand ohne den geringsten Abdruck. Ich ziehe wieder über einige steile Dünenhänge, wie ich es die ganze Nacht hindurch getan habe, ohne den geringsten Anhaltspunkt festzustellen. Ich habe keinen Tropfen Wasser mehr, und der freiwillige Verzicht während der letzten Stunden macht sich nun rücksichtslos bemerkbar. Ich ahne, daß ich mir nicht den geringsten Irrtum erlauben darf. Nach sechsunddreißig Stunden pausenlosem Gewaltmarsch bin ich nahe daran, aufzugeben. Es ist sehr gut möglich, daß ich hinter einer sandigen Böschung zusammenbreche. Zwecklos, auf meinen Gefährten zu zählen. Er wird sich nicht die Mühe machen, nach mir zu suchen.

Ich beschließe, umzukehren und bis zum Biwak zurückzulaufen. So nahe am Brunnen eine Tortur für meine Tiere und für mich, aber ich weiß, daß dies der einzige Ausweg ist. Die Kamele können diese irrsinnigen Runden nicht mehr begreifen. Ich muß sie heftig am Nasenring ziehen, mich mit meinem ganzen Gewicht daranhängen – eine enorme Anstrengung für meine Schulter, um die der Zügel gelegt ist. Endlich erreiche ich das kleine Biwak und die unter dem winzigen Akazienbaum ausgebreitete Decke. Ich hatte große Angst, die Stelle nicht mehr wiederzufinden. Ich stürze meine zwei letzten Liter Wasser hinunter.

Der andere kommt eine Stunde später zurück, verwundert, mich dort anzutreffen, aber nicht im geringsten besorgt. Trotz allem bringt er eine volle *gerba* mit, die ich eilig in die Nüstern meiner Kamele entleere. Für den Augenblick gerettet. In jedem Fall müssen wir unsere Tiere heute abend am Brunnen tränken. Wir werden die Strecke abermals gemeinsam zurücklegen.

Aufbruch bei Nacht, beschwerlicher Weg. Nachdem wir ein Dünengebiet passiert haben, kommen wir in eine trotz der Dunkelheit hellschimmernde *sebkha*. Der salzige Boden ist weiß, fast phosphoreszierend. Hinter den letzten Windungen einer Düne taucht das Lagerfeuer von Nomaden auf, und nach einer weiteren Biegung kommen zahlreiche liegende oder stehende Kamele zum Vorschein. Eine gänzlich unvermutete Betriebsamkeit. Sättel, Tiere, Fässer. Erste Sorge: Die Kamele. Fast gleichzeitig tauchen die *delus* in die künstlichen Brunnen ein. Die Arme ziehen an den aus geflochtenen Pflanzenfasern gefertigten Seilen. Halbierte Fässer werden ständig gefüllt und von lechzenden Mäulern sofort aufgesaugt. Knallende Peitschenhiebe treiben die Tiere auseinander. Nachdem sie endlich ihren Durst gestillt haben, fessele ich meine Kamele und breche erschöpft auf der bloßen Erde zusammen. Nach mehr als vierzig Stunden ununterbrochener Anstrengung.

TRUMAN CAPOTE
Bandidos

Der amerikanische Schriftsteller Truman Capote (1924–1984) arbeitet jahrelang für die Zeitschrift New Yorker *und schreibt für Theater, Film und Fernsehen. 1966 versucht der Autor in seinem Roman* Kaltblütig, *Fiktion und Tatsachenbericht zu einer neuen Form zu verschmelzen. Auch von seinen Reisen schrieb Capote Erzählungen wie diese über eine spanische Eisenbahnfahrt von Granada nach Algeciras.*

Das Abteil unmittelbar vor dem unseren nahm eine Familie ein: ein zarter, magerer, ungewöhnlich eleganter Mann, der einen Trauerstreifen ums Revers genäht trug, und in seiner Begleitung sechs schlanke, sommerliche Mädchen, wahrscheinlich seine Töchter. Sie waren allesamt schön, der Vater wie die Kinder, und alle auf die gleiche Weise: dunkles, glänzendes Haar, pimentfarbene Lippen und Augen wie Sherry. Die Soldaten warfen flüchtige Blicke in ihr Abteil und sahen dann fort, so als hätten sie direkt in die Sonne geschaut.

Sobald der Zug hielt, stiegen die beiden jüngsten Töchter des Mannes aus und spazierten im Schatten ihrer Sonnenschirme auf und ab. Sie erfreuten sich zahlreicher ausgedehnter Promenaden, denn der Zug stand die meiste Zeit über still, was niemanden außer mir aufzubringen schien. Einige Reisende hatten anscheinend auf jeder Station Freunde, mit denen sie um einen Trinkwasserbrunnen sitzen und lange und gemütlich schwatzen konnten. Eine alte Frau wurde in rund einem Dutzend Städtchen von kleinen Gruppen begrüßt – und zwischen diesen Begegnungen weinte sie so hemmungslos, daß der australische Arzt sich beunruhigt zeigte: Aber nein, sagte sie, er brauche sich nicht zu bemühen, sie sei nur so glücklich, alle ihre Verwandten wiederzusehen.

Bei jedem Aufenthalt rannten wahre Wirbelstürme bloßfüßiger Frauen und halbnackter Kinder mit überschwappenden irdenen Krügen voll Wasser den Zug entlang, heiser *Agua! Agua!* rufend. Für zwei Peseten konnte man einen ganzen Korb dunkler, überreifer Feigen erstehen, und es gab Tabletts voll seltsamer weißgezuckerter Krapfen, die dazu bestimmt schienen, von jungen Mädchen in Kommunionkleidern verspeist zu werden. Gegen Mittag hatten wir unseren Lunch zusammengekauft – eine Flasche Wein, einen Laib Brot, eine Wurst und Käse. Unsre Abteilgenossen waren gleichfalls hungrig. Man zog Päckchen hervor, Wein wurde entkorkt, und eine Weile lang herrschte eine fröhliche, nahezu anmutige Festlichkeit. Der Soldat teilte sich mit dem Mädchen einen Granatapfel, der Australier gab eine heitere Geschichte zum besten, und die Mutter mit dem bösen Blick zog aus ihrem

Busen einen in Papier gewickelten Fisch hervor, den sie mit mürrischem Behagen verzehrte.

Danach wurden alle schläfrig. Der Doktor schlief so tief, daß eine Fliege ungestört im Zickzackkurs über sein Gesicht mit dem weitoffenen Mund spazieren konnte. Stille betäubte den ganzen Zug. Die Mädchen im nächsten Abteil lehnten entspannt auf ihren Sitzen wie sechs müde Geranien; selbst die Katze hatte das Umherstreunen eingestellt und lag träumend im Gang. Wir waren höher hinaufgeklettert, der Zug kroch über ein Plateau mit grobem gelben Weizen, dann zwischen den Granitwänden tiefer Schluchten entlang, wo fremdartige, dornenbewehrte Bäume im Wind, der von den Bergen herabkam, erzitterten. Irgendwo zwischen den Bäumen bot sich ein Ausblick auf etwas, das ich gern gesehn hätte, ein Schloß auf einer Anhöhe – es saß dort oben wie eine Krone.

Es war eine Landschaft für Banditen. Irgendwann im Frühsommer dieses Jahres war ein junger Engländer, den ich kenne (wenn auch nur vom Hörensagen), mit dem Auto durch diesen Teil Spaniens gefahren, und an einer einsamen Stelle unterhalb eines Berges hatten dunkelhäutige Schurken seinen Wagen umringt. Sie raubten ihn aus, banden ihn an einen Baum und kitzelten seine Rippen mit der Schneide eines Messers. Ich dachte an diese Geschichte, als ohne Einleitung eine Gewehrsalve die schläfrige Stille zerriß.

Es war eine Maschinenpistole. Geschosse regneten

durch die Bäume wie das Rasseln von Kastagnetten, und der Zug kam mit einem verwundeten Quietschen zum Stehen. Einen Augenblick lang hörte man nichts als das Belfern der Maschinenpistole. Dann sagte ich, mit lauter, furchtbarer Stimme: »Banditen!«

»*Bandidos!*« schrie die Tochter.

»*Bandidos!*« echote die Mutter, und das schreckliche Wort flog durch den Zug wie eine Nachricht, die auf der Urwaldtrommel weitergegeben wird. Das Ergebnis war eine schauerliche Clownerie. In einem zusammengeduckten Haufen von Armen und Beinen fielen wir auf dem Boden übereinander. Einzig die Mutter schien ihre Fassung zu bewahren; sie stand auf und begann systematisch ihre Wertsachen zu verbergen. Sie schob einen Ring in ihren Haarknoten und hob ohne Scham ihre Röcke hoch, um einen perlenbesetzten Kamm in ihrem Schlüpfer verschwinden zu lassen. Die bezaubernden Mädchen im Nebenabteil ließen zartes Zwitschern der Betrübnis hören, es klang wie Vogelrufe in der Dämmerung. Befehle bellend stolperten die Offiziere im Gang umher und rannten sich gegenseitig über den Haufen.

Dann plötzlich Stille. Von draußen kam das Murmeln des Windes in den Blättern und das Murmeln von Stimmen. Gerade als das Gewicht des Doktors, das auf mir lastete, unerträglich zu werden begann, flog die Außentür unseres Abteils auf. Ein junger Mann stand da. Er schien nicht klug genug, um ein Bandit zu sein.

»*Hay un médico en el tren?*« fragte er lächelnd.

Der Australier löste den Druck seines Ellbogens von meinem Magen und rappelte sich auf. »Ich bin Arzt«, bekannte er und klopfte seine Kleider ab. »Ist jemand verletzt?«

»Si, Senor. Ein alter Mann, er hat eine Kopfwunde«, sagte der Spanier, der kein Bandit war, sondern, ach, nur ein gewöhnlicher Reisender. Wir kehrten auf unsere Sitze zurück und vernahmen, sprachlos vor Verlegenheit, was vorgefallen war. Während der letzten Stunden schien ein alter Mann als blinder Passagier mitgefahren zu sein, er hatte sich hinten am Zug festgehalten. Eben jetzt hatte er den Halt verloren, und ein Soldat, der ihn fallen sah, hatte seine Maschinenpistole in Tätigkeit gesetzt, um so den Lokomotivführer zum Halten zu bringen.

Meine einzige Hoffnung war, daß niemand sich daran erinnern würde, wer als erster von Banditen gesprochen hatte. Und anscheinend tat das auch keiner. Der Arzt begab sich zu seinem Patienten, nachdem er eins meiner sauberen Hemden an sich genommen hatte, das er als Verband benutzen wollte, während die Mutter, uns mit griesgrämiger Prüderie den Rücken zuwendend, nach ihrem Perlenkamm angelte. Die Tochter und der Soldat folgten uns, als wir ausstiegen und unter den Bäumen auf und ab gingen, wo sich ein großer Teil der Reisenden versammelt hatte und den Vorfall diskutierte.

Zwei Soldaten trugen den alten Mann herbei; mein

Hemd war um seinen Kopf gewunden. Sie setzten ihn unter einen Baum, und alsbald umdrängten ihn die Frauen, die darin wetteiferten, ihm ihren Rosenkranz zu leihen; jemand brachte eine Flasche Wein, die ihm mehr zusagte. Er schien vollkommen glücklich und stöhnte ausgiebig. Die Kinder, die im Zug mitfuhren, standen im Kreis um ihn herum und kicherten.

Wir befanden uns in einem Wäldchen, das von Orangenduft erfüllt war. Ein Pfad führte zu einem schattigen Vorsprung: von dort sah man über ein Tal, in dem wogende Flächen versengten goldgelben Grases zitterten, als bebe die Erde. Das Tal und das Schattenspiel des Lichts auf den tieferliegenden Hügeln bewundernd, saßen die sechs Schwestern, von dem eleganten Vater begleitet, unter ihren aufgespannten Sonnenschirmen wie Gäste auf einer Fête champêtre. Die Soldaten umkreisten sie in unbestimmter Begierde; sie wagten nicht recht, sich zu nähern, wenngleich ein kecker, dreister Bursche bis zum Rand des Vorsprungs ging und rief »*Yo te quiero mucho*«. Die Worte kamen mit dem hohlen Unterton eines vollkommenen Echos zurück, und die Schwestern versenkten sich errötend tiefer in den Anblick des Tals.

Finster wie die felsigen Berge hatte sich am Himmel eine Wolkenbank zusammengeballt, und das Gras drunten wogte wie das Meer vor dem Sturm. Jemand sagte, es werde wohl Regen geben. Doch keiner mochte gehen: weder der verletzte Mann, der kräftig einer zweiten Flasche Wein zusprach, noch die Kinder, die das Echo entdeckt hatten und nun fröhlich ins Tal hinabsangen. Das Ganze war wie ein Fest, und wir alle schlenderten zögernd zum Zug zurück, so als wolle jeder der letzte Gast sein, der aufbrach. Der alte Mann, der mein Hemd wie einen riesigen Turban um den Kopf trug, wurde in ein Abteil erster Klasse gebracht, wo mehrere eifrige Damen zu seiner Pflege zurückblieben.

In unserem Abteil fanden wir die dunkle, schmuddlige Mutter geradeso auf ihrem Sitz vor, wie wir sie verlassen hatten. Sie hatte sich außerstande gesehen, an der Gesellschaft teilzunehmen. Sie warf mir einen langen, funkelnden Blick zu. »*Bandidos*«, sagte sie schroff und mit unnötigem Nachdruck.

Der Zug fuhr so langsam weiter, daß Schmetterlinge durch die Fenster ein und aus flogen.

Gertrude Bell
Besteigung der Finsteraarhorn-Ostwand

Auf einer Gedenktafel an ihrem Geburtshaus im englischen Durham steht: »Gertrude Bell. Gelehrte, Historikerin, Archäologin, Forscherin, Schriftstellerin, Alpinistin, Gartenfreundin, hervorragende Dienerin des Staates. Sie wurde hier geboren am 14. Juli 1868 und starb am 12. Juli 1926 in Bagdad.« Am 3. August 1902 schreibt sie an den Vater:

Diesmal muß ich mit dem Bekenntnis beginnen, daß sich so manch düstere Prophezeiung von Euch beinahe bewahrheitet hätte und ich eigentlich recht erfreut bin, daß meine Knochen nicht verstreut und kalt in den Alpen herumliegen …

Seid jedoch unbesorgt, sie befinden sich alle heil und gesund auf der Grimsel, und gäbe es nicht diese leichten Erfrierungen an den Füßen, wäre ich schon wieder fröhlich auf dem Weg zu neuen Abenteuern …

Am Montag regnete es, und wir konnten nichts unternehmen. Am Dienstag machten wir uns um 1 Uhr früh auf den Weg und nahmen uns einen Spalt hoch oben im Wetterhorn-Massiv vor, den wir durch das Fernglas erkundet hatten. Wir erreichten ihn nach einem dreistündigen Aufstieg, um dann leider festzustellen, daß ununterbrochen Eisabbrüche herabstürzten. Wir kamen zu dem Schluß, daß der Aufstieg viel zu riskant war – es wäre in der Tat schierer Wahnsinn gewesen. Traurig kehrten wir um.

Am nächsten Morgen fuhr ich um sechs von Meiringen ab und teilte den Waggon mit einem lieben amerikanischen Ehepaar, das auf einer Wandertour durch die Schweiz war – hauptsächlich per Eisenbahn, vermute ich. Also, wir aßen zu Mittag und machten uns am Nachmittag auf den Weg zum Pavillon Dollfuß, wo wir um sechs eintrafen. Etwas Einladenderes als die kleine Hütte an diesem Abend kann man sich kaum vorstellen. Das Wetter war perfekt, der schönste Abend, den ich je in den Alpen erlebt habe. Bis die Sonne um sieben hinter dem Schreckhorn unterging, saß ich ohne Mantel draußen und ging botanisierend über die Alp, während meine Führer die Suppe kochten. Ich fand sehr süße blasse Veilchen unter den großen Steinen und hatte alles für mich allein.

Vor uns lag die Besteigung der Finsteraarhorn-Ostwand – das ist ein hübsches Problem, und die Meinungen der Experten gehen hinsichtlich der Machbarkeit sehr auseinander. Dr. Wilson hat es sich in diesem Jahr angesehen und sich dagegen entschieden. Wir haben es uns zwei Jahre lang angesehen und uns dafür entschieden, und andere Autoritäten sind mit uns einer Meinung. Der Berg hat auf der Seite gegenüber dem Schreckhorn eine Reihe von Abschwüngen, die sich strahlenförmig vom extrem spitzen Gipfel bis zum Finsteraargletscher erstrecken … Der Grat, der immer diskutiert wurde, baut sich vom Gletscher her in einer Folge von Felstürmen auf, die in einem solch unmöglichen Winkel zur steilen Bergwand stehen, daß man sich wundert, wie sie überhaupt stehenbleiben; und eigentlich kann man wirklich nicht von Stehen reden, denn im oberen Teil kippen sie ständig ab. Dauernd rollen Felsbrocken in die Couloirs zwischen den Berggraten, und überall liegt und hängt lockeres Gestein, irgendeine Turmspitze kann ständig abbrechen. Aber wenn man nahe am Grat geht, ist man einigermaßen sicher, weil die Brocken in die Couloirs zu beiden Seiten fallen; das einzige Problem ist es, auf den Grat zu kommen – denn dafür muß man durch ein Couloir, in dem ständig Steinlawinen abgehen, von Schneelawinen ganz zu schweigen. Das fing schon an, als wir es eine Stunde nach Sonnenaufgang durchquerten. Wir verließen die Hütte um 1 Uhr 35.

Donnerstag. Wir überquerten den Gletscherabbruch genau bei Sonnenaufgang, und um sechs waren wir auf dem Grat, weit weg von den Steinen, die der Berg während der ersten halben Stunde Kletterei auf uns abgefeuert hatte (zum Glück zielte er schlecht). Wir frühstückten, dann folgte ein schwieriger und gefährlicher Aufstieg. Er war schwierig, weil die Wand extrem steil ist. Dann kamen die unvermeidlichen schwierigen Kaminklettereien – an einen erinnere ich mich besonders, weil es anschließend so verflixt schwer war, wieder herunterzukommen, oder wir hätten uns um einen Turm herummogeln oder ein vereistes Couloir durchqueren müssen. Jedenfalls war alles irgendwie gefährlich, weil der ganze Felsen brüchig war. Das fand ich am Morgen heraus, als ich mich mit der Hand in einem Riß abstützte, der aussah, als reiche er bis zum Grund aller Dinge. Leider brach daraufhin ein gewaltiger Felsbrocken heraus, fiel auf mich und schubste mich ein Stück abwärts, bis ich mich endlich auf einer winzigen Felsbank von ihm trennen konnte. Ich kam ohne Seilzug auf die Füße, Gott sei Dank – denn ein bißchen später ließ ich das Seil zufällig durch die Hände gleiten und stellte fest, daß der Felsbrocken es etwa einen Meter von meiner Taille entfernt zur Hälfte durchschnitten hatte. Und so ging es immer weiter den Grat hinauf, und die Türme vermehrten sich wie die Kaninchen und wurden steiler und höher, und als ich mich gegen 2 Uhr mal umschaute, sah ich große schwarze Wolken aus dem Westen heranrollen. Aber zu dem Zeitpunkt lag der höchste Turm des Grats noch weit über uns, und der Berggipfel war noch viel weiter weg, und obwohl wir noch immer nicht sehen konnten, wie der Grat oben aussah, waren wir voll Gleichmut und stiegen eine weitere Stunde auf, während sich das Wetter immer mehr verschlechterte.

Um drei, gerade als die ersten Schneeflocken fielen, ragten vor uns die letzten beiden Felstürme auf – und der erste sah ganz unmöglich aus. Der Aufschwung war immer schmaler geworden, die Seiten fielen steiler ab, während wir hochkletterten, so daß wir uns schon seit geraumer Zeit ganz nah an den scharfen Grat halten mußten; dann bäumte er sich zu einem großen Turm auf, der nach rechts überhing und aus schiefrigen, schlüpfrigen Platten bestand, die wie Dachziegel angeordnet waren, und darunter fiel der Berg etwa 20 Fuß [ca. 6 Meter] fast senkrecht zum Sattel hin ab. Wir befanden uns jetzt etwa 1000 Fuß [ca. 300 Meter] unterhalb des Gipfels, vielleicht sogar weniger, jedenfalls konnten wir die restliche Route ausmachen – sie war nicht einfach, aber möglich, waren wir erst einmal am Turm vorbei. Und wenn wir oben waren, konnten wir auf der anderen Seite bei jedem Wetter absteigen. Wir mußten es versuchen.

Der Schnee fiel schnell, er wurde von starkem Wind getrieben, und dicker Nebel quoll aus dem Tal über das Finsteraar-Joch. Wir krochen über den rasiermesserscharfen Grat eines kleinen Sattels, befestigten das Seil an einem Felsen und ließen Ulrich auf einen Sims unter dem Überhang des Turms herunter. Er probierte ein paar Minuten lang, Stand zu finden, dann gab er auf. Der Sims war furchtbar schmal, fiel nach außen ab und bestand aus höchst brüchigem Gestein. Hoffnungslos. Also versuchten wir es auf der andern Seite des Turms: Da verlief eine sehr steile, vereiste Rinne etwa 50 Fuß [ca. 15 Meter] quer nach oben. War diese Rinne gequert, schien der Rest normal zu sein.

Wieder ließen wir uns am Extraseil zum Fuß des Turms hinab, mußten aber feststellen, daß auch diese Route unmöglich war. Ich glaube, einen Monat später hätte man das Couloir durchqueren können. Nach einem warmen August wäre das Eis geschmolzen, und obwohl die Rinne wirklich sehr steil ist, sah der Fels, soweit man ihn unter dem Eis ausmachen konnte, solide aus. Wir entschlossen uns jedenfalls zum Rückzug – obwohl der Abstieg über diesen entsetzlichen Grat furchtbar sein würde. Aber schon fuhr der Schnee in einer kleinen Lawine durch das Couloir, und der Wind stürzte sich auf uns und trug die Nebel mit sich. Bei gutem Wetter wären wir nur kurze Zeit auf dem Grat geblieben und hätten dann in den Hang traversiert zu einer anderen Route im oberen Fels. Zwar bin ich nicht sicher, ob das wirklich möglich gewesen wäre, aber wir hätten alles versucht. Nach einer halben Stunde Abwärtskletterei war rechts und links nichts mehr vom Berg zu sehen, nur wenn eine Wolke wegrollte und sich eine andere darüberschob, gab es ein bißchen freie Sicht. Der Neuschnee deckte die Felsen mit unglaublicher Geschwindigkeit zu. Nach den Schwierigkeiten beim Aufstieg kannst Du Dir vorstellen, wie es jetzt beim Abstieg aussah, wo wir den Stein nicht einmal mehr sehen konnten. Besonders an einer Stelle, wo wir einen Turm umrunden mußten.

Wir kamen um die Ecke, einen sehr steilen Kamin hinunter, erreichten eine schräg nach außen abfallende, schneebedeckte Felskante. Da war ein Riß, in dem man stehen und sich mit einer Hand an der Wand festhalten konnte, bevor man sich etwa 8 Fuß [ca. 2,5 Meter] auf einen steilen Schneeabhang hinunterlassen mußte. Wir befestigten das Extraseil und rutschten einer nach dem anderen über den Felsen auf den Schnee. Es war zwar mehr oder weniger sicher, weil man sich an dem gesicherten Seil halten konnte, aber es war doch ein schreckliches Gefühl. Ich werde mich mein Leben lang an jeden Zoll dieser Felswand erinnern! Es war jetzt fast sechs. Und wir wollten um alles in der Welt beim Kamin sein – der Kamin vom Mittag, der besonders schwierige –, solange er noch nicht völlig verschneit war. Wir quälten uns bis 8 Uhr weiter. Inzwischen wütete ein furchtbares Unwetter. Wir standen neben einem großen Felsturm, als es plötzlich krachte und sekundenlang eine blaue Flamme darauf tanzte. Mein Eispickel zuckte in meiner Hand, und ich hatte das Gefühl, durch meinen Wollhandschuh hindurch Hitze zu spüren. War das möglich? Ich habe den Handschuh nicht ausgezogen, um nachzusehen! Bevor wir wußten, wie uns geschah, schlug schon wieder ein Blitz ein – es war ein riesiger, hochaufragender Turm, der die Blitze anzog –, aber wir hielten uns nicht mit Vermutungen auf, sondern polterten so schnell wir nur konnten einen Kamin hinunter. Es ist nicht lustig, mitten im dicksten Gewitter einen Blitzableiter mit sich herumzutragen!

Es war klar, daß wir in dieser Nacht nicht weitergehen konnten. Das Problem war, das bestmögliche

Nachtquartier zu finden, solange es noch hell genug war. Wir stießen auf einen winzigen windgeschützten Felsvorsprung; er war gerade groß genug, daß ich mich ganz hinten auf einen sehr spitzen Felsbrocken setzen konnte. Wenn ich mich krümmte, konnte ich sogar meinen Kopf schützen. Ulrich saß auf meinen Füßen, um sie warm zu halten, und Heinrich gleich davor. Beide steckten ihre Füße in ihren Rucksack, die goldene Regel des Biwakierens. Wir zitterten die ganze Nacht, aber unsere Hände und Füße waren warm, und Bergsteiger sind wie Mimosen, wenn es um ihre Zehen geht. Ich nickte ziemlich oft ein und wurde jede Stunde oder so durch die unerträgliche Unbequemlichkeit meiner Stellung geweckt, die ich dann um einen oder zwei Zoll veränderte, so daß es für eine weitere Stunde erträglich war. Zuerst machte das Gewitter das Ganze ziemlich aufregend. Die Donnerschläge folgten den Blitzen so rasch, daß kein Abstand dazwischen zu liegen schien. Wir seilten uns am Felsen über uns an – für den Fall, wie Ulrich ungerührt feststellte, daß einer von uns vom Blitz getroffen werden sollte und umfiele. Die Felsen um uns herum knisterten und zischten wie feuchtes Holz, das gerade zu brennen beginnt. Allmählich klarte die Nacht auf und wurde wunderschön sternenhell. Zwischen zwei und drei ging der Mond auf, eine winzige Sichel, und wir sprachen davon, was für eine Freude es sein würde, wenn die Sonne aufginge und uns die ersten Strahlen endlich wärmen würden. Aber die Sonne ging überhaupt nicht auf – oder praktisch nicht. Der Tag kam eingehüllt in dichtesten Nebel und mit einem schneidenden, schneebeladenen Wind – es war Freitag, die Sonne sahen wir den ganzen Tag nicht. Es mußte während des Gewitters dauernd weitergeschneit haben, denn als wir im ersten grauen Licht um etwa vier die Köpfe hoben und aufstanden (zu steif, um es noch einen Augenblick länger auszuhalten), war alles unter Schnee vergraben.

Ich kann Dir diesen Tag kaum beschreiben. Von 4 Uhr früh bis 8 Uhr abends waren wir auf dem Grat. In dieser Zeit aßen wir dreimal ein oder zwei Minuten lang; meine Verpflegung bestand aus genau fünf Pfefferkuchen, zwei Riegeln Schokolade, einer Scheibe Brot, einem Stückchen Käse und einer Handvoll Rosinen. Wir hatten nichts zu trinken außer einer Pfütze Schnaps am Boden meiner Feldflasche und einem Schluck Wein im Weinschlauch der Bergführer, aber es war zu kalt, um durstig zu sein. Ohne das Extraseil wären wir überhaupt nicht weitergekommen. Kannst Du Dir vorstellen, welche Mühe es kostete, alle paar Fuß einen Felsen zu finden, um den man es schlingen konnte, und dann mußten wir es hinter uns herunterziehen und wieder neu befestigen. Beide Seile waren völlig vereist und entsetzlich schwer zu handhaben, und das Wetter war grauenvoll. Es schneite den ganzen Tag, manchmal leise, wie anständiger Schnee fallen sollte, manchmal mit einem heftigen, bitterkalten Wind, der uns den Schnee nicht nur entgegentrieb, sondern der auch alles von den Felsen fegte, in die Abgründe, Couloirs und über uns wirbelte. In allen Couloirs strömten Schneeflüsse – wir mußten einen überqueren, oh, wie entsetzlich und mühsam das war! Sobald man eine Stufe zurechtgehauen hatte war sie schon wieder voll Schnee, bevor man den Fuß hineinsetzen konnte. Wir waren entschlossen hinunterzukommen, unter allen Umständen. Und das hielt uns dermaßen beschäftigt, daß uns keine Zeit blieb, an die Beschwernisse zu denken. Ich weiß, ich habe nie an die Gefahren gedacht, nur einmal, und da war ich ganz ruhig. Ich erzähle Dir gleich davon.

Das nächste, das wir in Angriff nehmen mußten, war der Kamin. Wir mußten unser Seil zweimal darin festmachen, das zweite Mal an einem sehr wackeligen Stift. Ich hatte einen festen Stand und hielt Heinrich. Da war ein Überhang. Er kletterte ein bißchen, fiel dann auf weichen Schnee und kollerte das Couloir hinunter, bis mein Seil ihn mit einem Ruck aufhielt. Dann stieg er linkerhand auf einen Felsen, ungefähr auf halber Höhe des Überhangs. Ulrich kam zu mir herunter, und ich machte es genau wie Heinrich. Das vereiste Extraseil glitt mir wie Butter durch die Hände. Dann kam Ulrich. Er wurde von Heinrich und mir gehalten; ich stand ein gutes Stück weiter links, aber nur halb so hoch oben wie er. Er kletterte zu der Stelle hinunter, von der wir beide gefallen waren, und fragte uns bei jedem Schritt um Rat. Dann rief er: »Heinrich, Heinrich, ich bin verloren!« und purzelte hinunter, genau wie wir, und wir konnten ihn im Couloir halten – mehr tot als lebendig vor Angst. Wir gaben ihm ein Stück Zucker mit ein paar Tropfen von unserem kostbaren Brandy, und er erholte sich bald und machte so entschlossen weiter wie zuvor. Wir dachten, jetzt sei das Ärgste vorbei, aber es kam noch schlimmer. Es war eine Stelle, die uns schon beim Aufstieg Mühe gemacht hatte, eine steile, aber kurze Schräge aus vereistem Fels am Fuß eines Turms. Die Schräge war jetzt mit etwa vier Zoll Lawinenschnee bedeckt, und der Fels war nicht zu sehen. Das Ganze lag am Rand eines riesigen Couloirs, durch das ein Schneefluß schoß. Wir mogelten uns durch. Auf jeden Fall kamen Ulrich und ich dann zu einer Stelle am Ende des Extraseils, wo nicht genug Standplatz für uns beide war. Er war ungesichert und konnte mich nicht halten, Heinrich stand unter uns am Rand des Couloirs, auch ungesichert. Und ich sollte das Extraseil an einem Felsen ein kleines Stück unter mir neu befestigen, so daß ich ebenfalls praktisch ungesichert war. Aber es war die einzige Möglichkeit. Die Entfernungen waren für meine Arme zu groß, ich kam nicht an die Felsen heran: Ich reichte Heinrich meinen Eispickel und sagte ihm, mir bliebe nichts anderes übrig, als mich fallen zu lassen, aber er konnte sich nicht sichern oder tat es jedenfalls nicht, und eine Sekunde später stürzten wir beide Hals über Kopf das Couloir hinunter, das fast senkrecht abfiel. Ich habe keine Ahnung, wie Ulrich uns hat halten können! Er sagte selbst, er hätte es nicht für möglich gehalten, aber als er mich sagen hörte, ich würde fallen, bohrte er das spitze Ende des Eispickels blitzschnell in einen Riß über seinem Kopf, und damit und mit seinem Körper konnte er uns alle drei halten. Ich kam im Schnee gleich wieder auf die Füße, bekam meine Seilschlaufe frei, hielt Heinrich, holte seinen und meinen Eispickel, dann hackten wir uns langsam das Couloir bis zum Fuß des Felsens hoch. Aber es hätte ins Auge gehen können, und ich schämte mich ein wenig, weil ich mitschuldig war.

Ungefähr um 2 Uhr nachmittags wurden wir alle müde. Ich hatte Schmerzen in Schulter und Rücken, was vermutlich auf die Überanstrengung beim Klettern und die Erschöpfung durch das Zittern zurückzuführen war, denn es war unmöglich, die müden Muskeln in dieser bitteren Kälte zu beherrschen. Und so kletterten wir noch sechs Stunden weiter, von denen nur die letzte leicht war; und um acht erreichten wir endlich den Finsteraargletscher; im Dunkeln stießen wir mit viel Glück auf die richtige Stelle im Bergschrund und seilten uns darüber ab. Es war jetzt wirklich dunkel, der Schnee hatte sich in strömenden Regen verwandelt, und wir sanken mit jedem Schritt bis über die Knöchel im weichen Sulz ein. Außerdem waren wir völlig durchnäßt. Wir mußten mehrere große Spalten überqueren und den Abbruch hinunter, bevor wir den Unteraargletscher erreichten und in Sicherheit waren. Vor diesem Abstieg hatten wir keine Angst, da wir glaubten, uns auf unsere Laterne verlassen zu können. Aber kein einziges Streichholz wollte brennen. Wir hatten jede Sorte in metallenen Streichholzschachteln, aber die Schachteln waren naß, und wir hatten nicht einen trockenen Fetzen mehr an uns, um sie abzuwischen. Schließlich versuchten wir ohne Laterne weiterzugehen. Nach ein paar Schritten sank Heinrich fast bis zum Hals an einer weichen Stelle ein, und Ulrich und ich mußten ihn unter größten Schwierigkeiten herausziehen. Das war ein wirklich verzweifelter Augenblick. Wir hatten uns so auf trockene Decken im Pavillon Dollfuß gefreut, und hier waren wir nun mit der Aussicht auf eine weitere Nacht im Freien. Und sie würde schlimmer werden als die erste, denn wir saßen schutzlos und in peitschendem Regen auf dem Gletscher. Wir legten unsere drei Eispickel nebeneinander und setzten uns darauf. Ulrich und ich steckten unsere Füße in einen Sack, aber Heinrich weigerte sich, den anderen zu benutzen, und gab ihn mir, damit ich mich drauflegen konnte. Meine Schultern schmerzten unerträglich. Ich bestand darauf, daß wir alle etwas aßen, wenn auch nur einen Bissen. Dann legte ich mir ein nasses Taschentuch übers Gesicht, damit der Regen nicht darauf herumtrommeln konnte, und schlief ein. Es klingt unglaublich, aber ich glaube, wir schliefen alle mehr oder weniger, erwachten dann und wann in dieser fürchterlich unbequemen Lage und schliefen wieder ein. Ich tröstete mich, indem ich an Maurice in Südafrika dachte und wie er draußen im strömenden Regen schlief, was ihm nicht geschadet hat. Wir konnten die Zeit nicht bestimmen, aber früher als wir es erwartet hatten, zog über dem Schnee ein graues Licht auf, und als ich endlich meine Armbanduhr lesen konnte, da war es schon vier. Wir rappelten uns auf. Zuerst konnten wir kaum stehen, aber nach ein paar Schritten begannen wir ganz achtbar zu marschieren. Etwa um sechs erreichten wir die Stelle, wo wir uns vom Seil lösen konnten – nach 48 Stunden am Seil –, und wir kamen am Samstag um zehn am Grimselpaß an.

Alle hatten große Angst um uns gehabt, als sie das Wetter sahen, und nach Meiringen, nach Grindelwald telegraphiert, um zu erfahren, ob wir aufgetaucht seien. Ich stieg in ein warmes Bad und entdeckte zu meiner großen Überraschung, daß meine Füße eiskalt und völlig gefühllos waren. Nachdem ich aber einige gekochte Eier gegessen und krügeweise heiße Milch getrunken hatte, ging ich ins Bett und erwachte zur Dinnerzeit, um festzustellen, daß meine Zehen geschwollen und steif waren. Frau Lieseguay tauchte auf und sagte, daß ein südamerikanischer Arzt am Nachmittag vorbeigekommen sei, nach Ulrich und Heinrich gesehen, ihre Hände und Füße in Watte gepackt und ihnen geraten habe, sie sollten sich sehr warm halten. Also wickelte sie auch meine Füße in Watte – meine Hände sind fast wieder in Ordnung, aber ich glaube, meine Füße sind schlimmer dran als ihre. Es scheint sich jedoch langsam zu bessern, und ich denke nicht, daß ich zehenlos sein werde. Schlimm ist nur, daß man mit geschwollenen Zehen, die in Watte verpackt sind, überhaupt nicht gehen kann und ich einfach warten muß, bis sie heilen. Ich schlief etwa 24 Stunden und erwachte nur, um zu essen, und jetzt ist es 4 Uhr nachmittags, und ich stehe gleich auf und trinke Tee. Meine beiden Führer scheinen keinen Schaden genommen zu haben, außer daß Ulrich heute morgen über Rheumatismus klagte; was mich angeht, so bin ich vollkommen gesund, bis auf meine Zehen – noch nicht mal eine Erkältung. Erstaunlich!

Ist das nicht ein schreckliches Abenteuer? Jetzt, wo ich bequem im Haus sitze, frage ich mich doch ernsthaft, wie wir es fertigbrachten, heil vom Finsteraarhorn herunterzukommen und nicht an seinem Fuße erfroren zu sein.

Mark Twain
Die letzte Nacht

In Amerika wird Mark Twain (1865–1910) weniger durch Tom Sawyers und Huckleberry Finns Abenteuer berühmt, sondern mehr durch grotesk-witzige Skizzen, Kurzgeschichten und ausführliche Reiseberichte. Die vermeintlich letzte Nacht schildert er in seinem halb fiktiven, halb autobiographischen Werk: Durch Dick und Dünn. Leben auf dem Mississippi.

Auf einer Straße schienen wir zu sein, uns fehlte bloß der Beweis. Wir machten die Probe, indem wir nach verschiedenen Richtungen liefen; die regelmäßigen Schneekegel und die regelmäßigen Alleen dazwischen überzeugten jeden von uns, *er* habe wirklich die richtige Straße gefunden, die anderen nur die falsche. Die Lage war einfach verzweifelt. Wir waren durchgefroren und steif, und die Pferde waren müde. Wir beschlossen, ein Salbeifeuer zu machen und bis zum Morgen Lager aufzuschlagen. Das war gescheit, denn wenn wir vom richtigen Wege abirrten und der Schneesturm noch einen Tag länger anhielt, wäre ein Weiterziehen so gut wie hoffnungslos.

Alle waren sich einig, daß ein Lagerfeuer das sei,

was unserer Rettung jetzt am förderlichsten wäre, und so machten wir uns daran, eins zu errichten. Da wir keine Streichhölzer finden konnten, versuchten wir, uns mit den Pistolen zu behelfen. Ausprobiert hatte das noch keiner von uns, aber keiner von uns bezweifelte, daß es *ginge*, und zwar ganz leicht – weil jeder von uns so manches Mal davon gelesen und es natürlicherweise mit vertrauensseliger Einfalt als wahr hingenommen hatte, genau so, wie wir schon lange jenen anderen verbreiteten Bücherschwindel von Indianern und verirrten Jägern glaubten, die Feuer machen, indem sie zwei trockene Holzstäbchen aneinanderreiben.

Wir drängten uns auf den Knien im tiefen Schnee aneinander, und die Pferde steckten ihre Nasen zusammen und beugten ihre geduldigen Köpfe über uns, und während die flaumigen Flocken niederwirbelten und uns in eine weiße Statuengruppe verwandelten, begannen wir das wichtige Experiment. Wir brachen von einem Salbeibusch Zweige ab und schichteten sie im Schutze unserer Körper auf einem kleinen freigefegten Platz übereinander. Im Verlauf von zehn bis fünfzehn Minuten war alles bereit, und dann, während alle schwiegen und unser Puls vor gespannter Aufregung niedrig ging, brachte Ollendorff seinen Revolver in Anschlag, zog den Drücker und schoß den Stapel glattweg außer Landes! Es war der entschiedenste Fehlschlag, den es je gegeben hat.

Das war betrüblich, verblaßte aber vor einem größeren Schrecken – die Pferde waren fort. Man hatte mich beauftragt, die Zügel zu halten, doch in meiner verzehrenden Sorge um das Pistolenexperiment hatte ich sie unbewußt fallen lassen, und die freigelassenen Tiere waren im Sturm davongewandert. Ihnen zu folgen wäre verlorene Mühe gewesen, denn ihre Hufe konnten keinen Laut geben, und man hätte in zwei Yard Entfernung an den Pferden vorbeigehen können, ohne sie zu bemerken. Ohne uns erst zu bemühen, gaben wir sie also auf und verfluchten die verlogenen Bücher, die da sagten, Pferde würden in solchen Stunden der Not um des Schutzes und der Gesellschaft willen immer bei ihren Herren bleiben.

War uns vorher schon elend genug zumute, so kamen wir uns jetzt noch verlorener vor. Geduldig, doch mit zerstörter Hoffnung brachen wir neue Zweige ab und stapelten sie auf, und wiederum schoß Ollendorff sie kurz und klein. Ein Feuer mit einer Pistole anzuzünden war offensichtlich eine Kunst, die Übung und Erfahrung verlangte, und die Mitte einer Wüste bei nächtlichem Schneesturm war nicht der rechte Ort und nicht die rechte Stunde, diese Fertigkeit zu erwerben. Wir ließen es sein und versuchten es mit der anderen Methode. Jeder von uns nahm zwei Stöckchen und fing an, sie warm zu reiben. Nach einer halben Stunde waren wir blau gefroren und die Hölzer auch. Wir verwünschten die Indianer und die Jäger und die Bücher bitterlich, die uns mit dem blöden Kniff verraten und verkauft hatten, und fragten uns verzagt, was wir nun als nächstes tun sollten. Zu diesem kritischen Zeitpunkt fischte Mr. Ballou aus dem Krimskrams einer übersehenen Tasche vier Streichhölzer heraus. Hätten wir Goldbarren gefunden, wäre uns das im Vergleich wie ein armseliger und billiger Glücksfall vorgekommen. Man macht sich keinen Begriff, wie gut unter solchen Umständen ein Streichholz aussieht – beziehungsweise wie liebenswert und kostbar und wie heilig schön es dem Auge erscheint. Diesmal sammelten wir voller Zuversicht Reisig, und als Mr. Ballou sich anschickte, das erste Streichholz anzuzünden, konzentrierte sich ein Interesse auf ihn, das zu beschreiben Seiten nicht ausreichen würden. Das Hölzchen brannte einen Augenblick verheißungsvoll und ging dann aus. Es hätte nicht tiefer betrauert werden können, wenn es ein Menschenleben gewesen wäre. Das nächste Streichholz flammte bloß kurz auf und erlosch. Das dritte blies der Wind aus, als es sich gerade am unmittelbaren Rande des Erfolges befand. Wir rückten noch näher zusammen und entfalteten eine verzückte und schon wehtuende Besorgtheit, während Mr. Ballou unsere letzte Hoffnung an seinem Bein anstrich. Sie zündete, brannte blau und schwach und erblühte schließlich zu einem kräftigen Flämmchen. Sie mit der Hand schützend, beugte sich der alte Mann langsam nieder, gefolgt von unser aller Herzen – und von uns selbst auch –, und Blut und Atem stockten. Die Flamme berührte endlich die Zweige, fraß sich allmählich daran fest – zögerte –

fraß sich fester – zögerte von neuem – hielt fünf nervenzerreißende Sekunden den Atem an, schnappte dann noch einmal wie ein Mensch nach Luft und ging aus.

Mehrere Minuten sagte keiner ein Wort. Das Schweigen war feierlich; sogar der Wind befleißigte sich einer verstohlenen, unheimlichen Stille und machte nicht mehr Geräusch als die rieselnden Schneeflocken. Schließlich begann eine traurige Unterhaltung, und es zeigte sich bald, daß jeder von uns innerlich überzeugt war, dies sei unsere letzte Nacht unter den Lebenden. Ich hatte so sehr gehofft, der einzige zu sein, der solche Gedanken hegte. Als die anderen es gefaßt eingestanden, hörte sich das wie die Vorladung zum Jüngsten Gericht an. Ollendorff sagte:

»Brüder, laßt uns zusammen sterben. Und laßt uns ohne jeden Unwillen gegeneinander scheiden. Vergessen und vergeben wir, was war. Ich weiß, ihr grollt mir, weil ich das Kanu umgekippt und weil ich zuviel gewußt und euch in dem Schnee immer im Kreise herumgeführt habe – doch ich hab's gut gemeint; vergebt mir. Ich bekenne offen, ich nehme es Mr. Ballou übel, daß er mich beschimpft und mich einen Logarithmus genannt hat, obwohl ich gar nicht weiß, was das ist, bestimmt aber etwas, was in Amerika als entehrend und unziemlich gilt, und es ist noch reichlich frisch und hat mich ziemlich gekränkt – doch lassen wir das gut sein. Ich vergebe Mr. Ballou von ganzem Herzen und …«

Der arme Ollendorff brach zusammen, und ihm kamen die Tränen. Er war aber nicht allein, denn ich weinte ebenfalls, und Mr. Ballou nicht minder. Ollendorff erlangte seine Stimme wieder und verzieh mir Dinge, die ich getan und gesagt hatte. Dann holte er seine Flasche Whisky hervor und erklärte, ob er nun am Leben bleibe oder sterben müsse, er rühre keinen Tropfen mehr an. Er habe alle Lebenshoffnung aufgegeben und sei willens, wenn auch schlecht vorbereitet, sich seinem Schicksal in Demut zu unterwerfen; er wünsche nur, er könnte noch ein Weilchen verschont bleiben, nicht etwa aus irgendwelchen selbstsüchtigen Gründen, sondern um sich gründlich zu bessern und – indem er es sich zur Aufgabe mache, den Armen zu helfen, die Kranken zu pflegen und die Leute aufzurufen, daß sie sich vor dem Übel der Trunksucht hüteten – sein Leben zu einem wohltätigen Beispiel für die Jugend zu gestalten und es schließlich mit dem tröstlichen Gedanken aufzugeben, daß es nicht umsonst gelebt worden sei. Er schloß mit der Bemerkung, seine Besserung solle sogleich beginnen, selbst hier im Angesicht des Todes, da ja keine weitere Zeit gewährt sei, sie zum Wohle und Nutzen der Menschheit durchzuführen – und damit warf er seine Flasche Whisky weg.

Mr. Ballou äußerte sich in ähnlichem Sinne und begann die Besserung, die fortzusetzen ihm nicht vergönnt sei, damit, daß er das altehrwürdige Spiel Karten von sich schleuderte, das uns in unserer Gefangenschaft während des Hochwassers getröstet und sie erträglich gemacht hatte. Er erklärte, er habe zwar nie um Geld gespielt, aber doch die Überzeugung gewonnen, daß jedwedes Sicheinlassen mit Karten unmoralisch und verderblich sei und kein Mensch ganz rein und ohne Fehl sein könne, der sie nicht meide. »Und darum«, fuhr er fort, »fühle ich mich, indem ich dies tue, jenen geistigen Saturnalien schon mehr zugewendet, die für eine totalitäre und antiquierende Besserung unerläßlich sind.« Diese wogenden Silben bewegten ihn, wie es keine verständliche Tränendrüsenrede vermocht hätte, und der alte Mann schluchzte vor Traurigkeit, die mit einem Schuß Genugtuung versetzt war.

Meine eigenen Bemerkungen hatten denselben Tenor wie die meiner Kameraden, und das eine weiß ich, daß die Empfindungen, durch die sie ausgelöst wurden, ehrlich waren und von Herzen kamen. Ehrlich und ernst meinten wir es alle und waren tief gerührt, denn wir befanden uns im Angesicht des Todes, bar jeder Hoffnung. Ich warf meine Pfeife weg und hatte dabei endlich das Gefühl, von einem verhaßten Laster befreit zu sein, das mich all mein Lebtag wie ein Tyrann beherrscht hatte. Noch beim Reden überkam mich der Gedanke an das Gute, das ich in der Welt vielleicht hätte tun können, und an das noch größere Gute, das ich jetzt tun würde, mit diesem neuen Anreiz und diesen höheren und besseren Zielen als Leitstern, wenn ich bloß noch ein paar Jahre verschont bliebe, und mir traten wieder die Tränen in die Augen. Wir legten einander die Arme um den Hals und erwarteten die warnende Schläfrigkeit, die dem Erfrierungstode vorausgeht.

Sie kam dann auch bald über uns, und wir nahmen zum letztenmal voneinander Abschied. Ein wohliger Traumzustand umhüllte meine erschlaffenden Sinne, während die Schneeflocken ein welliges Laken über meinen besiegten Körper webten. Das Vergessen kam. Die Schlacht des Lebens war vorbei.

Paul Theroux
Geduffillt

»Besser Erster Klasse fahren als ankommen«, kommentiert der Englischlehrer und Schriftsteller Paul Theroux (geboren 1941 in Massachusetts, seit 1972 in London) seine Leidenschaft, mit Eisenbahnen unterwegs zu sein. 1974 besteigt er den London-Paris-Expreß, um in Asien die rollenden Legenden zu erleben: den Orient-Expreß, den North-Star, die Transsibirische Eisenbahn. »Was ich suchte, waren Züge: was ich fand, waren Reisende. Der erste war Duffill.«

Am Morgen war Duffill verschwunden. Ich lag im Bett und mühte mich damit ab, mit dem Fuß das Rollo vorm Fenster hochzuschieben; nachdem ich es zwei Handbreit hoch geschafft hatte, schnellte das Rollo selbsttätig in die Höhe und gab den Blick auf eine besonnte Gebirgslandschaft frei: die von Sonnenlicht gesprenkelten Alpen glitten am Fenster vorüber. Es war seit Tagen zum ersten Mal, daß ich die Sonne zu Gesicht bekam; und das am ersten Morgen im Zug! Ich sollte an dieser Stelle wohl sagen, daß sie die nächsten beiden Monate hindurch immer weiter schien. Unter klarem Himmel reiste ich ganz bis Südindien, und erst dort, zwei Monate später, erlebte ich wieder Regen: den späten Monsun von Madras.

In Vevey dachte ich an Daisy, stärkte mich mit einem Glas Alka Seltzer, woraufhin ich mich in Montreux soweit wohl fühlte, daß ich aufstand und mich rasierte. Duffill kam gerade noch rechtzeitig genug zurück, um meinen batteriegetriebenen Rasierapparat zu bewundern. Er selbst pflege sich immer mit einer Klinge zu rasieren, mit der man sich im Zug allerdings schrecklich schneide. Dabei wies er auf eine Rasierwunde an der Kehle. Er wolle zwei Monate in der Türkei verbringen, verriet jedoch nicht, was er dort zu tun habe. Jetzt, bei hellem Sonnenlicht, sah er noch viel älter aus als im trüben Grau der Victoria Station. Ich schätzte ihn auf etwa siebzig. Er war auch alles andere als lebhaft und munter, und ich konnte mir um alles in der Welt nicht vorstellen, wieso jemand zwei Monate in der Türkei zubringen wollte – es sei denn, dem Betreffenden säßen die Steuerfahnder im Nacken.

Er schaute auf die Alpenlandschaft hinaus und sagte dann: »Man sagt, wenn die Schweizer ihre Alpen selbst gebaut hätten, wären sie – hm – wesentlich flacher ausgefallen.«

Ich wollte frühstücken, doch obgleich ich den ganzen Zug von vorn bis hinten absuchte, konnte ich keinen Speisewagen entdecken – nichts weiter als Schlafwagen und Leute, die verschlafen in ihren Zweiter-Klasse-Abteilen hingen. Auf dem Weg zurück zum Wagen 99 folgten mir drei junge Schweizer Burschen, die sich bei jedem Abteil am Türgriff versuchten; ließ die Tür sich öffnen, schoben sie sie jedesmal einen Spalt weit auf und blickten hinein, wahrscheinlich, um Leute zu sehen, die sich entweder gerade anzogen oder noch müßig im Bett lagen. Dann riefen die Burschen jedesmal: *»Pardon, Madame!«* – *»Pardon, Monsieur!«*, und die Überraschten bedeckten hastig ihre Blöße. Als diese einfallsreichen Voyeure mein Schlafwagenabteil erreichten, waren sie in Hochstimmung und kreischten und johlten, brachten es jedoch fertig, wenn sie eine Tür aufbekommen hatten, stets mit der größten Höflichkeit ihr *»Pardon, Madame!«* vorzubringen. Mit einem letzten Auflachen verschwanden sie.

Die Tür zum Abteil der Amerikaner ging auf. Erst kam, den Kopf in den Nacken geworfen und an seinem Schlipsknoten herumfuhrwerkend, der Mann, dann, sich auf einen Stock gestützt fortbewegend und immer wieder gegen das Fenster stoßend, die Frau. Die Alpen wurden immer höher, und noch an die steilsten Hänge schmiegten und duckten sich pilzähnlich Häuser mit breit abstehenden Dächern, häufig um Kirchtürme herum, die wiederum der Schwerkraft zu trotzen schienen. Viele Täler waren dunkel, da nur die höheren Lagen und die Gipfel von der Sonne beschienen wurden. Unten auf der Erde fuhr der Zug durch Obstplantagen, vorüber an blitzsauberen Dörfern und halstuchbewehrten Dörflern auf Fahrrädern – Kalenderbilder, die man bewundernd betrachtet, ehe man den dringenden Wunsch verspürt, sie abzureißen und zum nächsten Monat zu kommen.

Das amerikanische Ehepaar kehrte zurück. Der Mann sah zu mir herüber und sagte: »Ich kann ihn nicht finden.«

Die Frau meinte: »Wir sind einfach nicht weit genug gegangen.«

»Ach, Unsinn. Das war doch die Lokomotive.« Fragend blickte er mich an. »Haben Sie ihn gefunden?«

»Was denn?«

»Den Speisewagen.«

»Der Zug hat keinen«, sagte ich. »Ich hab' auch nachgesehen.«

»Warum«, brauste der Mann auf und ließ erst jetzt seinem Zorn freien Lauf, »warum hat man zum Frühstück Bescheid gesagt?«

»Hat man das denn?«

»Ja. ›Letzte Aufforderung!‹ Haben Sie's denn nicht gehört? ›Letzte Aufforderung zum Frühstück!‹ haben sie gerufen. Deshalb haben wir uns ja so beeilt.«

Die johlenden und Türen aufreißenden jungen Schweizer waren hier durchgekommen, ehe die Amerikaner kamen. Die so entstandene Unruhe hatten diese als Aufforderung zum Frühstück genommen. Wer Hunger hat, verhört sich schon einmal.

Der Mann sagte: »Ich hasse Frankreich.«

Seine Frau sah zum Fenster hinaus. »Ich glaube, wir sind gar nicht mehr in Frankreich.«

»Ach, egal«, sagte der Mann. Er sei nicht gerade

glücklich, wolle kein Klagelied anstimmen, aber immerhin habe er für die Fahrt von *Lazarus to the Lions** sage und schreibe zwanzig Dollar berappen müssen. Und der Gepäckträger, der ihre beiden Koffer vom Taxi auf den Bahnsteig brachte, habe noch mal zehn Dollar verlangt. Französisches Geld habe er nicht annehmen wollen; nein, einfach zehn *Dollar*.

Ich stimmte zu, das sei reichlich übertrieben, und fragte noch nach: »Und haben Sie es ihm gegeben?«

»Selbstverständlich habe ich ihm Dollar gegeben«, erklärte der Mann.

»Ich fand, er hätte Krach schlagen müssen«, meinte die Frau.

Daraufhin der Mann: »Ich streite mich im Ausland nie mit jemand herum.«

»Außerdem hatten wir Angst, wir würden den Zug verpassen«, fügte die Frau laut glucksend hinzu. »Ich hätte beinahe einen Blutsturz bekommen!«

Auf nüchternen Magen mißfiel mir diese Vorstellung, ich war daher froh, als der Mann sagte: »Ach, was soll's, Mutter. Wenn wir sowieso kein Frühstück kriegen, können wir genausogut wieder zurück«, und ihr voran weiterging.

Duffill wollte gerade seine letzten Salamischeiben verspeisen, bot mir dann jedoch davon an. Ich erklärte, ich wolle mir auf dem nächsten italienischen Bahn-

* Verballhornung von *St. Lazare nach der Gare de Lyon.* A. d. Ü.

hof etwas zum Frühstück kaufen. Woraufhin Duffill die letzte Scheibe Salami bis in Mundhöhe hob; gerade in diesem Augenblick fuhren wir in einen Tunnel ein, und alles wurde schwarz.

»Machen Sie doch mal das Licht an«, sagte er. »Ich kann im Dunkeln nicht essen. Dann schmecke ich überhaupt nichts.« Tastend suchte ich nach dem Schalter und knipste, doch wir blieben im Dunkel.

Duffill meinte: »Vielleicht versuchen sie, Elektrizität zu sparen.« In der Dunkelheit hörte sich seine Stimme an, als spreche er ganz dicht vor meinem Gesicht. Ich trat ans Fenster und versuchte, die Tunnelwände zu erkennen, sah jedoch nichts weiter als Schwärze. Das Rollen der Räder kam mir im Dunkeln lauter vor, und der Zug selbst fuhr offensichtlich schneller als zuvor; das Schaukeln und die Dunkelheit ließen ein heftiges Gefühl von Klaustrophobie in mir entstehen, bewirkten, daß ich den Geruch des Abteils, der Salami, des Brotes und von Duffills Unterwäsche deutlicher wahrnahm. Minuten waren bereits vergangen, und wir fuhren immer noch durch den Tunnel; wir hätten genausogut einen Brunnenschacht hinunterfallen können, ein riesiges Sielloch der Alpen, und wenn wir unten ankamen, würden wir uns gewiß im Innern der Schweizer Präzisionswelt befinden, inmitten von Gletscherpfeilern und erfrorenen Kuckucks.

Duffill sagte: »Das muß der Simplon sein.«

Ich sagte: »Wenn sie doch bloß das Licht anmachen würden!«

Ich hörte, wie Duffill seine Salami einwickelte und das Paket in eine Ecke stopfte.

Ich sagte: »Was haben Sie in der Türkei denn eigentlich vor?«

»Ich?« fragte Duffill, als ob das Abteil gestopft voll wäre mit älteren Herren, die alle in die Türkei wollten und von denen jeder darauf wartete, eine Erklärung für sein Vorhaben abzugeben. Er machte eine Pause und sagte dann: »Erst bleibe ich mal eine Zeitlang in Istanbul, und dann möchte ich im Land umherreisen.«

»Geschäftsreise oder Vergnügen?« Ich brannte darauf, es zu erfahren und hatte in der beichtstuhlartigen Dunkelheit weniger Hemmungen, ihn so direkt auszuquetschen; er konnte ja den Eifer, der mir gewiß ins Gesicht geschrieben stand, nicht erkennen. Andererseits entging mir das Zögern seiner Stimme keineswegs.

»Ach, sowohl als auch«, sagte er.

Das half mir nicht viel weiter. Ich wartete darauf, daß er noch mehr sagen würde, und als nichts kam, sagte ich: »Was genau machen Sie eigentlich, Mr. Duffill?«

»Ich?« fragte er wieder, doch ehe ich sarkastisch werden konnte, wozu er geradezu herausforderte, schoß der Zug aus dem Tunnel hinaus, füllte sich das Abteil wieder mit Helligkeit, und Duffill sagte: »Das hier muß Italien sein.«

Duffill setzte seine Tweedmütze auf. Als er sah, wie

ich sie anstarrte, erklärte er: »Die habe ich schon seit Jahren – genau gesagt: seit elf Jahren. Man braucht sie bloß ab und zu in die chemische Reinigung zu bringen. Gekauft habe ich sie in Barrow-on-Humber.« Womit er sein Salamipaket wieder auspackte und die Mahlzeit wiederaufnahm, die der Simplon unterbrochen hatte.

Um 9.35 Uhr hielten wir auf dem italienischen Bahnknotenpunkt Domodossola, wo ein Mann aus einer Kanne Kaffee ausschenkte und von einem hochbeladenen Karren Eßbares verkaufte. Er hatte Obst, Brot und Brötchen, verschiedene Sorten Wurst und Lunchpakete, die, wie er sagte, *tante belle cose* enthielten. Außerdem hielt er etliche Weine feil. Molesworth kaufte einen Bardolino und (»man kann ja nie wissen«) drei Flaschen Chianti; ich leistete mir je eine Flasche Chianti und Orvieto; Duffill hingegen erstand eine Flasche Bordeaux.

Molesworth sagte: »Ich bringe die zurück ins Abteil. Würden Sie so nett sein, und mir ein Lunchpaket mitbringen?«

Ich kaufte zwei Lunchpakete und ein paar Äpfel.

Duffill sagte: »Englisches Geld, ich habe nur englisches Geld.«

Der Italiener riß ihm die Pfundnote förmlich aus der Hand und gab ihm das Wechselgeld in Lire heraus.

Molesworth kam zurück und sagte: »Diese Äpfel müßte man eigentlich vorher waschen. Hier gibt es

Cholera.« Dann faßte er den Verkaufskarren noch einmal ins Auge und meinte: »Ich glaube, ich nehme doch *zwei* Lunchpakete. Für alle Fälle.«

Während also Molesworth noch mehr zu essen und eine weitere Flasche Bardolino kaufte, sagte Duffill: »Ich bin '29 schon mal mit diesem Zug gefahren.«

»Ja, damals!« erklärte Molesworth. »War das ein toller Zug!«

»Wie lange haben wir hier Aufenthalt?« erkundigte ich mich. Niemand wußte es.

Molesworth rief nach dem Schaffner. »Sagen Sie mal, Mister, wie lange haben wir hier Aufenthalt?«

Der Schaffner zuckte mit den Achseln, und noch während er das tat, ruckte der Zug an und setzte sich langsam rückwärts in Bewegung.

»Meinen Sie nicht, wir sollten besser einsteigen?« fragte ich.

»Er fährt zurück«, sagte Molesworth. »Vermutlich rangieren sie.«

Der Schaffner sagte: *»Andiamo!«*

»Diese Italiener haben wirklich was für Uniformen übrig!« sagte Molesworth. »Sehen Sie sich ihn mal an! Dabei sehen ihre Uniformen immer so jämmerlich aus. Sie wirken überhaupt alle wie Schuljungen, die zu schnell in die Höhe geschossen sind. Reden Sie mit uns, Mister?«

»Ich glaube, er meint, wir sollen einsteigen«, sagte ich. Der rückwärtsrollende Zug hielt unvermittelt. Daraufhin sprang ich hinauf und schaute nach unten.

Molesworth und Duffill standen unten an der Treppe.

»Sie haben zu tragen«, sagte Duffill. »Steigen Sie zuerst ein.«

»Ach, macht doch nichts«, erklärte Molesworth. »Nur zu, steigen *Sie* ein.«

»Aber Sie haben doch die Arme voller Pakete«, sagte Duffill. Er fischte eine Pfeife aus seiner Manteltasche und nuckelte am Mundstück. »Machen Sie schon!« Er trat zurück und machte Molesworth Platz.

Molesworth sagte: »Soll ich wirklich?«

»Damals, '29 bin ich übrigens nicht die ganze Strecke gefahren«, sagte Duffill. »Das habe ich erst nach dem Zweiten Weltkrieg getan.« Er steckte die Pfeife in den Mund und lächelte.

Molesworth trat auf das Trittbrett und stieg ein – langsam, denn er trug ja sein zweites Lunchpaket und eine Flasche Wein. Duffill ergriff die Haltestange neben der Tür, doch während er das tat, fuhr der Zug wieder an, und er ließ sie wieder los. Seine Arme sanken herab. Zwei Eisenbahner rannten zu ihm hin, packten ihn bei den Armen und trieben ihn den Bahnsteig entlang neben den in Bewegung befindlichen Trittbrettern des Wagens Nr. 99 her. Duffill, der die Hände der Italiener spürte, wehrte sich gegen den Zugriff, wurde dann jedoch schwach und trat zurück; dann vollführte er eine halbe Drehung und lächelte der entschwindenden Tür betrübt nach. Er sah aus wie ein Hundertjähriger. Rasch glitt der Zug an seinem Gesicht vorüber.

»Mister!« rief Molesworth. »Halten Sie doch den Zug an!«

Ich lehnte mich zur Tür hinaus und sagte: »Er steht immer noch auf dem Bahnsteig.«

Neben uns standen zwei Italiener: ein Eisenbahner und der Schlafwagenschaffner. Beide machten den Eindruck, als würden sie gleich bedauernd mit den Achseln zucken.

»Ziehen Sie die Notbremse!« sagte Molesworth.

»*No, no, no, no*«, erklärte der Schaffner. »Wenn ich das tue, muß ich fünftausend Lire Strafe zahlen. Rühren Sie sie nicht an!«

»Gibt es denn noch einen anderen Zug?« fragte ich.

»*Si*«, erklärte der Schlafwagenschaffner in gereiztem Ton. »In Milano kann er wieder zu uns stoßen.«

»Wann fährt denn der nächste Zug nach Milano?« fragte ich.

»Um zwei.«

»Und wann kommen wir in Milano an?«

»Um eins«, erklärte der Schaffner. »Abfahren tun wir um zwei.«

»Ja, und wie soll er uns da ...«

»Der alte Mann kann sich ja ein Auto nehmen«, erklärte der Schlafwagenschaffner. »Keine Angst. Der nimmt sich in Domodossola ein Taxi, und das geht *wwwrrrummmmm*! Der ist noch vor uns in Milano.«

Molesworth meinte: »Diese Kerle sollten erst mal lernen, wie man eine Eisenbahn leitet.«

Die Mahlzeit, die wir teilten, nachdem wir Duffill

allein zurückgelassen hatten, war nur dazu angetan, diese Aussage zu unterstreichen. Es war ein Picknick in Molesworth' Abteil; zu uns gesellte sich noch Monique, die Belgierin, die Käse mitbrachte. Sie bat um Mineralwasser, woraufhin Molesworth in vorwurfsvollem Ton erklärte: »Tut mir leid, aber das brauche ich zum Zähneputzen.« Schulter an Schulter hockten wir auf Molesworth' Bett und kramten wenig lustvoll in unseren Lunchpaketen herum.

»Das habe ich eigentlich nicht erwartet«, erklärte Molesworth. »Ich finde, jedes Land sollte an der Grenze seinen eigenen Speisewagen ankoppeln und zumindest Kurzmahlzeiten servieren.« Er biß kleine Happen von einem hartgekochten Ei ab und meinte: »Wir sollten uns zusammentun und alle einen Brief an Cook's Reisebüro schreiben.«

Der Orient-Expreß, früher einzigartig, was seinen Service betrifft, ist heute berüchtigt wegen des Mangels an Dienstleistungen. Im Speisewagen des Rajdhani-Expreß in Indien bekommt man verschiedene Currygerichte; das gleiche gilt für den Khyber Mail in Pakistan; im Meshed-Expreß gibt es persisches Chicken-Kebab, und im Schnellzug nach Sapporo in Nordjapan geräucherten Fisch und klebrigen Reis. Auf dem Bahnhof von Rangun kann man Lunchpakete kaufen, und sämtliche größeren Züge in Malaysia führen einen Speisewagen mit, der einer Garküche ähnelt und in dem man *Mee-Hoon*-Suppe bekommt; selbst die Amtrak, die ich immer für die abenteuerlichste Eisenbahngesellschaft der Welt gehalten habe, bietet im Whitcomb Riley (dem Schnellzug Washington–Chicago) zumindest Hamburgers an. Wenn man hungern muß, macht das Reisen keinen Spaß, und so gesehen ist der Orient-Expreß schlimmer als der ärmlichste Bummelzug im indischen Bundesstaat Madras, wo man für einen abgegriffenen Essenscoupon zumindest ein winziges Tablett mit Obst und eine Schale Reis bekommt.

Monique sagte: »Hoffentlich nimmt er sich ein Taxi.«

»Der Ärmste!« sagte Molesworth. »Der war ja regelrecht von Panik ergriffen! Er trat beiseite. ›Sie haben Pakete‹, sagte er. ›Steigen Sie zuerst ein!‹ Hätte er es nicht mit der Angst gekriegt, hätte er es ohne weiteres geschafft. Nun ja, wir werden's ja sehen, ob er in Mailand wieder zusteigt. Eigentlich müßte er es schaffen. Ich habe große Angst, daß er einen Herzanfall bekommen hat. Er hat nicht gut ausgesehen, oder? Wissen Sie, wie er heißt?«

»Duffill«, sagte ich.

»Duffill«, wiederholte Molesworth. »Wenn er nicht ganz den Verstand verloren hat, setzt er sich erst mal hin und trinkt einen Schnaps. Und nimmt sich dann ein Taxi bis Mailand. Weit ist es ja nicht, bloß, wenn er den Kopf verliert, ist er verloren.«

Wir fuhren fort zu essen und zu trinken. Wäre ein Speisewagen dagewesen, hätten wir ein Menü gegessen und es dabei bewenden lassen. Da jedoch kein

Speisewagen da war, aßen wir die ganze Fahrt bis Mailand über; die Angst vorm Hunger erzeugt an sich Hunger. Monique meinte, wir wären wie die Belgier, die auch dauernd äßen.

Als wir Mailand erreichten, war es bereits nach eins. Von Duffill keine Spur, weder auf dem Bahnsteig noch im überfüllten Warteraum. Der Bahnhof, der einer Kathedrale nachempfunden ist, weist hohe gewölbte Dächer auf, und ganz schlichte Hinweistafeln wie USCITA bekamen aufgrund ihrer Größe und der Stelle, wo sie auffällig angebracht waren, geradezu etwas von frommen Sprüchen; Balkone dienten unter anderem als Sitzstangen für brütende Adler aus Stein, die viel zu fett wirkten, als daß sie hätten fliegen können. Wir verproviantierten uns mit weiteren Lunchpaketen, kauften noch eine Flasche Wein und die *Herald Tribune*.

»Armer alter Mann«, sagte Molesworth und sah sich suchend nach Duffill um.

»Es sieht nicht so aus, als ob er es schaffte.«

»Sie warnen einen ja immer davor, nicht wahr? Daß man seinen Zug nicht verpassen soll. Man denkt, die rangieren bloß, und dabei ist er schon unterwegs. Ganz besonders beim Orient-Expreß. Im *Observer* hat mal was darüber gestanden. Jeder verpaßt ihn mal. Dafür ist er berühmt.«

Vor dem Wagen Nr. 99 sagte Molesworth: »Ich glaube, wir steigen besser ein. Ich möchte jedenfalls nicht *geduffillt* werden!«

Nun, da wir auf der Fahrt nach Venedig waren, gab es keine Hoffnung mehr für Duffill. Es bestand nicht die geringste Aussicht, daß er den Zug noch einholte. Wir tranken noch eine Flasche Wein, und dann ging ich in mein Abteil. Duffills Koffer, Einkaufstasche aus Plastik und in Papier eingewickelte Pakete lagen in einer Ecke aufgetürmt. Ich setzte mich und schaute zum Fenster hinaus. Ich mußte mich ehrlich überwinden, nicht Duffills Habseligkeiten zu durchsuchen, um Aufschluß darüber zu erhalten, was er wohl in der Türkei wollte. Es war heißer geworden; die Maisfelder waren von einem sonnendurchglühten Gelb; manchmal waren sie schon abgeerntet, und geschälte Kolben lagen herum. Nach Brescia bekam ich beim Anblick der zerbrochenen Fenster einer ganzen Häuserzeile Kopfschmerzen. Kurz darauf schlief ich ein.

Kapitel III
Unglück vor Ort

Tim Cahill
Ein Haufen Trottel

1976 wird der amerikanische Journalist Tim Cahill vom Chefredakteur des Rolling Stone *beauftragt, eine neue Outdoor-Zeitschrift zu konzipieren:* Outside *entsteht und veröffentlicht mehr als zehn Jahre Reportagen in literarischem Stil über ein ganzes Spektrum von Outdoor-Aktivitäten. Die Abenteuerstories der Zeitschrift werden später wiederholt für den Nationalen Zeitschriftenpreis nominiert, und viele von ihnen schrieb Tim Cahill. So auch dieses Abenteuer in den Höhlen von Kentucky.*

Die Legende von der Todeshöhle von West Virginia ist nichts, worüber Jeff Thompson gern redet, aber die Geschichte besitzt durchaus warnende Aspekte. »Das war vor etwa vier Jahren«, erzählte Jeff mir. »Wir waren Anfänger – wirklich eine Horde Trottel.« In einem minderbemittelt klingenden Genäsel fügte er hinzu: »Hey, Scheiße, Mann, wir haben zwei ganze Bücher gelesen. Da dachten wir, wir kannten uns aus.«

Jeff und Jon und Jons Frau Ronnie – die die Geschichte dieser Strapaze für mich aufgeschrieben hat

– waren eines Samstags gegen Mittag in die Höhle gegangen. Das einzig Kluge, was sie an diesem Tag taten, bestand darin, daß sie einigen befreundeten Höhlenforschern sagten, sie würden am Abend gegen acht zu einer Party zu ihnen kommen.

Die ersten paar Stunden verliefen ziemlich routinemäßig: Ein paar Groucho-Gänge, ein bißchen Kriechen, behutsames Klettern über einige Brüche, wo die Decke eines großen Raumes eingestürzt war. An sich war nichts davon sehr schwierig, aber alles in allem war es anstrengende Arbeit – vor allem, wenn man nicht gut ausgeruht war, und wenn man sich in dem ungeduldigen Tempo vorwärtsbewegte, das Jeff und Jon in jenen Tagen pflegten. Die Erschöpfung verfärbte ihre Urteilskraft, und sie fingen an, Fehler zu machen, tödliche Fehler.

Nach fünf Stunden, als sie hätten umkehren sollen, trafen sie eine andere Gruppe von Höhlenforschern, die ihnen entgegenkam. Das bedeutete, daß sie von diesem Punkt aus weitergehen konnten, daß sie einen Ausgang finden konnten, ohne denselben Weg zurückzugehen, den sie gekommen waren. »Wir dachten, wir hätten das Schlimmste hinter uns«, schreibt Ronnie, »und von jetzt an würde es nur immer leichter werden. Wir merkten nicht, daß die andere Gruppe sehr müde war.«

Sie beschleunigten ihr Tempo ein wenig. Die Party sollte um acht beginnen. Eine lange, zwei Fuß hohe Kriechpassage verengte sich, bis sie nur noch einen

Fuß hoch war. Sie mußten die Helme abnehmen und sie vor sich herschieben. Die Füße paßten nur in den Tunnel, wenn man sie seitwärts abspreizte. Sie krochen tatsächlich mit der Nase über den Kalkstein hundert Meter weit auf dem Bauch über scharfkantige Steine. Und dann hatten sie sich verirrt.

Am Ende eröffnete sich eine Grotte, in der sie auf Händen und Knien kauern konnten, und zwei Gänge führten von dort weiter. »In dem einen konnte man bequem über einen weichen Schlammboden kriechen«, sagte Jon. »Der andere war viel enger. Der leichte Tunnel sog uns einfach auf.« Jeff kroch in den Gang, um zu sehen, wo er hinführte, und kam zurück. Dann schob Jon sich fünfundvierzig Minuten lang hindurch, während Jeff und Ronnie in der windigen Grotte knieten. Jon kehrte zurück und sagte, er sei bis zu einer Reihe von kurzen Aufstiegspassagen gekommen, die wahrscheinlich an die Oberfläche führten. Ronnie bemerkte, daß Jon sehr naß war. Sie erinnerte sich, daß die andere Gruppe trocken gewesen war.

Jeff kroch als erster durch den nassen, schlammigen Tunnel und zog sich dann über die kurzen Aufstiegspassagen durch ein kleines Loch, das an die Erdoberfläche hätte führen müssen. »O nein«, hörte Ronnie ihn stöhnen. Das Herz sank ihr in die Hose. Als sie aus dem Loch kletterte, gelangte sie in einen Schacht, der ringsum von sechs Meter hohen, unbezwingbaren Wänden umgeben war.

Es war jetzt halb sieben. Sie hatten Angst, sie waren

verirrt, erschöpft, und sie froren sich zu Tode. Die Temperatur in der Höhle betrug vielleicht zehn Grad, und es ging ein leichter Wind mit einer Geschwindigkeit von etwa fünf Meilen pro Stunde; das bedeutet einen Wind-Kälte-Faktor von etwa minus vier Grad. Und schlimmer noch: Sie waren naß, und Wasserkälte ist ein noch effizienterer Killer als Windkälte. Jeff, der beim Militär Sanitäter gewesen war, diagnostizierte Hypothermie, den tödlichen Abfall der Körperkerntemperatur, auch Unterkühlung genannt. Zu den Symptomen der Hypothermie in ihren ersten Stadien gehören beherrschbares Zittern und Gänsehaut. Dann folgt unkontrolliertes Zittern und später akute Verwirrung und sinkende Herzfrequenz. Wenn die Kerntemperatur des Körpers unter fünfundzwanzig Grad sinkt, tritt rasch der Tod ein.

In dem Schacht ließ sich nicht gut ausruhen. Sich auf die Steine zu legen, wäre Selbstmord gewesen: Die nasse Kälte des Felsens sog die Wärme aus ihren Körpern. Also stellten sie sich zu einem Dreifuß auf. »Ich hätte nie gedacht, daß ich im Stehen schlafen kann«, berichtet Jon. Aber er tat es, und im nächsten Augenblick waren Retter zur Stelle, und sie fischten ihn aus der Höhle und legten ihn auf einem Feld in West Virginia ins Gras unter die warme Sonne von West Virginia, und er trank eine schöne Tasse heiße Suppe. Plötzlich knickten ihm die Knie ein, und er erwachte aus diesem Traum und war wieder in einem kalten, finsteren, lebendigen Alptraum. Jon zitterte unkontrolliert; ja, er zitterte so heftig, daß er sich einen Muskelfaserriß am Bauch zuzog.

Jon und Jeff, die zweimal versucht hatten, einen Ausgang zu finden und dabei durch zwanzig Zentimeter tiefes kaltes Wasser gekrochen waren, waren am schlimmsten dran. Jeff schätzte, daß sie noch dreißig Stunden zu leben hatten. Ronnie war trockener und würde vielleicht achtundvierzig durchhalten. Vielleicht würden die Freunde, mit denen sie sich verabredet hatten, etwas merken, wenn sie nicht zur Party erschienen. Vielleicht. Aber höchstwahrscheinlich würde man ihre Abwesenheit erst bemerken, wenn sie am Montag nicht zur Arbeit erschienen. In sechsunddreißig Stunden von jetzt an.

In halbstündigen Intervallen absolvierten sie fünf Minuten lang Sprunggymnastik, um ihre Temperatur zu halten. Jons Pulsfrequenz überstieg nicht mehr die ominöse Grenze von zweiundsechzig. Sie waren tot. Es war absurd. Da standen sie nun, jung und in Bestform, und hatten in anderthalb Tagen ihren Tod zu erwarten.

Jon knipste seine Bergmannslampe an, das einzige funktionierende Licht, das sie noch hatten, und Jeff sah etwas Trauriges, Bitteres in der plötzlichen Helligkeit. Die Höhle sog die Wärme aus ihm, die er bei der Gymnastik aufgebaut hatte. Dampf stieg von seiner Hand auf, erhob sich in fünf geraden Säulen von den fünf ausgestreckten Fingerspitzen. »Ich kann zusehen, wie ich sterbe«, sagte er.

Den ganzen Abend über hatten sie Wasserrauschen gehört, aber jetzt war da anscheinend noch etwas außer Wasser. Wenn man den Atem anhielt und angestrengt lauschte... ja, es war gedämpfter Stimmenklang. Sie riefen. Sie brüllten sich heiser und warteten auf Antwort, aber sie hörten nichts als das ferne Murmeln des fließenden Wassers.

Sie schliefen, erwachten aus behaglichen Wunschträumen von Sonnenschein in einem Alptraum aus eisiger Finsternis. Wieder sprangen sie auf und ab und beobachteten, wie die Höhle ihnen das Leben aus dem Leibe sog. Jeff fand sein Scheckbuch in einer Hosentasche, und das war ziemlich komisch. Verdammt, ziemlich komisch. Sie sprachen über ihre Werte und ihr Leben, über all das, was sie nicht erledigt hatten. Sie fanden sich mit dem Tod ab.

Ronnie hatte eine Timex-Uhr, und als der Sonnenaufgang nahte, hoben sich ihre Lebensgeister. Es hatte keinen Sinn gehabt, im Dunkeln nach einem Ausgang zu suchen, bei Tag aber konnten sie Jons Lampe ausknipsen und nach einem Lichtstrahl von oben Ausschau halten. Als der Morgen graute, krochen sie unter Qualen die Kriechtunnels zurück, die sie in die Falle geführt hatten. Sie gerieten in Sackgassen, krochen zurück, und schließlich fanden sie eine Reihe von Aufstiegspassagen, die zu einem breiten Sims führten.

Jon entdeckte eine langbeinige Spinne, einen Eingangsbewohner. Und sie konnten die Luft riechen: richtige, lebendige Luft, feucht und schwer vom Duft der Wildblüten. Es mußte ein Ausgang in der Nähe sein – aber wenn Jon seine Lampe ausschaltete, war es, wie zuvor, absolut finster. Das letzte, verzweifelte Kriechen hatte ihnen die letzten Kräfte geraubt. Sie setzten sich auf die kalten Steine und warteten auf den Tod.

Und in diesem Augenblick fanden sie die Mitglieder der Grotten (Sektionen) Monongahela und Pittsburgh der National Speleological Society. Sie waren fünfzehn Meter weit von einem kaninchenlochgroßen Ausgang entfernt; aber in ihrer Erschöpfung wäre es ihnen vielleicht nie gelungen, einen zehn Meter tiefen Schacht zu überqueren, der hinter einem großen Berg von Bruchgestein verborgen war.

Die Rettungsoperation war um Mitternacht eingeleitet worden, nachdem Jeff und Jon und Ronnie nicht auf der Party erschienen waren. »Sie haben acht Stunden lang nach uns gesucht«, schreibt Ronnie. »Und ich möchte ihnen öffentlich dafür danken.«

»Wir waren buchstäblich neu geboren«, sagte Jeff. »Als sie uns gefunden und festgestellt hatten, daß niemand ernstlich verletzt war, mußten wir uns eine Menge Vorträge darüber anhören, was für ein Haufen Trottel wir doch waren. Na, das waren wir ja auch. Ich meine, es war bewiesen. Aber das machte nichts. Ich war so glücklich wie nur je in meinem Leben, und das Gefühl hielt tagelang an. Ich war ein Trottel, okay, aber ein *lebendiger* Trottel.«

Christian W. Lutz

Opunzien oder Die Damen in Strick und Schick

Christian W. Lutz ist Buchhändler in Berlin, bevor er 1986 nach La Palma (Kanarische Inseln) zieht und ein anderes Leben beginnt. Wenn er Feriengäste hat, besondere allemal, kann er auch davon berichten, nachzulesen hier und im Konkursbuch 21, Reisen.

Angekündigt wurden sie uns als nette ruhige Zeitgenossen, die, weil sie soviel Positives von ihren Freunden über die Insel gehört hatten, nun endlich auch dieses Fast-Paradies kennenlernen wollten. Ob sie denn bei uns wohnen könnten? Warum nicht, sagten wir uns, werden wir doch von allen möglichen Freunden und Bekannten überfallen, die nur mal sehen wollen, wie man sich so als »Aussteiger« fühlt; warum nicht mal Leute, die man nicht kennt, die vielleicht eine Bereicherung für einen selbst darstellen?

Aber bereits nach dem ersten Brief, den die beiden an uns schrieben – wir tragen im Partnerlook feine Oberlippenbärte... der jüngere ist etwas schlanker gebaut... als Erkennungszeichen werden wir eine

DEUTSCHE Zeitung tragen – war ich etwas verstimmt, weil ich schon wieder einmal wahrscheinlich zu schnell ja gesagt hatte, wurde ich doch das Gefühl nicht los, daß die Freunde, die die Vermittlung angeregt hatten, davon ausgingen, daß Schwule untereinander sich automatisch verstehen *müssen.*

Doch Ja ist Ja, und so kamen sie dann – fast – pünktlich an: die Maschine von der Nachbarinsel hatte Verspätung und brachte zu allem Unglück eine ganze Ladung Tunten – offensichtlich für ein Ballettgastspiel – auf die Insel. Dennoch waren sie bestens auszumachen zwischen aufgedrehten, temperamentvollen südländischen Schwuchteln: da standen sie, DIE DAMEN, bleich und wie aus dem Bilderbuch: karierte Hemden, Jeans, Tennisschuh; 25 und 35 Jahre alt, natürlich Kurzhaarfrisur und den bereits erwähnten Schnauzer.

NEIN, schrie es kurz in mir auf: ich hatte vergessen, wie man als Schwuler in Deutschland auszusehen hat.

Auf unser »Ihr müßt Leo und Hans sein« erfolgte ein kurzer Kreischer von der Jüngeren:

WIE habt ihr uns nur erkannt, wir haben doch gar keine DEUTSCHE Zeitung.

Nachdem die Koffer und Hutschachteln ausgepackt waren, der Körperschmutz weggeduscht und die Abendgarderobe angelegt war, überraschte man uns mit der Frage:

Wo bitte befindet sich die nächste EINKAUFSMÖGLICHKEIT?

– Es ist Samstag und vor Montag öffnet auch hier kein Laden. Außerdem warum sollen auf einer Insel die Leute kein Recht auf ein Wochenende haben –

JA ... Ja, sprach verhalten die Alte.

– Ich habe Euch aber den Kühlschrank voll Lebensmittel gepackt. –

Dies registrierte man zwar, fand es vielleicht auch nett, bedankte sich natürlich *nicht* dafür, gab es doch den Anlaß zur ersten Klage: ALSO, wir sind VOLLVEGETARIER.

– Vollbluttucken zu erwidern, unterdrückte ich gerade noch – und wir möchten dich bitten, die Wurst und das Fleisch wieder WEGZUTUUUN.

– Bitte sehr. –

ES ist aber KÜHL hier!

– Ist auch Winter, außerdem hat das Haus einen Ofen. –

DER Ofen ZIIEHT nicht!

– Also, ihr habt den Ofen angemacht und da zog der Rauch nicht ab? –

NEIIN, wir haben eine Kerze hereingehalten und die ist aaausgegangen!

In physikalischen Gesetzen kannte ich mich zwar noch nie aus, räumte aber zuerst das Gras, mit dem man versucht hatte, den Ofen anzuzünden, aus selbigem und erklärte: zuerst Zeitung, dann Reisig, dann Holz ...

Der nächste Morgen zeigte die beiden Damen im zitronengelben Jogginganzug, beziehungsweise lindgrünen kurzen Pumphöschen auf der Terrasse. WIE intensiv die Sonne BRENNT!

– Na bitte, wie immer: mal zu heiß, mal *zu* kalt. – Als man dann wohlgelaunt in T-shirt und kurzen Hosen auf Entdeckungsreise gehen wollte, warnte ich noch rechtzeitig, daß vielleicht die Wolke komme, es sogar regnen könne und festere Kleidung angebrachter sei. Wir haben uns hier auf die Gratwanderung eingelassen, die Nachbarn und ihre Gefühle nicht zu ignorieren, ohne aber unsere Identität durch zuviel Anpassung aufzugeben.

Gelungen ist es mir nicht immer, dieses auch unseren Gästen zu vermitteln. Einen totalen Rückschlag erlitt ich, als der Jungen einfiel, ihre Yogaübungen im Tanga auf der einsehbaren Terrasse abzuhalten. Erst als Don Alfredo sich mit fast herauskullernden Augen gefährlich näherte, schritt ich ein.

DIR fehlt offensichtlich die riiichtige Einstellung zur ESOTERIIIK! – vermutlich. – Gelegenheit, am wahren Leben teilzuhaben, bot sich mir bald:

LEEEO, was gibt es denn zum ESSEN?

SCHWARZBROT

HUCH? wie läääcka!

Leben wir gesuuuhnd!

Und diese Maiskörner (– übrigens Futtermais –) gibt es die als Vorspeise? Nein, ich dachte mir, ich schneide eine Tomate auf.

Wie läächer, dachte auch ich mir und wunderte mich nicht schlecht, als ich die Mülleimer ausleerte und darin fast nur leere Schokoladepackungen fand: natürlich die kööstliche Toblerone, aus Deutschland importiert.

NEIN, diese LUFTFEUCHTIGKEIT!

Man wunderte sich, daß die Wäsche, die man mir pausenlos zum Waschen brachte, nicht schnell genug trocknete. Aber, ohgottogott, Schrecklicheres mußten sie durchmachen: nicht nur, daß die Wanderung, die im alternativen Reiseführer mit 3 Stunden angegeben war, nahezu ssäx Stunden dauerte und sie dadurch fast nach Einbruch der Dunkelheit nach Hause gekommen wären (weißt du, ich vermeide jeeedes Risiko), das Schlimmste aber war

WIR mußten durch diese FINNISCHE SAUNA laufen!

– Wo gibts denn hier ne Sauna? –

JA, diese WOOOLKE!

Sehr witzig, und überhaupt, kein Spruch war blöd genug, um nicht gekloppt zu werden.

Als die Damen einen Platten hatten und außerstande, diesen selbst zu wechseln, da bereits in pastellfarbenen Lacostehemdchen, kommentierte die Junge meine Verärgerung darüber, daß sie nur Ratschläge geben, statt selber etwas zu tun mit dem Kalauer

VIELE Köche verderben die KÖÖÖCHIN …

Schon wieder Pech:

MAN hat unser AUUUTO aufgebrochen!

– Ach du Scheiße –

WAS für ein haartes Wort für eine soo weiche Nahhsse!

– Ist etwas gestohlen worden? –

NEIIN, aber wir müssen SOFORT zur Polizei und wir brauchen SOFORT ein neues Auto!

– Wegen dem bißchen kaputten Fensterchen? –

JA, das ZIEHT doch sonst so ...

Nach diesen entsäätzlichen Pechsträhnen gab es noch manch böse Überraschung für unsere Naturfreunde: als man vergeblich den FKK-Strand suchte, beschwerte man sich über den schwarzen Sand und DIESE entsäätzlichen Pommesbuden!

– diese Pommesbuden sind Fischerhütten –

ACH so, aber diese WEHHLLEN! HÖHER als in Biarritz, da werden wir doch tunlichst davon Abstand nehmen, hier baden zu gehen, da haben wir doch sehr viel mehr davon, in die Berge zu wandern und dort die Pflanzenwelt zu bewundern.

Ins Gebirge kamen sie nicht, denn bereits der Zugang durchs Flußbett blieb ihnen versperrt:

Da war ja WAAASSER im Flußbett; wir hätten ja unsere Schuhe ausziehen müssen!

Pflanzen gibt es hier auch vor jeder Haustüre, und so durften wir einer Pflanzenbestimmungsorgie auf dem eigenen Grundstück beiwohnen:

Auf der Erde lagen acht verschiedene Pflanzenbestimmungsbücher und – eine blaßlila Geranie. Sie war nicht als endemische Pflanze abgebildet – wie schade ...

Mühelos aber erkannten sie ein recht häufig vorkommendes Gewächs, was Anlaß zur Belehrung wurde:

DAS sind keine KAKTEEN? das sind *OPUNZIEN*!

– Danke, meiner mangelnden Allgemeinbildung war mal wieder abgeholfen.

Um Rat wurde allerdings ich gefragt, als unsere Naturburschendamen es leid hatten, jeden Abend bereits um halb neun ins Bett zu gehen:

WO gibt es denn hier ein näättes schwules Café?

¿ Qué ?

So mußten sie sich gedulden bis zur Silvesterschwulenfete im schönen Stuttgart. Auch dies nahmen sie leidvoll hin.

Und wenn ich jetzt schreibe, daß sie, nachdem sie ihren letzten Insel-Tag am Vulkan verbrachten,

WIR haben die STRICKlava nicht gefuuhnden!

begeistert abreisten und versicherten, doch recht bald einmal wiederkommen zu wollen, glaubt mir der geneigte Leser?

Wenn Damen eine Reise tun, dann haben sie was zu erzählen. Und diejenigen, zu denen die Reise ging, auch.

Mark Twain
Die Pianistin

1878 reist der amerikanische Schriftsteller Mark Twain (1865–1910) nach Europa, um seinen Landsleuten – den »Arglosen im Ausland« – vom alten Kontinent zu berichten. Wahres und Unglaubliches ist ihm begegnet und in seinem Band Bummel durch Europa *versammelt. In Interlaken in der Schweiz wohnt Twain im Hotel zur Jungfrau, wo er nach dem Abendessen ins große Gesellschaftszimmer schlendert.*

Wir stiegen im Hotel zur Jungfrau ab, einer von diesen mächtigen Einrichtungen, die von den Bedürfnissen des modernen Reisens in jedem hübschen Fleck Europas geschaffen worden sind. Zum Abendessen versammelte sich eine stattliche Menschenmenge, und wie immer hörte man die verschiedensten Sprachen.

An der Table d'hôte wurde von Kellnerinnen in der altmodischen kleidsamen Schweizer Bauerntracht bedient. Diese besteht aus einem einfachen, mit Rosenwasser abgesetzten gros de laine mit Überrock in sacre bleu ventre saint gris, der auf der abgewandten Seite quergeschnitten ist und Aufschläge aus pâté de foie gras hat, die in Form eines jeu d'esprit aufs mise en scène gesteppt sind. Sie gibt der Trägerin ein außerordentlich pikantes und verführerisches Aussehen.

Nach dem Essen verteilten sich die Gäste beiderlei Geschlechts über die Veranden und den zum Hotel gehörenden Ziergarten, um die kühle Luft zu genießen; aber als sich die Dämmerung zur Dunkelheit vertiefte, versammelten sie sich in jenem traurigsten und förmlichsten und zwanghaftesten aller Räume, dem öden großen Gesellschaftszimmer, das das Hauptmerkmal aller europäischen Sommerhotels ist. Dort gruppierten sie sich zu Paaren und zu dritt und murmelten mit gedämpfter Stimme und sahen verschüchtert und heimatlos und verloren aus.

Ein kleines Klavier stand in diesem Zimmer, ein klirrendes, röchelndes, asthmatisches Ding, ganz gewiß die schlimmste Fehlgeburt, die der Welt je unter Klavieren begegnet ist. Fünf oder sechs niedergeschlagene und heimwehkranke Damen näherten sich ihm nacheinander zweifelnden Gesichts, versetzten ihm einen einzigen prüfenden Schlag und zogen sich mit einem Kinnbackenkrampf zurück. Aber der Herr, besser: die Herrin, über dieses Instrument sollte doch noch kommen, und zwar aus meinem Lande – aus Arkansas.

Sie war nagelneu vermählt, unschuldig, mädchenhaft, selber glücklich und glücklich mit ihrem ernsten, sie verehrenden Bürschchen von Gemahl; sie war etwa achtzehn, frisch von der Schule weg, ohne alle Ziererei; die leidenschaftliche Menge um sie her bemerkte sie überhaupt nicht; und als sie zum erstenmal auf das alte Wrack einhieb, wurde einem sofort klar, daß es seinem Schicksal begegnet war. Ihr Bürschchen holte einen Armvoll hochbetagter Noten aus ihrem Zimmer herbei – denn diese Frischvermählte hatte vorgesorgt, das muß man sagen – und beugte sich liebevoll über sie und machte sich zum Umblättern bereit.

Die junge Frau raste mit den Fingern einmal über die ganze Länge der Tasten, wohl um sich zu orientieren, und man sah, wie die Versammlung unter der Qual die Zähne zusammenbiß. Dann ließ sie ohne jedes weitere Vorspiel alle Schrecken der »Schlacht von Prag«, dieses ehrwürdigen Schauerstücks, los und watete bis zum Kinn im Blut der Erschlagenen. Sie brachte es auf einen recht ehrenhaften Durchschnitt von zwei falschen Tönen unter fünf, aber ihre Seele war in Waffen und sie hielt nie inne, um sich zu verbessern. Die Zuhörer hielten es eine Weile mit tüchtigem Zähneknirschen aus, aber als die Kanonade dann immer heißer und grimmiger wurde und der Dissonanzendurchschnitt auf vier in fünf stieg, begann der Auszug. Ein paar Nachzügler hielten noch etwa zehn Minuten länger die Stellung, aber als das Mädchen die wahre Innerlichkeit aus den »Schreien der Verwundeten« herauszuwringen begann, strichen auch sie die Flagge und zogen sich panikartig zurück.

Einen vollständigeren Sieg hat es nie gegeben; ich war der einzige Nichtkombattant, der sich noch auf dem Schlachtfeld befand. Ich hätte meine Landsmännin auf keinen Fall im Stich gelassen, aber eigentlich lag mein Verlangen auch gar nicht in der Richtung. Keiner von uns mag Mittelmäßigkeit, wir alle verehren das Vollkommene. Die Musik dieses Mädchens war auf ihre Art Vollkommenheit: es war die schlechteste Musik, die jemals auf diesem Planeten von nichts weiter als einem Menschen hervorgebracht wurde.

Ich ging ganz dicht heran, damit mir auch nicht ein Ton entwische. Als sie fertig war, bat ich sie, das Ganze noch einmal zu spielen. Sie tat es mit freudiger Bereitwilligkeit und erhöhter Begeisterung. Diesmal spielte sie *nur* Dissonanzen. Sie legte ein Maß an Qual in die Schreie der Verwundeten, das neues Licht auf menschliches Leid warf. Den ganzen Abend war sie auf dem Kriegspfad. Immer wieder versammelten sich Gruppen von Leuten auf der Veranda und drückten sich die Nase an den Fensterscheiben platt, um das Wunder zu besichtigen, aber auch die tapfersten wagten sich nicht herein. Die Jungvermählte ging, nachdem sie ihren gefräßigen Appetit schließlich gestillt hatte, befriedigt und glücklich mit ihrem jungen Burschen von dannen, und die Touristen schwärmten zurück.

Bruce Chatwin
Känguruhjagd

Bruce Chatwin (1940–1989) arbeitete acht Jahre für das Auktionshaus Sotheby's in London, bevor er den Rest seines Lebens reiste und – nicht nur vom Reisen – schreibt. Durch seinen ersten Text In Patagonien *wird er weltbekannt. In* Songlines – Traumpfade – *nähert sich Chatwin dem australischen Kontinent und seinen Einwohnern. Hier, »down under«, erinnert er sich an seinen Wunsch, auf Känguruhjagd zu gehen.*

In eines meiner ersten Notizbücher übertrug ich gewissenhaft Sätze aus dem *Journal,* das Sir George Grey in den dreißiger Jahren des neunzehnten Jahrhunderts geschrieben hatte. Grey war möglicherweise der erste weiße Forscher, der verstand, daß die Aborigines trotz gelegentlicher Unannehmlichkeiten »gut lebten«.

Die beste Stelle im *Journal* ist die Beschreibung eines Schwarzen, der alle seine physischen und geistigen Fähigkeiten darauf konzentriert, um sich an ein Känguruh heranzupirschen und es mit einem Speer zu durchbohren.

Der letzte Absatz schließt mit einer Koda:

... seine anmutigen Bewegungen, das vorsichtige Annähern, die Ruhe und Gelassenheit, die ihn überkommen, wenn seine Beute gewarnt ist, all das belebt die Phantasie unfreiwillig und überwältigt einen dermaßen, daß man sich selbst zuflüstert: »Wie schön! Wie wunderschön!«

Ich redete mir ein, daß etwas von dieser Schönheit überlebt haben müsse, bis zum heutigen Tag. Ich bat Rolf, einen Mann ausfindig zu machen, der mich auf die Jagd mitnahm.

Ich hatte ein paar Wochen lang auf meinem Hintern gesessen und begann den Abscheu vor Wörtern zu empfinden, der aufkommt, wenn man sich keine Bewegung mehr verschafft.

»Der beste Mann, mit dem Sie gehen können«, sagte Rolf, »ist der alte Alex Tjangapati. Er spricht etwas Englisch.«

Alex war ein älterer Mann. Sein Haar war mit einem gelben Band hochgebunden, und er trug einen pflaumenblauen Damensamtmantel mit wattierten Schultern. Ich glaube nicht, daß er darunter irgend etwas anhatte. Er wanderte jeden Tag in den Busch, und abends lungerte er mit seinen Jagdspeeren in der Nähe des Ladens herum und starrte die anderen von der Cullen-Sippe an, als wären sie die echte *canaille*.

Als Rolf ihn bat, mich mitzunehmen, machte Alex ein langes, zerknirschtes Gesicht und ging davon.

»Nun, das war's wohl«, sagte ich.

»Machen Sie sich nichts draus«, sagte er. »Wir werden jemand anders finden.«

Am nächsten Tag kam Stumpy Jones gegen Mittag mit seinem Lastwagen nach Cullen hereingefahren. Er war der erste, der es durch die Überschwemmungen geschafft hatte. Trotzdem hatte er einen Tag und eine Nacht diesseits von Popanji im Schlamm festgesessen, und die Jungs von der Bergbaugesellschaft Magellan mußten ihn herausziehen.

Ein Mädchen war bei ihm. Sie war die Freundin von Don, dem Werkstattleiter. »Und sie ist ein gutes Mädchen«, sagte Stumpy augenzwinkernd.

Sie hatte kurzgeschnittenes Haar und trug ein schmutziges weißes Kleid. Don schien sehr erfreut, sie zu sehen, aber sie warf ihm einen kühlen, abschätzenden Blick zu und fuhrt fort, Stumpy anzulächeln.

»Stimmt«, sagte sie. »Ich jammere nicht, wenn ich steckenbleibe.«

Don und ich halfen, die Kisten vom Lastwagen abzuladen. Wir waren fast fertig, als Rolf herauskam.

»Wollen Sie auf die Jagd gehen?« rief er.

»Ja«, sagte ich.

»Wollen Sie eine Tankfüllung Benzin bezahlen?«

»Wenn es das ist, was sie wollen.«

»Ich hab's abgemacht.«

»Mit wem?«

»Donkey-donk«, sagte er. »Guter Kerl!«

»Wann?«

»Sofort«, sagte er. »Sie gehen besser und ziehen sich Ihre Stiefel an. Und einen Hut!«

Ich ging zum Wohnwagen hinüber, als ein klappriger Ford-Sedan quietschend und ächzend hinter mir angefahren kam. Am Steuer saß ein bärtiger Aborigine mit einem dicken Bauch.

»Gehst du auf die Jagd?« sagte er grinsend.

»Mit dir?«

»Mann!« sagte Donkey-donk.

Wir fuhren zurück, um Benzin zu tanken, aber kaum hatte ich bezahlt, erkannte ich, daß meine Rolle bei dieser Expedition nicht die eines »Kunden«, sondern die eines »Sklaven« war.

Donkey-donk ließ mich zusätzlich Öl, Patronen, Schokoladenriegel und Zigaretten bezahlen. Er wollte, daß ich ihm einen neuen Reifen kaufte. Er ließ mich seine Zigarette halten, während er am Motor herumbastelte.

Wir waren zum Aufbruch bereit, als ein junger Mann namens Walker angeschlendert kam. Walker war ein großer Reisender. Er hatte Australien kreuz und quer auf der Suche nach einer Frau, die seinen Ansprüchen genügte, bereist. Er hatte auch einige Zeit im YMCA in Amsterdam verbracht. Er war sehr schön. Er hatte ein göttergleiches Profil und sehr dunkle Haut. Sein Haar und sein Bart hatten die Farbe von gesponnenem Gold.

»Willst du mit auf die Jagd kommen?« rief Donkey-donk ihm zu.

»Klar«, sagte Walker und setzte sich auf den Rücksitz.

Wir fuhren los, um den Mann zu suchen, der das Gewehr hatte. Auch er war ein unglaublich anmutiger junger Mann, mit einem kraftlosen Lächeln und schulterlangem Haar. Er saß vor einem Gehege aus Gestrüpp. Er hatte mit rotem Kugelschreiber seinen Namen, »Nero«, überall auf seine Jeans gekritzelt.

Neros Frau, stellte sich heraus, war die Riesin, die ich beim Pokerspiel beobachtet hatte. Sie war gut einen Kopf größer als er und ungefähr viermal so breit. Sie saß hinter ihrem Gehege am Lagerfeuer und nagte an einem verkohlten Känguruhschenkel. Als Nero ins Auto stieg, kam sein kleiner Sohn hinter ihm hergerannt und hechtete durch das offene Fenster. Die Mutter kam nach, ihre Känguruhkeule schwenkend. Sie zog den Jungen an den Haaren heraus und spuckte ihm ins Gesicht.

Wir waren seit ein paar Minuten unterwegs, als Nero sich an die anderen wandte.

»Habt ihr Streichhölzer?« fragte er.

Donkey-donk und Walker schüttelten den Kopf. Wir kehrten um, um Streichhölzer zu holen.

»Rauch«, sagte Nero grinsend. »Falls wir steckenbleiben.«

Wir fuhren zwischen Mount Cullen und Mount Liebler südwärts und dann talwärts in Richtung des Gun Barrel Highway. Nach dem Regen brachen gelbe Blüten aus dem Gebüsch hervor. Der Weg begann und endete in einer Luftspiegelung, und die felsige Bergkette schien über der Ebene zu schweben.

Ich zeigte auf einen rötlichen Höcker auf der linken Seite.

»Was ist das?« fragte ich.

»Alter Mann«, gab Walker strahlend preis.

»Und von wo kommt der Alte Mann?«

»Kommt von weit her. Vielleicht von der Aranda-Sippe. Vielleicht aus Sydney.«

»Und wo geht er hin?«

»Port Hedland«, sagte er in bestimmtem Ton.

Port Hedland ist ein Eisenerz-Hafen an der westaustralischen Küste, etwa achthundert Meilen westlich von Cullen hinter der Gibson-Wüste.

»Und was geschieht mit dem Alten Mann«, fragte ich, »wenn er ans Meer kommt?«

»Ende«, sagte Walker. »Vorbei.«

Als nächstes zeigte ich auf einen niedrigen Berg mit flachem Gipfel, der, wie Rolf mir versichert hatte, ein Kothaufen war, den der Perenty-Mann in der Traumzeit ausgeschieden hatte.

»Und was ist mit dem dort?«

Walker zupfte nervös an seinem Bart.

»Ich bin zu jung«, sagte er verschämt – womit er sagen wollte, daß er in dieses besondere Lied *nicht* eingeweiht worden war.

»Frag Nero«, fuhr er fort. »Er weiß es.«

Nero kicherte und wiegte den Kopf.

»Toiletten-Traum«, sagte er. »Scheiße-Traum.«

Donkey-donk krümmte sich vor Lachen und fuhr eine Zeitlang im Zickzack.

Ich wandte mich den beiden auf dem Rücksitz zu.

»Perenty-Scheiße?« fragte ich.

»Nein, nein«, gickerte Nero albern. »Zwei Männer.«

»Und woher kommen diese zwei Männer?«

»Sie kommen von nirgendwo.« Er klatschte in die Hände. »Sie machen es dort!«

Nero machte eine Geste mit Daumen und Zeigefinger, und es wurde nur zu deutlich, was die beiden Männer trieben.

»Schwäger«, sagte er.

Walker runzelte die Stirn, spitzte die Lippen und drückte die Knie fest zusammen.

»Ich glaube euch nicht«, sagte ich zu Nero. »Ihr nehmt mich hoch.«

»He! He!« kicherte er und wurde dann wieder von einem Lachanfall überwältigt.

Er und Donkey-donk prusteten noch immer vor Lachen, als wir nach etwa drei Meilen bei ein paar flachen Felsen anhielten. Alle drei sprangen aus dem Auto.

»Komm her«, rief Nero mir zu. »Wasser.«

Zwischen den Felsen waren Tümpel stehenden Wassers, in dem sich Moskitolarven ringelten.

»Bandwürmer«, sagte Nero.

»Keine Bandwürmer«, sagte ich. »Moskitolarven.«

»Dingo«, sagte Donkey-donk.

Er zeigte auf den größten Felsen, der tatsächlich wie

ein liegender Hund aussah. Die kleineren Felsen, sagte er, seien junge Hunde.

Sie planschten ein paar Minuten im Wasser herum. Dann verließen wir die Piste und fuhren querfeldein nach Westen.

Donkey-donk, das muß ich sagen, war ein erstaunlicher Fahrer. Er ließ den Wagen durch das Spinifexgestrüpp tanzen. Er wußte genau, ob er einem Busch ausweichen oder ob er ihn flachfahren mußte. Die Samenkapseln rieselten über die Windschutzscheibe.

Nero hielt den Lauf seines Gewehrs aus dem Fenster.

»Truthahnspur«, flüsterte er.

Donkey-donk bremste, und ein Buschtruthahn – der zu der Gattung der Trappen gehört – reckte seinen gesprenkelten braunen Hals aus den Grashalmen hervor und trabte davon. Nero feuerte, und der Vogel brach in einem Wirbel fliegender Federn zusammen.

»Gut getroffen!« sagte ich.

»Noch einer!« rief Walker, und ein zweiter Truthahn rannte ins Dickicht hinein. Nero feuerte wieder, verfehlte ihn jedoch. Als wir zu dem ersten Truthahn zurückkamen, war auch dieser verschwunden.

»Verdammter Truthahn«, sagte Nero.

Wir hielten Kurs nach Westen, und kurz darauf tauchten ein Känguruh und sein Junges vor uns auf. Donkey-donk drückte seinen Fuß auf das Gaspedal, und der Wagen rumpelte und polterte über die Grashöcker hinter den hüpfenden Känguruhs her, die ihren

Vorsprung vergrößerten. Dann fuhren wir aus dem Spinifexgebüsch hinaus in abgebranntes offenes Gelände, und *wir* holten auf und holten sie ein und rammten das Muttertier an der Flanke – das Junge war zur Seite gesprungen –, und sie flog in einem Rückwärtssalto über das Dach des Wagens und landete – tot, hoffte ich – in einer Wolke aus Staub und Asche am Boden.

Wir sprangen aus dem Auto. Nero feuerte in die Wolke, aber das Känguruh war wieder auf den Beinen. Ein bißchen wackelig und lahmend, rannte es dennoch in ziemlich flottem Tempo weiter, und Donkey-donk, jetzt allein im Auto, war ihm dicht auf den Fersen.

Wir sahen, wie der Wagen das Känguruh ein zweites Mal rammte, aber es landete auf der Motorhaube, sprang hinunter und kam in unsere Richtung gehüpft. Nero ballerte drauflos, aber er verfehlte es – die Kugeln zischten an mir vorbei ins Gebüsch –, und das Känguruh lief im Zickzack den Weg zurück, den es gekommen war. Donkey-donk riß daraufhin das Steuer herum und rammte es zum drittenmal. Ein schrecklicher Aufprall, und jetzt rührte es sich nicht mehr.

Er öffnete die Wagentür und versetzte ihm mit einem Schraubenschlüssel einen Schlag auf die Schädeldecke – worauf es sich noch einmal auf den Hinterbeinen aufrichtete und er es am Schwanz packen mußte. Während wir herangelaufen kamen, hüpfte das Känguruh vorwärts und Donkey-donk hing an ihm wie ein Mann beim Tauziehen, und dann schoß Nero ihm in den Kopf, und es war vorbei.

Walker sah angewidert und unglücklich aus.

»Das gefällt mir nicht«, sagte er.

»Mir auch nicht«, stimmte ich ihm zu.

Nero betrachtete das tote Känguruh. Blut tropfte aus seinen Nasenlöchern auf die rote Erde.

»Ist alt«, sagte er. »Nicht gut zum Essen.«

»Was werdet ihr damit machen?«

»Liegenlassen«, sagte er. »Vielleicht den Schwanz abschneiden. Hast du ein Messer?«

»Nein«, sagte ich.

Nero kramte im Wagen herum und fand den Deckel einer alten Blechdose. Er benutzte ihn als Klinge und versuchte, den Schwanz abzuschneiden, aber er konnte die Wirbelsäule nicht durchtrennen.

Das linke Hinterrad hatte einen Platten. Donkeydonk befahl mir, den Wagenheber zu holen und den Reifen zu wechseln. Der Wagenheber war völlig verbogen, und nachdem ich ein paarmal gehebelt hatte, klappte er zusammen und die Achse schlug auf den Boden.

»Da hast du's«, sagte er mit einem bösen Seitenblick.

»Was machen wir nun?« fragte ich.

»Gehen«, sagte Nero kichernd.

»Wie weit?«

»Zwei Tage, vielleicht.«

»Wie wär's mit Rauch?« schlug ich vor.

»Nä!« knurrte Donkey-donk. »Heben! Hochheben, Mann!«

Walker und ich faßten unter die Stoßstange, spannten den Rücken an und versuchten, den Wagen hochzuheben, während Donkey-donk sich anschickte, einen Klotz unter das Differentialgetriebe zu schieben.

Es hatte keinen Sinn.

»Komm her«, rief ich Nero zu. »Hilf uns!«

Er wölbte die Hand und fuhr damit über seinen dünnen Bizeps, klapperte mit den Lidern und kicherte.

»Keine Kraft!« sagte er atemlos.

Donkey-donk gab mir einen Grabstock und befahl mir, ein Loch unter dem Rad auszuheben. Eine halbe Stunde später war das Loch groß genug, daß man den Reifen wechseln konnte. Alle drei sahen zu, während ich arbeitete. Ich war erledigt und schweißdurchnäßt. Dann schoben wir das Fahrzeug vor und zurück und bekamen es schließlich frei.

Wir überließen das Känguruh den Krähen und fuhren nach Cullen zurück.

»Willst du morgen mit auf die Jagd kommen?« fragte Donkey-donk.

»Nein«, sagte ich.

Fruttero & Lucentini
Ferien auf dem Öko-Hof

Carlo Fruttero (geboren 1926 in Turin) und Franco Lucentini (geboren 1920 in Rom) sind beide Lektoren, Übersetzer und Journalisten und zusammen das italienische Autorenduo für Kriminal- und Gesellschaftsromane. Sie haben eine Theorie entwickelt, derzufolge der Drang, Urlaub zu machen, schon seit Adam und Eva existiert – und Ferien auf dem Lande schon seit dem 14. Jahrhundert in Florenz nachzuweisen sind.

Liebe Francesca,

ich schreibe Dir, weil es hier kein Telefon gibt (und selbstverständlich auch kein TV) und die Mobiltelefone verboten sind. Nach sechs Tagen auf dem Bauernhof ›Alte Sonnenblume‹ kann ich dir gar nicht sagen, wie glücklich wir sind über unsere Wahl. Guido hatte ein bißchen Angst, er würde sich langweilen, aber er hat sich eines Besseren belehren lassen müssen, hier bleibt einem keine Minute, mit leeren Händen herumzustehen.

Der Wecker klingelt um 4.30 Uhr, und nach der Dusche mit Brunnenwasser (ich kurbele einen uralten

Eimer hoch und gieße ihn über Guido, und er macht dasselbe mit mir) laufen wir mit den andern in den Stall, um die 25 Kühe des Hofes zu melken. Dann Frühstück mit altbackenem Bauernbrot, Zwiebeln und ein paar Oliven. Dann alle raus auf die Felder zum Tomatenpflücken unter Anleitung eines maghrebinischen Experten, des supersympathischen Achmed, der uns mit scherzhaften Fußtritten in den Hintern antreibt. Um 11 Uhr geht's dann in den Obstgarten, zweites Frühstück mit den am Boden liegenden Pfirsichen, Birnen und Feigen, alle ohne Pestizide behandelt und deswegen ein bißchen angenagt, aber superauthentisch und vollbiologisch. Danach wird das reife Obst auf den Bäumen gepflückt.

Um 13 Uhr ist Mittagessen mit besonders altbackenem Brot, Tomaten, Zwiebeln und einer eingesalzenen Sardelle. Den Nachmittag verbringen wir mit dem Backen riesiger Berge von Brot zum Altwerden und dem Zubereiten handgemachter Tagliatelle und Ravioli, die wir dann gegen Abend in großen Körben zum Magazin-Laden des Hofes an der Staatsstraße 126 bringen. Anschließend betreten wir den Laden noch einmal durch die Vordertür und kaufen selbst die am Morgen gemolkene Milch, das Obst und die Tagliatelle. Praktisch, was? Die Preise sind ein bißchen hoch, aber wir wissen wenigstens, was wir essen. Nach dem Abendessen Tanz auf der Tenne mit dem Bürgermeister, dem Postboten, dem Metzger und dem Jagdhüter des nahen Dorfes, hochinteressante Leute, die du normalerweise nie zu sehen bekommst und die uns von ihren Erfahrungen auf den Antillen oder in Namibia erzählen. Für 1000 Schweizer Franken pro Tag (hier zahlt man nur mit Devisen) kann man, scheint mir, wirklich nicht mehr verlangen. Wir sind braungebrannt, schwielig und muskulös, und wir schlafen auf den Eiern (wir müssen sie selbst ausbrüten) wie Engel im siebenten Himmel. Aber jetzt muß ich wirklich die Kerze ausmachen (DM 5,– das Stück). Ich schicke Dir einen Kuß ohne Kunstdünger und ohne Konservierungsmittel.

Deine Cristina

Simone Borowiak
Mit Grippe, Frau Rettich und der Czerni in Barcelona

Simone Borowiak ist Redakteurin des Satiremagazins Titanic *und beißt sonst Polizisten, Penner und Pastoren. In der* Sommerverlobung, *so der Untertitel der Erzählung (1992 erschienen), liegt ihr die Urlaubssymbiose dreier Damen am Herzen. Frau Rettich, die Czerni und die Erzählerin durchleiden gemeinsam eine Spanienreise, von der »Notgemeinschaft dicker Beine« bis zum ausgekippten Kelch der Weiberfreundschaft.*

Frau Rettich hat für ihre Urlaubszeit mit den Bekannten die Wohnung getauscht und sucht jetzt nach dem Schlüssel. »Wo ist, ich hatte doch, Attico ist ganz oben, da werden wir einen Bombenblick, ich habe doch extra den neuen Schlüsselanhänger, aha, alles klar!« Sie zieht einen großen Plastikflamingo aus der Beutelhandtasche, daran hängt ein kleiner Schlüssel. Frau Rettich schwenkt ihn bedeutungsschwer: »Meine Damen!« und fummelt minutenlang am Schloß.

»Weil, da gibt es nämlich einen Trick. Das ist nicht so einfach.«

Und weil sie unsere Führerin ist, nimmt sie das Kämmerchen mit dem direkten Zugang zum Bad. »Oder will eine von euch?«

Der Kosmetikkoffer thront schon gebieterisch feist auf dem Ehebett und beult die Tagesdecke ein.

Dann müssen wir auf der Veranda antreten: »Schaut euch das an! Na, das ist doch was anderes, he?« Rettich saugt den Stadtstaub tief in die Lungen. Wahrlich, welch Metropole! Metropole, soweit das Auge reicht. In der Ferne, vor der Nase, auf Berge und Hügel gebettet, rauschend und brausend fast wie das Meer, nur von kräftigem Hupen gebrochen, Metropole, Metropole, ganz große Stadt.

»Da ist Barceloneta, der Hafen, da steht Cristobal Colón, die Santa Maria sehen wir uns auch an, da, die Seilbahn vom Hafen zum Montjuïc, damit fahren wir aber nicht, da breche ich ins Meer. Uuaaah, das ist wunder-bar!«

Sie zückt den Plastikflamingo: »Aber bevor wir uns la vida widmen: Kerzen anzünden nicht vergessen! Das muß sein! Das mache ich jedes Jahr! Weil, in Spanien funktionieren die Heiligen besser!«

»Besser als wo?« fragt Czerni, und winkt sich gleich selbst ab.

Frau Rettich führt uns, in den Absätzen federnd und das Handtäschchen gläubig an sich gepreßt, zum Domplatz. »Wir treffen uns später am Hauptausgang«, hören wir noch, dann tritt sie an einen der Kerzenstände. Und hat uns vergessen. Ist in sich gekehrt.

Mustert die Kerzen prüfend auf Größe und Seligkeitsfaktor. Zwei große, prächtige Kerzen kauft sie und einige Stumpen dazu.

Ich wette, die eine von den dicken ist fürs Staatsexamen, mit der anderen will sie sich Pupsi angeln. Die Stumpen sollen vermutlich den Kleinkram regeln; Eltern, Gesundheit, Strafzettel, Freundeskreis. Vielleicht stellt die Gute auch ein Lichtlein für uns auf: »Und mach, daß meine beiden treuen Vasallinnen sich mal was Ordentliches zum Anziehen kaufen, daß ich mich nicht mehr so schämen muß. Und mach auch, daß die beiden Trampel nette Männer abbekommen, oder lieber doch nicht, weil, dann fahren sie immer mit mir und können den Kosmetikkoffer tragen. Der wird mir mit den Jahren immer schwerer.«

Czerni und ich sind zwar schon längst exkommuniziert, treten aber dennoch unverbindlich vor den Kerzentisch. Und wenn nun doch etwas dran ist? Die Heiligen könnten den Kirchenzinnober inzwischen längst leid sein und sich doppelt freuen, wenn ein strammer Agnostiker mit einer Bitte kommt, wer beweist das Gegenteil? Das ist ja das Schöne am katholischen Glauben: Wenn man sich nur hartnäckig genug in seinen Axiomen einnistet und die Eckpfeiler stehenläßt, kann man nahezu jeden fanatischen Unsinn behaupten, und keiner kann's richtig widerlegen. Das nenne ich gerne ›systemimmanente Logik‹. Natürlich kann man auch ›Eigendynamik von Scheißdreck‹ dazu sagen.

Und wenn ein zugegeben sentimentales, aber auch knallhart rationalistisches Luder wie Rettich auf die Heiligen schwört und bisher gut damit gefahren ist – warum sollte es ausgerechnet bei einer wie mir nicht segensreich anschlagen? Was hat denn Frau Rettich, was ich nicht habe, abgesehen von Schönheit, Klugheit, Klassefigur, natürlicher Intelligenz, Schick, Stil, Geschmack, Fingerspitzen- und Taktgefühl, reichen Eltern und schönen Männern? Na? Na also!

Eine einflußreiche Heilige in der Hinterhand hat noch keinem geschadet. Denn vielleicht fügt es sich dereinst ja doch noch so, wie es der Schulpfarrer an die Wand gemalt hat. Dann sähe ich natürlich alt aus, da wäre ich froh um jede Heilige, bei der ich einen Stein im Brett hätte. Und die Heiligen können auch auf Erden viel bewirken; man muß seine Fürbitte nur inbrünstig genug sprechen und fühlen, dann setzt sich einiges in Bewegung. Ist in jeder Bibel nachzulesen. Blinde können sehen, Lahme wieder gehen, Frau Rettich bekommt einen Mann fürs Leben, die Czerni kauft sich geschmackvolle Schuhe und wechselt das Eau de Toilette; ich werde mutig und draufgängerisch, ehre nicht mehr den Pfennig so sehr und gewinne obendrein noch im Lotto. Auch die Lieben daheim sollen fortan in Freuden leben; sorglos und glücklich, zufrieden und gesund, auch für Länder und Völker läßt sich eine Kerze anstecken, für alles und jeden überhaupt, für den Frieden und die Infrastruktur, für die Gewerkschaften und die Isländer; für die Gerechtigkeit, die Würde, die Schuhverkäufer; für das Ozonloch, für Spielmannszüge, für Fleischfachverkäufer, Mädchenhändler, Schuhschnäbel, Koboldmakis, Matrosen, Konditoren, Igel und Südfrüchte – kurz: eine Kerze, jetzt, von mir, in diesem Augenblick, und die Welt hat ausgesorgt! Unermeßlich ist die Kraft der Heiligen, unvergleichlich groß der Arsch des Herrn, her mit den Kerzen! Jetzt wird die Welt gerettet! Und dazu 6 Richtige mit Zusatzzahl!

Ergriffen eile ich in den Dom.

Die Heiligen warten im Innenhof auf ihre Lieben. Sie frömmeln in kleinen Käfigen, durch Gitterstäbe vor den gierigen Bittstellern geschützt. Im Innenhof schnattern Gänse. Die haben es gut. Gehen jeden Tag im Gärtchen herum, legen sich auf ihren Stockbeinchen mittags zur Ruhe, schauen über ihre wächsernen Schnäbelchen nach dem Rechten, weisen Enten in die Schranken und zwicken Katholikenkinder, mimen den Chef, betrachten überheblich die Erdenwürmer, als hätten sie den dicken Draht zum Herrn und zu allen Heiligen und Engeln und Mächten, als würde ein Quokquok von ihnen genügen, um einen von uns glücklich zu machen, oder in den Orkus zu befördern. So watscheln sie durch ihr eigenes Domstückchen, die großen Chefgänse von Santa Rita, bis in den Federkiel gebenedeit und dementsprechend eitel. Ich suche nach Rettich und Czerni. Die Czerni ist bei Santa X zugange, Rettich inbrünstelt auf Santa Y ein.

Die Sommergrippe naht. Mit brummendem Kopf folge ich den beiden durch die Hitze der Stadt. Jeder Pflasterstein stößt in die Nebenhöhlen. »Hier habe ich schon mal gewohnt.« Rettich weist auf Häuser und Plätze in flirrender Luft, atmen ist kaum noch möglich. Katzen legen sich auf Mäuerchen zurecht. Die Geschäfte schließen. Es staubt.

Wir schleppen uns zwischen die hohen Häuserfronten, doch, die alten Häuser sind hier sehr hoch, viel höher als bei uns. »Frau Rettich«, kommt es aus meinem dicker werdenden Hals, »hier sind die alten Häuser so hoch. Die haben ja, warte mal, manchmal sieben Etagen! Hatten die denn nie Krieg?«

»Bürgerkrieg, mein Goldstück.« Frau Rettich singt eine Hymne. »Caminante, no hay camino, se hace camino al andar. Übersetzen!«

»Kamerad, also Genosse, es gibt keinen Weg, man macht den Weg beim Gehen.«

Jetzt tut sogar Spuckeschlucken weh. Die Nase läuft. »Ich führe euch jetzt in eine wunderschöne kleine Bar in Barceloneta. Das wird dir gefallen, mein Goldstück. Da kostet das Glas Schampus eine Mark. Und einen Schinken gibt's da, einen Schinken!« Salz täte Frau Rettich heute wirklich gut. Sie wirft die Stöckelschuhe schneller und biegt in finstere Gäßchen ein. Eiserne Rollgitter überall, schon zu Boden gelassen; nur wir und Staub und weit vorne ein alter Mann. So stelle ich mir eine Bananenrepublik während der Ausgangssperre vor. Die Sonne sticht und der Kopf brummt und summt voller Grippe. Rettich tritt in einen Höhleneingang. In kühler Finsternis lagern Batterien von Flaschen, dicke gebeizte Schinken baumeln hinter dem Tresen, an dem ruhig zwei Männer lehnen. Sofort fühlt sich Rettich zu Hause. Einheimisch räkelt sie sich an die Theke und bestellt mit einem Grunzen, das sie wohl für einheimisch hält, genug für alle; keine Frage, wir sind im Paradies. Im Paradies für Schweinefresser und Alkoholiker wie Rettich und Czerni und mich. Den summenden Kopf lege ich sofort auf dem Tresen ab. Der Rest muß sich von alleine aufrecht halten. Draußen vor der Höhle blenden die Gitter, aber kein warmer Luftzug gelangt herein. Erkaltet stehen meine Füße auf den Fliesen und petzen das auch gleich dem Gehirn: Kalte Füße! Dicker Hals! Weiter so! Mehr davon! Wie wär's mit etwas Fieber dazu? Die Nase wird sorgsam verschlossen, der Geschmackssinn ganz eingestellt. Rettich und Czerni reißen ihre Bocadillos con jamon wie die Tiere und packen mir eines in die Handtasche. Ich lasse es wehrlos geschehen und schäme mich in die Fliesen. Was sollen die Leute denken. Das gutgemeinte, unselige Tun erinnert mich an eine Tante, die zu jeder Geburtstagsfeier mit einer Rolle Klarsichtfolie erschien, um während der Gratulation bereits dicke Brocken Frankfurter Kranz und Schwarzwälderkirsch und Sandkuchen einzupacken, für daheim. Jetzt fühle ich mich nicht nur stark grippal, sondern obendrein wie die eigene Tante. Und das mitten in Barcelona. »Warte, wenn du wieder was schmeckst. Das schmeckt klasse!« kaut Czerni mir vor. Überhaupt benimmt sich die Gute im Augenblick, als wäre sie in Barceloneta am Tresen geboren. Überraschend lässig lehnt sie neben Rettich. Plaudert auf diese ein. Rettich nickt lässig zurück und bestellt eine neue Runde. Die beiden fühlen sich hier offensichtlich wohl. Mein Schleim sitzt über der Nase wie ein Pfropf und blockiert das Gehirn. Rettich neckt sich mit dem Wirt und Czerni lacht dazu hochstaplerisch wissend. Gleich macht sie, wette ich, das Maul weit auf und redet fließend Katalan. Ich muß mal. »Frau Rettich, wo ist denn hier das Klo? Du kennst dich doch aus«, wispere ich diskret. Rettich weist für alle ersichtlich auf eine kleine verschmierte Tür und sagt, daß es dort zwar sein müsse, sie, Rettich, habe jedoch in all den Jahren, die sie hier verbracht habe, und das seien nicht wenige, noch nie jemanden hineingehen sehen. »Und noch seltener jemanden raus«, witzelt Frau Czerni überflüssig, bei ihr hopsen wohl schon die Hörnchen im Wipfel und springen von Ast zu Ast. Frau Rettich meint lässig – und das kann sie ja auch, es ist schließlich nicht ihre Blase –, wahrscheinlich sei es unbenutzbar. Ich habe nur noch Augen für die kleine schmutzige Tür. Selbst wenn ich vorher nur halbblasig mußte: jetzt muß ich dringend. Das ist ein Naturgesetz, ein Automatismus, wie Frühling und Winter, wie Blühen und Welken. In Reichweite einer sauber verfügbaren Toilette kann ich mich stundenlang aufhalten, und zwar ohne Harndrang. Hängt jedoch ein

Schildchen daran »Defekt« oder »Geschlossen«, ist plötzlich Alarm. Wie jetzt. So schlimm kann doch keine Schüssel sein, denke ich mir. Worum geht es denn schließlich, tröste ich mich. Es geht doch nur darum zwischen vier Wänden, geschützt vor fremden Augen den Urin abzulassen. Die Schüssel muß noch getöpfert werden, in die man nicht uriniert, um dann lieber, beim Flanieren, die Ramblas rauf und runter, einen großen dunklen Placken auf der Sommerhose zu bekommen. Da würde der Spanier schön staunen. Ich gehe doch zu der Tür. Dahinter ist noch ein Türchen, kein Licht leuchtet dem Bedürftigen. Der weibliche Mensch kann bekanntlich, so seine Blase gefüllt ist, auf jedem Klo der Welt über sich hinauswachsen. Dann vermag er es, mit einem Fuß die klinkenlose Tür zu versperren, mit dem anderen sich hüpfend der geborstenen Schüssel zu nähern. Und hat er, wie ich, eine Zeitung in der Handtasche, ist er errettet aus seiner Not. Auf dem politischen Teil ist gut balancierendes Hocken, das Feuilleton wischt harsch, doch gründlich nach und mit den verbleibenden Händen läßt sich sogar eine Handtasche hochhalten über die gelben Pfützen am Boden. Das sieht man in keinem Staatszirkus der Welt, solch unvergleichliches Akrobatenstück, André Heller würde staunen, »Dös bringn mia ganz groß raus, Werteste, dös Geschäfterl, begnadete Körper, begnadete Blasen, seliges unter sich Gehen.« Und dieser Penisneid dabei! Dieser Neid auf den Mann, der da abschlagen kann, wo er geht und vor allem steht, und der es ja auch ungeniert tut: an Laternen, an Bäumen, hinter parkenden Autos, inmitten der Großstadt; in hohem Bogen, wenn's sein muß, in kleine Handwaschbecken; in kleinem, kaum vernehmbarem Strahl in den Aufzugsschacht oder die Aktentasche, einfach an die Wand, unhörbar, aus dem fahrenden Bus, in Kino und Kirche, beim Beten und Arbeiten, zum Amtseid, so ganz nebenbei. Mit wackligen Knien gehe ich zurück. Sieht nicht der Besitzer mitleidig zu mir rüber? Bin ich der erste Gast, dem es gelang? Der erste in seinen langen Berufsjahren, der das Klo nicht mit den Füßen voraus verlassen hat? Der erste tatsächlich erleichterte Gast, ausgepißt und dennoch lebendig? Läßt er mich gleich hochleben? Klopft er mir gleich anerkennend auf die Schulter? Die Hand wird er mir ja nicht mehr geben wollen. Die Gefährtinnen stehen voll im Saft, sie zahlen so fröhlich, die beiden Fregatten, bis unter den Ausguck die Takelage, mit blähenden Segeln dröhnen sie zur Tür. »Volle Kraft voraus!« ruft MS Rettich, »jetzt führe ich euch zu Picasso!« »Ist das noch weit?« fragt Beiboot Czerni, mit einemmal kleinlaut geworden. »Sonst muß ich hier.« Ich, ganz alter Hase und Herrin der Situation, weise Czerni ein und gebe ihr die Restzeitung mit auf den schweren Weg. Viel später taumelt sie in die Sonne, gibt die geschrumpfte Zeitung zurück und beneidet mich noch im nachhinein um meinen kapitalen Schnupfen. Kurzfristig traumatisiert schleicht sie der aufgekratzten Rettich nach, die, so scheint's, über eine

Präsidentenblase verfügt und von sich behauptet, sie könne einhalten, so lange sie nur wolle. Und wenn es sein müsse, und es sei jemand in der Nähe, dann könne sie gar nicht, wenn dieser jemand nicht laut sänge. Andernfalls sei ihr die Blase wie zugeschnürt; schon zu Schulzeiten habe sie dies feststellen müssen, und zu ihren Schulzeiten, da habe man noch kratzige wollene Unterhosen getragen und nicht während der Stunde raus gedurft, das sei vielleicht mit ein Grund für die prächtige Präsidentenblase, die sie noch heute ihr eigen nennen dürfe, es sei denn, es würde laut gesungen.

Vertieft in die anstrengenden Blasengeschichten erreichen wir das Museo Picasso. Mein Schädel ist bereits gespalten, die Seitenläppchen klopfen laut. Die Nase ist dicht.

Der Künstler hat ein schönes Haus mit prächtigen Uniformierten davor, die vorsichtshalber die Gäste französisch anreden, was Frau Rettich einen Stich versetzt. Wir sollen die Taschen öffnen und eine Inhaltsangabe machen. Vom Fieber überheblich, in die Schwebe gehängt, beginne ich aufzuzählen, das hatten wir in der Stunde:

Que hay en el bolso?

En el bolso hay dos bolígrafos (2 Kulis), mil pañuelos (tausend Taschentücher; bei »vollgerotzt« habe ich leider gefehlt) y un bocadillo de jamon, haha! Das war ein Schnitzer. Auf Französisch wird mir bedeutet, ich, nur ich, müsse die Tasche abgeben, vorne an der Garderobe. Das verstehe ich nicht. Rettich und Czerni tragen Schlimmeres bei sich: Lippenstifte, Fußnagelscheren, Tosca-Flakons gar, grauslige Bilder von Pupsis und Bärten! Die beiden gehören verhaftet! Taschenlos, gedemütigt, murmle ich den Aufsehern zu, und zwar in meinem besten Spanisch: Aber ich gehe doch nicht zum Essen ins Museum. Ich murmle nur, denn Uniformierte jagen mir Angst und Schrecken ein, nein, das ist untertrieben: Sie rauben mir allen Lebenswillen. Sie knipsen mich aus. Vor Augen, die unter Schirmmützen hervorstechen, werde ich zum zitternden Wrack. Das war schon immer so. Besonders bei Reisen in die ehemalige DDR. Selbst der Gedanke an die ständige Vertretung, die Ostverträge, die Magna Charta, die Bill of Rights und was einem sonst noch angesichts verblödeter Staatsgewalt durch den hochroten Kopf schießt, konnte mich nicht beruhigen. Sobald einer qua lege das Recht dazu hat, mir die Tasche zu öffnen, mein Notizbuch aufzuschlagen, meinen großen Onkel anzufressen, meine Tampons durchzunumerieren und was die uniformierten Brüder sonst noch gerne tun, sobald ich einem solchen gegenüberstehe, schwinden mir die Sinne. Deshalb hätte ich auch nie zum Militär gehen können. Beim Bund wäre ich schon in der Grundausbildung verendet; wie gut, daß nur die Jungs dahin müssen. Allerdings bin ich entschieden gegen ein soziales Pflichtjahr im Gegenzug; schließlich können Männer lebenslänglich im Stehen urinieren, wenigstens für kurze Zeit sollte es sich rentieren, ohne Penis zu sein, außerdem wäre das für den Staat zu bequem, alle Frauen kostenlos in den Sozialdienst zu pressen und außerdem bin ich zu faul und liebe meine Freiheit und Freizeit viel zu sehr, als daß ich auf solch einen lächerlichen Vorschlag ernsthaft eingehen möchte. Jetzt will mein fiebervernebeltes Hirn zu diesem Picasso und nicht in die hohe Politik. Frau Rettich jedenfalls hat zu dem preußischen Verhalten ihrer Spanier nur wenig Verteidigendes anzuführen: »Hier muß mal was passiert sein. Die machen das nicht ohne Grund!« Czerni und ich sehen uns an, Frau Rettich würde in ihrem Patriotismus auch noch die Inquisition verteidigen, sofern sie vom Spanier durchgeführt. »Hexe Rettich, habt Ihr noch etwas zu gestehen, bevor wir Euren schönen Leib den Flammen überantworten?« »Sí, Sí, Señores! Ich kann's ja verstehen! Da ist sicher mal was vorgefallen, daß ihr jetzt so handelt. Sie, hochwerte Señores, stehen ja auch nicht zu Ihrem Vergnügen hier um meinen Scheiterhaufen herum, Sie hätten bestimmt alle was Besseres zu tun, weil der Spanier ist effektiv! Von Haus aus! Wenn ich mir nur Ihre handlichen Küchengeräte betrachte: Das gibt's in Deutschland nicht! Diese hinter Kargheit der Mittel verborgene Effizienz! Ja, zum Beispiel das Feuerzeug, das Sie, hochverehrter Vorsitzender, gerade an meinen Scheiterhaufen führen! Ein herrliches, weil so praktisches Stück! Brieföffner, Feuerzeug, Waschmaschine und Rheumadecke in einem! Da kommt ein Deutscher nicht drauf! Das kann nur der Spanier erfinden, weil, der Spanier hat nämlich kleine Wohnungen! Mit Raumnot! Aber, aber … meine Herren, hier riecht das so komisch, warum brennen denn meine Füße? Na so was, also das habe ich auf noch keiner Reise erlebt! Noch nicht mal in Frankreich. Aber, estimados Señores, ich bin mir ganz sicher, daß Sie richtig handeln, weil, Sie sind schließlich Spanier, gell?«

Andachtsvoll umschleichen die Gäste Picasso. Kopfschüttelnd stehen sie vor dem Frühwerk, kopfschüttelnd vor dem Alterswerk, und ich kopfschüttelnd immer mittendrin.

Ich verstehe nämlich gar nichts von Malerei. Ich kann nur sagen: Dies gefällt mir, dies rührt mich, das erschreckt mich, hier bin ich beeindruckt und da guter Laune; es gibt Bilder, die lassen mich Verlogenheit wittern, als wären sie mit gespaltenem Pinsel gemalt. Und es gibt Bilder, die mich wie ein Blitz treffen und in meiner Seele donnern, aber niemals könnte ich schlüssig beschreiben, was warum geschieht, wenn ein Bild und ich aufeinandertreffen.

Ich erkläre mir das etwa so: Bevor man ein Buch liest, muß man das Lesen erlernt haben. Für jede noch so kleine Milchmädchenrechnung ist die Kenntnis der Zahlen Voraussetzung; Bilder aber kann jeder betrachten, auch der härteste Klotz ohne Gehör wird zum Konzertsaal vorgelassen, und dann stehen und sitzen sie vor Tönen und Farben und Strichen, die etwas anders angeordnet sind als die Töne und Farben und Striche zu Haus, und was kommt dabei raus? »Das kann mein Enkel auch, und der ist erst fünfzig.«

Ich will nichts dagegen sagen, daß man in unserer Kultur leichter in einen Schubertabend gerät als an den Führerschein. Nur sollte man – in so eine Sache hineingeschlittert – den inneren Oberstudienrat überwinden und nicht sofort röhren, wie der Hirsch überm Sofa daheim.

Und ich reihe mich ein in die Betrachterschar und fühle so dies und das, was übrigens niemanden etwas angeht.

Frau Rettich und Frau Czerni verzichten ebenfalls auf eine Museumsnachsorge. Wir pflegen uns. Die Grippe wird aus der Nase geholt, die Füße stehen in kleinen Wassereimern, die Oberkörper liegen auf dem Verandageländer, bis der Magen zu Tisch ruft und Frau Czerni Häppchen richtet.

Karl Valentin
Luftballonkatastrophe

Karl Valentin (1882–1948) ist bis 1940 der bekannteste Münchener Volkskomiker und Kabarettist. Seine selbstgeschriebenen Szenen, Dialoge und Komödien bringt er allein oder (seit 1911) zusammen mit seiner Partnerin Lisl Karlstadt auf die Bühne. Die Hilflosigkeit des Menschen in einer verzwickten Alltagswelt ist ihrer beider Grundthema, doch auch über menschliche Vorzüge wie kurze Sicht und langsames Denken läßt sich vorzüglich schreiben.

(Das Oktoberfest)

BALLONVERKÄUFERIN Wer bekommt noch an Ballon, an schönen Luftballon, nur 50 Pfennig das Stück.

SIE Du, Benedikt, da nehmen mir für unsrer Millifrau ihrn Fritzl oan mit. Gebens uns an schönen Ballon.

ER Wer tragtn den dann? Mir ham so scho soviel Glückshafnglump dabei.

SIE Den Luftballon brauchst doch net tragn, der fliegt doch, den brauchst doch nur mitn Schnürl an dein Westnknopf ohänga. Da geh her, i häng dan hi. So.

ER Des schaut aber kindisch aus! Und des Schnürl kitzelt mi oiwei an der Nasn.

SIE Na ja, dann laß halt kitzeln.

ER Halt! Der Ballon! – Is scho fort. Steigt schon himmelwärts.

SIE Depp saudummer! Im Moment ham man kauft, und er laßt ihn schon wieder aus.

ER I habn doch net auslassn.

SIE Wer denn sonst?

ER Er selber is auskemma! 's Schnürl is an mei brennate Zigarrn hikemma und is obrennt und dadurch is da Ballon entflogen und aus dem Fesselballon wurde ein Freiballon. – Jetzt is er frei! Wie beneide ich diesen kleinen Luftballon! Viele Ehemänner gleichen so einem kleinen Fesselballon – das Schnürl ist die Ehe!

Kapitel IV
»Sie verstehen mich nicht«

Djuna Barnes
Ein Denkzettel für Afrika

Die Schriftstellerin Djuna Barnes (1892–1982) liebt parodistische Selbstinszenierung und Eleganz, sowohl in ihrem Leben als auch ihren Texten. Zwischen 1920–1945 reist sie immer wieder im Auftrag von Zeitschriften in fremde Länder, um live zu berichten und Interviews vor Ort zu machen. Die Reise nach Algerien und Tunesien versteht sie als Chance, ihrem Vorurteil gegenüber Afrika den Garaus zu machen.

Ich habe immer wieder das Pech gehabt, mit Herren zusammenzutreffen, die ich irgendwann, in dunkler Vergangenheit, kennengelernt hatte, als schlechthin mustergültige Väter oder als Mitglieder eines der steinreichen Clubs, die mit ihrem Leben, hinsichtlich der Verteilung von Hitze und Kälte in den Staaten, sommers wie winters, zufrieden schienen, die sich jedoch Anfang Vierzig in den Kopf gesetzt haben, nach Afrika zu gehen. Niemand wird je wissen warum, es sei denn, daß vielleicht eines freudlosen Morgens die Dusche nur zweierlei kaltes Wasser hergab, worauf sie pfeilgerade aus der Badewanne schossen, mit dem lautstarken Wunsch nach Hitze, Banyanbäumen und Sonne.

Nun hat Afrika für mich nie etwas anderes bedeutet als Tsetsefliegen, Reptilien, Fleischfresser und Köpfe, die irgend jemandes Mutter abgeschnitten wurden. Ein- oder zweimal hatte ich wohl auf meinem Weg zur Reife meinen Vater gefragt, wie es jetzt in Afrika zugeht, und er pflegte zu antworten: »Ach schlimmer, viel schlimmer denn je zuvor! Aber diesmal sind die unzähligen Bäume gänzlich demoralisiert von den noch unzähligeren Schlingpflanzen, und die noch unzähligeren Schlingpflanzen sind von Wespen befallen, und die Wespen werden zum Wahnsinn getrieben durch die Fliegen, und die Fliegen brummen tagaus tagein um die Tiger und die Tiger jammern des Nachts über die Fliegen, etc., etc.!«

Als daher Poldi, ein sonst absolut respektabler Bursche, hier in Paris bei mir vorsprach und, noch eh er Hut und Stock dem Butler übergeben hatte, kundtat, daß er nach Afrika gehe, zuckte ich schier zusammen, so gelassen und unerschütterlich war sein Entschluß.

»Warum«, erkundigte ich mich, »solltest du so jung sterben? Denk an die Tsetsefliegen, an die unzähligen Bäume, die noch unzähligeren Schlingpflanzen, die schnaubenden Tiger, die kriechenden Fliegen und die Köpfe der Mütter!«

»Wovon redest du eigentlich?« entgegnete er verdrossen. »Ich gehe nach Afrika allein wegen der Sonne, des Lichts, der Hitze, der Farbe, der Ruhe.«

»Wessen?«

»Meiner«, sagte er.

Und da ergriff mich ein großes Verlangen. »Ich gehe mit«, sagte ich. »Die Pflicht ruft. Ich habe eine Mission. Ich habe nie zuvor darüber nachgedacht. Afrika soll nicht länger machen was es will; es soll einen Denkzettel bekommen!«

So kam es, daß ich mich – einen Kanthaken in der einen Hand und ein sieben Meter langes Manilahanfseil in der andern – den Boden von Algier betreten sah.

»Dies hier«, murmelte ich, »kann der Ort nicht sein.«

»Was wünschen Sie«, sagte ein Araber beflissen, in recht gutem Englisch, »hier habe ich die Perlen der Ururhalskette, drei herausgeschlagene Rubine aus dem Auge der Göttin des Unheils, anderthalb Meter Fetzen vom Reifrock der verstorbenen Königin Victoria, einen Pantoffel von Präsident Garfields rechtem Fuß, die Brustspange der Salomé, die nämliche, die sie der Wahrheit zuliebe gelöst hatte in ihrem Tanz der Sieben Schleier, das letzte Krümelchen Antimonpulver aus Pharao Tutt-Tutts Riechdöschen und dazu einen Gebetsteppich, leicht abgeschabt von den Beterknien heiliger Kamele und das Wort, das George Washington nicht aussprach, als der Kahn umkippte, eingesperrt in ein Lackkästchen mit Lärchenholzintarsien.«

»Und wenn Sie«, setzte er traurig hinzu, »nichts von alledem wollen, sehr billig, hier habe ich einen Teppich, der, wenn Sie ihn auf Ihrem erlauchten Wohnzimmerboden ausbreiteten, Ihre übrige Einrichtung – verzeihen Sie meinen Freimut – wie einen Schlag ins Gesicht wirken ließe.«

Aber ich wollte nicht hören. »Hinweg, Höllensohn«, sagte ich. »Geh zu Allah.«

Er ging.

Ich wollte weitersuchen. War da etwa nicht ganz Tunis, Tebessa, Kairuan, Tizi Ouzou, Timgad? Gewiß. Und allesamt brodelnd von Souks und von Ramadan (währenddessen ein Einheimischer, wie man mir erzählte, im Banne ebendieses Giftes, weder sich rasieren noch schlucken, geschweige eine anständige Antwort geben will).

Ich wollte nach Sousse gehen. In Sousse mußte es ein Gestrüpp aus Verderbnis und Heckenzäune aus Korruption geben, gegen die es vorzugehen galt. Ich stieg aus in Sousse. Aus dem tödlichen Gewirr eines zehn Fuß hohen Kaktus schrie ein einheimisches Bürschchen, Schuhkasten und Bürsten neben sich, in den höchsten Tönen »Schuhputzen! Schuhputzen!« Ich stieg wieder in den Zug, der mit einer Stundengeschwindigkeit von einer halben Meile in Richtung Tunis eilte.

Wo war hier die Natur? Mir gegenüber war das Grand Hotel Ultra Apex, das Palace de Ultra Luxe, das Casino. »Nein, weiter«, sagte ich, und als nächstes war Biskra dran, weit draußen, zur Wüste hin.

»Wenn«, sagte eine Stimme neben mir, als ich aus dem Zug stieg, die Stimme eines Einheimischen in Turban und Burnus, »wenn es Sie danach verlangt, die

Wüste zu sehen – und wer kann so weit herkommen und sie nicht sehen –, wenn Sie, wie gesagt, die Wüste zu sehen wünschen, wie man sie sehen sollte und nicht aus dem Fenster eines dieser modernen und daher vulgären Automobile oder Ausflugswagen, wie man sie, glaube ich, nennt – sondern wie sie seit unvordenklichen Zeiten mit dem Auge des Beduinen gesehen wurde, Ouled Nails, die Stämme, die fortziehen, und die Stämme, die wiederkehren (was ihnen, wenn ich Sie unterrichten darf, diese wundervolle Schwenkung der Hüften verleiht), dann steht mein Kamel zu Ihrer Verfügung. Es ist gewöhnt, neugierige Damen zu tragen, es scheut nie, sondern nimmt sie mit gemächlichem, gleichmäßigem und leicht gedämpftem Stolz hinaus, hinaus zur Mitte jener unermeßlich weiten Fläche Sand, die seit zahllosen Äonen immer Sand gewesen ist. Selbstverständlich geht mitunter die Nahrung aus, in welchem Falle man den ganzen Tag lang absolut nichts machen kann als sterben und sterben und sterben, man nennt es das ›Mañanaverhalten‹ – o bitte sehr, wenn Sie kein Interesse haben an den Wundern der Natur –«

Ich brach in Tränen aus: »Gehn Sie«, sagte ich, »gehn Sie zu Allah.«

»Wie Sie wünschen«, gab er zur Antwort und fiel aufs Knie, wobei aus irgendeiner perfiden Falte seiner Kleider Schuhwichse und Bürsten zum Vorschein kamen. »Aber Schuhputzen, Schuhputzen, zuvor noch Schuhputzen!«

Ich verließ Biskra.

Ich wollte nach Constantine gehen. Hier, so erfuhr ich, trafen sich die wüstesten Räuber aus den grausamsten Stämmen, die ihr Kriegsgeschrei anstimmten und Krummsäbel trugen, Yamswurzeln oder die Hüftknochen von Tarzan und das dicke Ende von Klapperschlangen oder was es sonst ist, womit sie morden.

»Wenn Sie hungrig sind«, sagte eine leise Stimme in meinem Rücken – mir sträubten sich die Haare längs des ganzen Schienbeins – »dann können Sie in meinem Warenhaus die erlesensten Delikatessen finden, Couscous mit oder ohne Pfeffer; Fischsuppe mit oder ohne Pfeffer; Schinken und Rührei mit oder ohne Pfeffer; Hammelkeulen mit oder ohne – mittlerweile werden Sie eine Ahnung haben, wie der Kehrreim lautet, also brauche ich ihn nicht zu wiederholen. Butter und Speck mit oder ohne, hermetisch verlötet in extra englischen Dosen; Gemüse mit oder ohne; und als Appetitanreger wird ein Feuerfresser, Schwertschlucker, Skorpionstichler und Derwischtänzer, alles in einer Person, für Sie auftreten; indes Sie, wenn es Ihnen Spaß macht, alle übrigen Stecknadeln, die Sie bei sich haben, in ihn hineinspießen können, er ist daran gewöhnt, ja eigentlich ist es ihm recht angenehm. Dann wird einer aus dem Stamme Ben Ali Ben Hamneds für Sie ins Grab steigen, dreißig Tage lang. Sie können mit ihm gehen, wenn es Sie danach gelüstet. Sie werden einen ganz außerordentlichen und bleibenden Eindruck von den Entbehrungen davontragen.«

»Was ist das für ein Geschäft, das Sie haben?«

»Der Gemischtwarenladen von Constantine«, gab er zur Antwort. »Wir verkaufen auch Pflaumen, wenn Sie die lieber mögen.«

Lautlos tauchte ein anderer Araber neben ihm auf. »Mein Name«, sagte er mit der verträumten Stimme derer, die sich in ausschweifenden Klagen über läßliche Sünden ergehen, »ist Abu Ben Anim, und ich habe viele Sonnen aufgehen sehen. Ich bin weitaus weiser und älter als dieser Schurke; auch bin ich nicht so abscheulich anzusehen, und ich habe auch nicht so viel Meter gottloser Lumpen um mein Gerippe. Ich bin also viermal mehr Ihrer Aufmerksamkeit wert, denn ich habe zehnmal mehr Eltern als er. Er ist aus einer niederen Kaste, Sie können es der ungeschickten Tätowierung auf seinem Stirnbein entnehmen, die in Arabisch das Winseln eines Hundes darstellt; wohingegen Sie sehen werden, wenn Sie diese wundervolle Prägung auf meiner Stirn betrachten, daß sie in Englisch – einer sehr einfachen, für Touristen erfundenen Sprache – ›Ein Vogel in der Hand‹ oder ›Gib, so wird dir gegeben‹ darstellt. Wenn Sie also, wie ich vermute, diese große, diese wohltätige Gerechtigkeit besitzen, die nicht schachern will in einem vulgären Tauschgeschäft, die es statt dessen vorzieht, nichts zu empfangen, absolut nichts, dann ist hier die einzige reine, unbefleckte Hand in ganz Afrika, die Ihre Tasche erleichtern, Ihre Seele erheben wird –«

Muß ich noch sagen, daß in diesem Augenblick

schwarze Schuhwichse? aber nicht doch! Es genügt, daß ich mich hinsichtlich Afrikas geirrt habe – ganz und gar, aufs erfreulichste.

Wieso geht man bloß fort aus Paris?

Oriana Fallaci
Ein Abend mit Geishas

Die italienische Publizistin Oriana Fallaci (1931 geboren) erhält zusammen mit dem Fotografen Duilio Pallotelli den Auftrag, von einer Weltreise Zeitungsreportagen über Frauen zu schreiben. Sie entscheiden, die Reiseroute des Phileas Fogg (In 80 Tagen um die Welt) *zu wiederholen: Italien, Pakistan, Indien, Indochina, China, Japan, Hawaii, USA und zurück. In Japan besucht Fallaci eine Schule für Geishas und verbringt anschließend einen Abend mit ihnen.*

Wir waren auf sieben Uhr verabredet, und man hatte uns gewissenhafteste Pünktlichkeit ans Herz gelegt, um die Geishas nicht zu beleidigen. Das Teehaus war aus Holz, und durch die Wände drangen leises Lachen, behutsame Schritte, Geflüster heraus. Meine Freunde waren ganz aufgeregt, sogar Chas, der sich gewöhnlich durch nichts aus der Ruhe bringen läßt. In diesem Teehaus war er noch nie gewesen; es war zu kostspielig. Die Wirtin, eine mit großer Affektiertheit gekleidete Alte, erwartete uns am Eingang, und einen Moment lang starrten mich ihre schlauen Äuglein verschwörerisch an. Ich mußte ihr als eine recht merkwürdige, wie soll ich sagen, etwas verdrehte Frau erscheinen, weil ich in ein Teehaus ging. Aber sie faßte sich gleich wieder und trug eine Art mitwisserischer Nachsicht zur Schau, als wollte sie mir sagen: »Nur keine Bange, ich sage niemandem etwas«, und nachdem sie uns die Schuhe abgenommen hatte, führte sie uns in den ersten Stock, wo sie uns für eine halbe Stunde allein ließ.

Das Wartezimmer war ein moderner Salon, mit Fauteuils, Grammophon und Fernsehen. Ein Mädchen kam mit drei dampfenden Schwämmen herein, damit wir uns Gesicht und Hände waschen konnten. Dann ging sie wieder, und weiter passierte nichts, bis die Wirtin wieder erschien, um uns ins Speisezimmer zu geleiten, einen weiten Raum mit dem üblichen niedrigen Tisch in der Mitte, vier Kissen mit eiserner Rückenlehne und sonst nichts. Es waren auch keine Geishas da, aber, sagte sie und schaute mich dabei wieder mit dieser ekelhaften Komplizenmiene an, jedem von uns stehe eine Geisha zu, und sie würden gleich kommen. Sie legten nur noch letzte Hand an ihr Makeup. Gewiß würde es der ehrenwerten Fremden Freude machen zu vernehmen, daß die Geishas, um unserer Sympathie würdig zu sein, dreimal gebadet, sich dann bis zum letzten Härchen depiliert und schließlich sieben Kimonos unter dem Hauptkimono angezogen hatten. Worauf Chas dem verblüfften Duilio erklärte, daß die Kleidung einer Geisha außerdem noch drei Unterröcke und drei Paar knielanger Unterhosen umfaßt.

Wir ließen uns besorgt auf den Kissen nieder. Und bald darauf ging raschelnd eine papierene Schiebetür auf, um die erste Geisha einzulassen, die niederkniete, bis sie mit der Stirn den Boden berührte. Dann stand sie wieder auf und war ein sehr kleines Ding, bestimmt nicht älter als fünfzehn, sechzehn Jahre. Ihr von einem roten und orangefarbenen Kimono verhüllter Körper zeigte keine Kurven, und ihr ovales Gesicht war mit heller Lackfarbe bestrichen, was diesem Puppenantlitz eine leichenhafte Starre verlieh. Ihr Mund war rot gefärbt, doch auf sonderbare Art: um ihn kleiner erscheinen zu lassen, waren die Ränder der Lippen weiß übermalt. Ihre Augenbrauen waren vollständig abrasiert, und auf der übertriebenen Perücke schaukelten Papierblumen und Blechanhänger. Die Perücke mußte sehr heiß sein, denn von den Schläfen rann ein Schweißbächlein herab, das eine Furche in der Lackfarbe zurückließ, wie eine lange Träne.

Sie sagte nichts. Sie sah uns kühl an, dann setzte sie sich neben Chas, der ihr offenbar am besten gefiel. Da blieb sie mit erhobenem Kopf, die Hände im Schoß, und betrachtete eingehend seine Krawatte und dann meine Ohrringe, als habe sie noch nie eine Krawatte oder ein Paar Ohrringe gesehen; vielleicht aber versuchte sie lediglich herauszufinden, wer wir waren, bevor sie sich mit falschen Redensarten blamierte. Sie blamierte sich nicht mit falschen Redensarten. Nach einigen Minuten, die uns wie eine Ewigkeit vorkamen, verkündete sie mit piepsendem Stimmchen, sie heiße

Tokiko, wenn's gefällig sei. Und nun wurden in dem geöffneten Mund ihre Zähne sichtbar: sehr lange und gelbe Zähne, der Mode entsprechend, die den Geishas auferlegt, sie oft schwarz zu färben, damit sie »die Farbe der Sonne« annehmen sollten. Dann kam die andere Geisha.

Sie war älter und wirklich nicht hübsch. Sie war dick, hatte noch gelbere Zähne, und ihr blatternarbiges Gesicht war ockerfarben bemalt. Sie hatte eine starke, glänzende Nase, über die sie mechanisch mit einer Puderquaste wischte, die sie dann wieder im Obi verbarg. Alles andere als schweigsam, lachte diese dauernd und sperrte ihren häßlichen Mund auf, weiterlachend erklärte sie, Toshiko zu heißen, wenn's gefällig sei. Dann setzte sie sich zu Duilio, der sich kein bißchen darüber freute. Die dritte war eine Geisha, die nicht wie eine Geisha aussah. Ihr Gesicht wirkte gewaschen, ohne Puder oder Lippenstift, das Haar war kurzgeschnitten wie das eines Jungen. Sie hatte europäische Augen mit einer winzigen Narbe im Winkel, wo das Messer des Chirurgen geschnitten hatte, und einen harten, hochmütigen Gesichtsausdruck. Sie verneigte sich zwar, aber so, als sei ihr das äußerst lästig. Jede affektierte Grazie fehlte ihr, und obwohl der blaue Kimono unbestreitbar weibliche Formen umschloß, war etwas an ihr, was mir zu denken gab. Die verflixte Wirtin – sie hatte sie wahrhaftig für mich ausgesucht! Meine Geisha hieß Nanako und sagte, sie habe diesen Namen aus Sympathie zu Zolas Nana gewählt.

Jawohl, sie las viele französische Romane, und ihr Lieblingsautor war Zola, obwohl sie auch Gide, Flaubert und Stendhal und den einen oder andern Engländer kannte. Ob ich den *Teich der Einsamkeit* kenne? Ach, nein?

Die Tatsache, daß das Essen aufgetragen wurde, erschien mir als unverhoffte Rettung. Ich stürzte mich auf die Krebse in Caramelsauce – ein scheußliches Gericht, das ich sonst nicht einmal versuchen würde, wenn ich am Verhungern wäre –, als gäbe es nichts Herrlicheres auf der Welt. Tokiko schwieg noch immer, als hätte man ihr die Stimmbänder durchschnitten. Toshiko lachte noch immer grundlos. Nanako redete. Vielleicht hatte sie das Mißverständnis erkannt und versuchte meine Wut zu dämpfen, vielleicht war sie bloß intelligent und wollte mir nützlich sein. Jedenfalls erklärte sie mir, daß der Beruf, den sie ausübten, sehr anstrengend sei! Man müsse zu jeder Tages- und Nachtstunde bereitstehen, wenn ein Kunde rufe, und deshalb hatten sich die Geishas zu einer Gewerkschaft zusammengeschlossen, deren Präsidentin sie war. Augenblicklich sei eine Aktion im Gange, ein Gesuch zu stellen, daß ihnen nach dem zurückgelegten fünfundvierzigsten Altersjahr eine Alters- und Invalidenrente zugebilligt würde, dann andere Reformen, wie Krankenkassen. »Wir kämpfen auch im Parlament und erklären, wenn nötig, den Streik. Freilich ist es schwierig, zu streiken – es gibt so viele Streikbrecherinnen.«

Nanako sprach ein ausgezeichnetes Englisch, und

Duilio versuchte krampfhaft, sie mir auszuspannen; ihre merkwürdige Art reizte ihn, wie er erklärte. Aber da war nichts zu machen: Nanako war mir unerträglich treu und wich keinen Zentimeter von meiner Seite. Duilio wandte sich nun an Tokiko und sagte ihr mit Hilfe von Chas, sie müsse ihn nach unten begleiten, um seine Leica zu holen. Tokiko stand folgsam auf, und sie gingen miteinander die Leica holen; doch als Duilio zurückkam, war sein Gesicht finster. Er hatte sie zu küssen versucht, gestand er, aber die war ja steif wie eine Gipsfigur – und was hat man davon, eine Gipsfigur zu küssen? Der Lack auf ihrem Gesicht war wie Eis. Er hatte auch probiert, sie ein bißchen zu umarmen, hatte aber nichts als Stoff gefühlt; war sie vielleicht bloß eine Stoffpuppe mit Gipskopf? Traurig aß er weiter.

Lieber Himmel, wie wir aßen! Ich, um Zärtlichkeiten auszuweichen, Chas und Duilio, weil sie nichts anderes zu tun hatten. Im übrigen schienen die Mädchen alle drei darauf aus zu sein, uns mehr als nötig zu füttern. Sie schenkten uns dauernd Saki in die Becherchen und streckten des öfteren ihre Stäbchen in unsere Teller, um uns die Bissen in den Mund zu stopfen, wie man es mit kleinen Kindern macht. So schien Toshiko sehr überrascht, als Duilio ihr sagte, er möge es gar nicht, gefüttert zu werden. Millionäre und Minister, sagte sie mit ihrem gewohnten lauten Lachen, fanden ein unendliches Vergnügen daran und blieben den ganzen Abend mit den Händen auf den

Knien sitzen, sie erhoben sie nicht einmal, um Saki zu trinken. Schließlich aber ging auch das Mahl zu Ende, und das Grauen überfiel mich von neuem. Und jetzt, was würde jetzt geschehen?

Nur keine Angst. Nichts geschah. Alles, was geschah, war reine Förmlichkeit, es gibt nichts Keuscheres als einen Abend mit Geishas. Als vom Essen nicht einmal mehr eine Erdbeere übrigblieb, fragte uns Toshiko, ob uns ein paar Spielchen gefällig wären. Ein Spielchen bestand darin, in die Hände zu klatschen, während Toshiko »eins, zwei, drei« sagte, doch das fanden wir albern, und wir verzichteten. Ein anderes Spielchen bestand darin, auf allen vieren zu kriechen und zu bellen, während Toshiko »miau« sagte; niemand wollte etwas davon wissen. Ein drittes bestand darin, ein paar Böhnchen von einem Teller zu nehmen und mit den Eßstäbchen auf einem andern Teller in eine Reihe zu legen; wer zuerst fertig war, hatte gewonnen. Und da Toshiko über unsere Ungenügsamkeit gekränkt schien, akzeptierten wir schließlich die Böhnchen, die sich trübselig von einem Teller zum andern in die Reihe legten und dann von diesem wieder zurück zum ersten.

Geb' ich dir ein Böhnchen, gibst du mir ein Böhnchen – der Abend blieb in einer gähnenden Langeweile stecken. Chas schaute mich wütend an: zweiunddreißig Jahre lang – so alt war er – war es ihm gelungen, den Geishas aus dem Wege zu gehen, und jetzt mußte er sie meinetwegen erdulden. Duilio unterdrückte ein Gähnen und sagte, er habe sich noch nie so angeschlagen gefühlt wie an diesem Abend – »Noch ein Böhnchen, und ich falle in Ohnmacht«. Was mich anbelangt, so war ich einfach perplex. Sicher waren die Geishas sehr niedlich mit ihren gezierten Bewegungen. Sogar Nanako, endlich davon überzeugt, daß ihre Wirtin sich getäuscht haben mußte, war von unbestreitbarer Grazie. Aber der von den dreimal acht Kimonos und drei Perücken verursachte Schweiß unserer Geishas begann einem den Atem zu rauben, und so sehr ich mich bemühte, diese aus Schweigen, kleinen Albernheiten, unsichtbaren Finessen bestehende Welt zu verstehen, gelang es mir doch nicht, ihren Reiz einzusehen. Und das ging nicht etwa nur mir so, weil ich eine Frau bin; es ging Chas, der doch Orientale ist, und Duilio, der mit den besten Erwartungen hergekommen war, nicht anders.

Wir erhoben uns deshalb, um zu gehen, aber Tokiko und Toshiko, die befürchteten, ihre Pflicht nicht zur Genüge erfüllt zu haben, baten uns inständig, noch ein wenig zu bleiben, um sie tanzen zu sehen. Und dann setzte, mit dem Klagelied eines jenseits der Papierwand verborgenen Instrumentes, eine seltsame Liturgie ein, bei der das Klatschen der Fächer das einzig Lebendige war. Im Tanze wurden Tokiko und Toshiko schön. Man begriff, daß hinter jeder Fingerbewegung eine symbolische Bedeutung steckte, ein strenges, jahrelanges Studium. Und doch hatten wir keinen Anteil daran. Es war, als tanzte jede von ihnen vor einem Spiegel, ohne uns zu beachten, und mir kam die Definition des Schriftstellers William Demby in den Sinn: »Eine Geisha tanzt, als wäre sie in sich selber verliebt und außerstande, all die Liebe, die sie in sich erfüllt, zu äußern.« Die Langeweile ging infolgedessen in ein wehmütiges Einsamkeitsgefühl über; wir verabschiedeten uns, während Tokiko, Toshiko und Nanako uns anflehten, bald wieder zu ihnen zu kommen, weil sie es nicht lange ohne uns aushalten würden.

Wir versprachen, gänzlich wider besseres Wissen, so bald wie möglich wiederzukommen; auch wir würden es nicht lange ohne sie aushalten. Erleichtert zogen wir die Schuhe an, verlangten die Rechnung, und mit einemmal verschwand das Gefühl der Unwirklichkeit, das uns zwei Stunden lang gefangengenommen hatte. Für zwei Stunden Ärger und Gähnen verlangte man, mit Spezialrabatt, von uns den Betrag von 27000 Yen, etwa 380 Mark. Den Preis für eine Tonne Riesenbohnen.

Otto Julius Bierbaum
Bakschischismus

Das Werk des Schriftstellers Otto Julius Bierbaum (1865 in Niederschlesien geboren, 1910 bei Dresden gestorben) ist vielseitig und immer heftig kritisiert worden. Berühmt bleiben dennoch sein Kinderbuch Zäpfel Kerns Abenteuer *und seine Reiseberichte. 1908 schifft sich Bierbaum zusammen mit seiner Frau Gemma auf der Yankeedoodle ein, zwecks Mittelmeerkreuzfahrt mit einer amerikanischen Reisegesellschaft. In seinem satirischen Tagebuch* Yankeedoodle-Fahrt *notiert er:*

Da unserer Karawane die Aufgabe gestellt war, Kairo und Umgebung inklusive die Wüste Sakkarah in 175 Stunden kennenzulernen, galt es keine Müdigkeit vorzuschützen, sondern das Pensum rastlos zu erledigen. (Ich sagte es schon einmal: wer sich auf eine Gesellschaftsreise begibt, kommt darin um sein vielleicht anständigeres Lebenstempo. Wenn er sich darüber beschwert, so tut er es mit keinem besseren Rechte als der Nachtwächter, der seine verlorene Nachtruhe beklagt. Er ist kontraktlich verpflichtet, atemlos zu genießen.) Kaum hatten unsere Ohren die weißen

Schlummerkissen des Savoy-Hotels berührt, da erschien auch schon unser Leib-Sudanese, zeigte uns lachend seine Zähne und deutete auf sinnreiche Manier an, daß wir das Zimmer zu verlassen und hinab zu fahren hätten. Dort erwartete uns der Dragoman, dem wir mit gottlob nur zwanzig anderen Karawanen für die 175 Stunden überantwortet waren.

Dieser Dragoman vereinigte zwei Nachschlagebücher in sich: einen Baedeker für Ägypten und ein polyglottes Lexikon. Er sprach armenisch, arabisch, türkisch, griechisch, deutsch, englisch, französisch, italienisch, spanisch, russisch und hebräisch. Das Ferment, das alle diese Sprachen in ihm hielt und gleichsam konservierte und imprägnierte, war der Duft des Knoblauchs. Was er auch sprach: alles knofelte. Aber diese kleine Eigenheit hinderte nicht, daß er ein sehr gescheiter und höflicher Führer war. Nur protzte er etwas gerne mit seiner Wissenschaft und schloß seine Erklärungen: »Ich könnte Ihnen noch viel mehr erzählen, aber das geht nur bei Privatführungen, nicht bei Karawanen.« Er hatte ja recht, aber nett war es nicht von ihm, uns immer wieder daran zu erinnern, daß wir Reisende dritter Klasse waren, Karawansen. (Die erste Klasse ist die der Fremden von Distinktion, die offizielle Kawassen als Führer haben; die zweite ist die der Reisenden auf eigene Faust, die sich einen Privatführer mieten; die dritte kennen wir schon [*wie* kenne ich *sie*!]; die vierte ist die der ganz gescheiten Leute, die ohne Führer herumbummeln; dazu gehören zum Beispiel Archäologen, Künstler, Handwerksburschen. Wenn ich wieder reise, reise ich vierter Klasse, da ich erster nicht reisen kann, mangels der Distinktion.)

Zuerst geleitete er uns nach Heliopolis. Wir fuhren in einem sehr stattlichen Zweispänner, dessen Kutscher mir sofort ganz vertraut vorkam, weil er wie ein älterer Bruder von Felix Salten aussah. Gewiß hätte er auch so schön erzählen und phantasieren können wie dieser (denn in seinen Augen saß das Glühlicht des Märchens), aber der Unmensch hatte sich eine Sprache angewöhnt, die aus dem Arabischen, Englischen, Französischen und Italienischen immer nur die Worte bevorzugte, die mir unbekannt sind. Meine Frau sagte zwar immerzu: Si, si, capisco, aber es war gar nicht wahr, denn wenn sie mir Felixens Mixtum Polyglottosum übersetzt hatte, merkte ich, klug, wie ich nun leider bin, sofort, daß sie orientalisch schwindelte. (Auch sie hat das Glühlicht.)

Nun, wir brauchten seine Kommentare gar nicht. Was wir sahen, war auch ohne Randbemerkungen verständlich. Das erste, was uns auffiel, war die unglaubliche Menge von schönen Wagen: lauter Zweispänner. Ich glaube, wenn ein Mensch in Kairo in einem Einspänner fahren würde (ausgenommen einen Eselswagen), so würde er einen Straßenauflauf hervorrufen. Wien hat ja auch viele Wagen und darunter eine Menge schöner Zweispänner, aber neben Kairo wirkt es in dem Punkte, wie München neben Wien wirkt.

Die Kutscher in Kairo aber (auch unser Felix nicht ausgenommen) sind genau wie ihre Wiener Kollegen; zwar tragen sie keinen Melonenhut, sondern einen Tarbusch, aber unter diesem Tarbusch wohnt nur der eine Gedanke: Bakschisch, zu deutsch Trinkgeld, und dieser Gedanke nimmt noch phantastischere Dimensionen an als an der Donau, denn Bakschisch heißt nicht bloß Trinkgeld schlechthin, sondern Trinkgeld im Quadrat.

Die Mohammedaner teilen sich bekanntlich (einen Augenblick: ich sehe im großen Meyer nach) in Sunniten und Schiiten: alle aber sind Bakschischiten. Es ist ratsam, sich dies fest einzuprägen, wenn man eine Reise in den Orient macht, und man darf in dieser Hinsicht auch die orientalischen Christen und Juden zu den Muselmännern rechnen. Weiß man dies von vornherein, und ist man zu der Erkenntnis durchgedrungen, daß der Bakschischismus ein Bestandteil östlicher Religiosität ist, so wird man, denke ich, so weise sein und sich nicht darüber ärgern, sondern sein Vergnügen daran haben. Was wollen alle diese Hände? –: Sich demütigen und der deinen Gelegenheit schaffen, über ihnen zu schweben. Nehmen ist keine Schande, aber Geben ist Verdienst. Sie wünschen, daß auch du, Giaur, in den Himmel kommst. Das ist doch sehr hübsch von ihnen, und du solltest keineswegs darüber schimpfen. Willst du nichts geben, verzichtest du auf die Wollust der guten Werke und ihren himmlischen Lohn, so schweig, aber gebärde dich nicht zornig und rede wild.

Das hat gar keinen Effekt und amüsiert die Bakschischiten bloß. Ja, es kann dir geschehen wie mir, und du wirst zum blamierten Mitteleuropäer. Als ich nämlich noch nicht weise war, ärgerte ich mich manchmal über das, was ich noch nicht als Ausfluß demütiger Herzen erkannt hatte, sondern für Aufdringlichkeit hielt, und ich wurde grob, wenn mich ein fanatischer Bakschischite durchaus nicht in Ruhe lassen wollte. Aber Beschämung hat mich kuriert. Die gelindere Kur war diese: Ein junger Mann wollte mir unter allen Umständen ein kleines lebendiges Krokodil verkaufen, hielt es mir unausgesetzt vor die Nase und lispelte: »Sehr niedlich, Herr Baron! O ja, sehr niedlich!« (Diese intelligenten Bürger von Kairo wissen nämlich sofort, ob einer ein Engländer, ein Deutscher oder was er sonst ist, und sie wissen auch, daß ein Deutscher entweder Baron oder Professor anzusprechen ist, und überdies schnappen sie Worte jeder Sprache auf, ihren Sinn meist richtig erratend.) Erst sagte ich bloß: »Nein!!« (mit zwei Ausrufungszeichen.) Im Echo klang's arabisch süß: »Nein???« (mit drei Fragezeichen.) Dann: »Ich will nicht.« Er: »Sehr niedlich, Herr Baron, o ja!« Ich: »Zum Donnerwetter, nein!« Er: »Donnerwetter, Donnerwetter, Donnerwetter, o ja!« Ich: »Fahr ab?« Er: »Nein? will nicht? Donnerwetter? Fahr ab. Sehr niedlich! Sehr niedlich!« Ich: »Himmelkreuzdonnerwetter noch mal!« Er (akzentuierend): »Himmel-Kreuz-Donnerwetter noch mal? Noch mal? Donnerwetter? Will nicht? Nein? Fahr ab? O Herr

Baron? Sehr niedlich! Niedlich!« – Ich hatte die Empfindung, daß der Mensch mit dem Krokodil mich bewußt verhöhnte, und ich schrie ihn an: »Fahr zum Teufel!!!« Und er? Was tat er? Er repetierte sämtliche Flüche und Verwünschungen, die er je von Deutschen vernommen hatte, wie eine Maschine, aber alles mit süßestem Tone und dem Fragezeichen dahinter: »Rutsch mir den Buckel lang? Frecher Halunke? Infamer Schweinehund? Pack dich? Pack dich? Pack dich? Weg da, weg da? Aufdringliches Gesindel? Impertinentes Ungeziefer? Marsch, oder ich hau dir eine?« Und es war mir wirklich eine rechtschaffene Beschämung, daß er als Krone dieser deutschen Freundlichkeiten zuletzt mein »Fahr zum Teufel« lispelte. Ich bezahlte sie mit einer kleinen Silbermünze (sie war mehr wert) und er zog mit seinem Krokodil höflich von dannen, indem er nun bloß nochmals »Sehr niedlich, o ja, Herr Baron« flüsterte. – Die drastischere Kur war diese: Ein älterer Bakschischite, würdigen Auftretens, nicht *sehr* schmutzig, Silberbart, dem verstorbenen Hermann Levi ähnlich in dem etwas melancholischen und doch lebendig geistvollen Blick, drängte sich nachts an mich, lächelte und sagte Bakschisch. Ich hatte es eilig und ging schnell an ihm vorüber. Er aber immer sich dicht an mich drängend, hörte nicht auf, mir die Hand vorzuhalten und Bakschisch zu säuseln. Als ich zu rennen begann, setzte auch er sich in Trab. Wenn ich aber schimpfte, so bediente er sich nicht der Technik jenes jüngeren, sondern wiederholte immer nur: Bakschisch? Endlich war ich des Laufens müde, blieb stehen und schrie ihm ins Gesicht: Nein! Er, nochmals höchst süß: Bakschisch? Ich nochmals, höchst grob: Nein! Und da geschah etwas Verblüffendes. Er griff in seinen Busen und drückte mir ein Kupferstück in die Hand, indem er, die Brauen majestätisch hochziehend, die Lippen aber höhnisch nach unten, kurz und gar nicht süß sagte: Bakschisch! Drehte sich um und ging würdevoll weg. Erst wollte ich ihm das Kupferstück nachwerfen, aber dann besann ich mich eines Besseren und steckte es ein. Ich habe es mir zum Andenken aufgehoben. Es ist ein lehrreiches Stück Kupfer und mehr als Kupfer wert.

Elli Beinhorn
Verschollen

In ihrer Autobiographie Alleinflug. Mein Leben. *berichtet die deutsche Berufspilotin Elly Beinhorn (1907 geboren) von ihrer Fliegerinnen-Karriere und ihren Rekord- und Weltflügen. 1931 setzt sie gegen die Einwände der Fliegerkollegen und Lehrer ihre ersten Wüstenflüge über Afrika durch. Am 18. März 1931 muß sie mitten in der Südsahara notlanden, 50 km vom Niger und von Toumbouctou (Timbuktu) entfernt.*

Am Sonntag, dem 15. März, war es soweit. Fast alle Europäer waren trotz der frühen Zeit herausgekommen, um mir »Auf Wiedersehen« zu sagen. Bis um 6 Uhr war ich mit dem Einpacken und dem vielen Händeschütteln fertig, versprach brav Nachricht zu geben, wenn ich gut durch die Sahara durchgekommen wäre, gab Gas und nach einer letzten Ehrenrunde nahm ich Kurs nach Ostnordost – wenn auch auf einem kleinen Umweg – aber doch der Heimat entgegen.

Die erste Etappe war das ungefähr 600 km Luftlinie entfernte Kayes im Osten von Französisch-Senegal.

Während der ersten Stunde dachte ich immer: Wenn jetzt der Motor aussetzt, kann ich bei einer Notlandung bis zum Abend wieder in Bissao sein. Dann hörten die Straßen ganz auf, und dann war ich mit einem Mal aus dem gastfreundlichen Portugiesisch-Guinea heraus.

Schon in der Nähe von Tambaccounda begann das Gelände bergig zu werden, und als ich an Kayes herankam, konnte ich mir erklären, warum es dort so heiß sein sollte. Es liegt weit entfernt von der Küste und in einem Kessel von Bergen. Die ganze Hitze lastet also in einem Tal über der Station. Nun war ich wieder auf französischem Boden, und einen richtigen Flugplatz gab es da, der zur Zeit allerdings nicht besetzt war. Schon am nächsten Morgen um 6 Uhr startete ich weiter nach Bamako. Kurz vor dem Abschied erzählte mir noch irgendwer, daß das ganze Felsengebiet, über das ich jetzt flog, etwas mit dem sagenhaften Goldland Ophir zu tun hätte. Ich kann mir das gut vorstellen, denn morgens, als ich wegflog, schien die Sonne auf die schön geformten Felsen, und die glatten Wände sahen wirklich wie reines Gold aus.

Bamako, die Hauptstadt des französischen Sudan, war nach langer Zeit einmal wieder eine eindrucksvolle Ansiedlung. In dieser Stadt lebten 1931 über 800 Europäer und einige Tausend Eingeborene. Der Flugplatz hatte richtige Hallen und einen Kreis in der Mitte, in dem »Bamako« zu lesen war. Monteure stürzten mir entgegen, die meine Maschine zur Halle dirigierten, also – es war fast so wie in Tempelhof. Ich konnte mein Flugzeug seit Monaten zum ersten Mal wieder beruhigt den Händen von erstklassigen Fachleuten überlassen.

Im Laufe des Tages stellte sich eine sehr dumme Sache heraus. Am 3. März, also in der Zeit, in der ich in der Guinée war, hatte der Generalgouverneur der Westafrikanischen Kolonien eine neue Verordnung herausgegeben, welche die Überquerung der Sahara von einzelnen Sportflugzeugen wegen der großen Gefahren untersagte. Das war für mich ein unerwarteter Schlag.

Ich machte sofort einen Besuch bei dem hier ansässigen Gouverneur, dem ich auseinandersetzte, daß es für mich keine andere Rückkehrmöglichkeit gab; denn wenn ich wieder wie auf dem Hinflug die Küste hinauffliegen würde, gäbe das durch den ewigen Nordwind und die großen Etappen ernste Schwierigkeiten, da mein Aktionsradius mit dieser kleinen Maschine dafür doch recht gering sei. Außerdem hatte die Maschine bis hierher einen hohen Grad an Sicherheit und Zuverlässigkeit bewiesen, und zu guter Letzt wurden alle Gefahren in der Sahara durch das Vorhandensein der Piste wesentlich herabgemindert.

Der Gouverneur sagte mir seine Unterstützung zu, machte mich aber darauf aufmerksam, daß eine Antwort vom Generalgouverneur nicht vor zwei bis drei Tagen da sein könnte. Als nach zwei Tagen Aufenthalt die Erlaubnis noch nicht da war, erbat ich vom Gouverneur erst einmal die Genehmigung zum vorläufigen Flug bis Gao, der letzten Station vor der Zentralsahara. Er hatte volles Verständnis für meine Bitte und erlaubte diese Etappe ohne weiteres. Also wurde der Start für den folgenden Morgen ganz früh festgesetzt. Schon vor 6 Uhr stand die Maschine fix und fertig beladen draußen vor der Halle für den Start nach Timbuktu. Ich flog über Segou und Mopti, beides noch größere französische Stationen, bis wohin auch Autostraßen gingen. In der Hauptsache hatte ich immer den Niger als Orientierungsmöglichkeit.

Aber schon von Mopti begann ich etwas abzuschneiden, um möglichst genau Kurs zu fliegen und dadurch Zeit zu sparen, um nicht mehr in die größte Hitze des Mittags hineinzukommen. Hier begann das große Überschwemmungsgebiet des Niger, das sich nach Nordosten zu immer mehr verbreiterte. Es waren kaum Negeransiedlungen zu sehen, und zum Schluß bestand das Gelände unter mir nur noch aus Sandstrecken, die von mehr oder weniger großen Seen und Sumpfgebieten unterbrochen wurden. Ich war wieder ungefähr 1500 Meter hoch – wie gewöhnlich in diesen heißen Ländern. In dieser Gegend hat man bei klarem Wetter eine beinahe unbegrenzte Sicht, und ich mußte mich jetzt, wenn die Karte stimmte, schon wieder dem Niger nähern, der hier eine mehr ostnordöstliche Richtung nahm.

Da – auf einmal fängt mein Motor an, laut zu rumoren und an Touren nachzulassen!

Was ist das? Dem Geräusch nach zu urteilen, bekommt er kein Öl mehr. Was ist los? Hat der Öltank ein Leck bekommen und ist leergelaufen? Oder ist die Leitung defekt oder nur verstopft?

Aber das ist ja alles völlig egal – ich sitze hier auf meinem Führersitz festgenagelt und kann nichts machen und weiß nur, daß es jetzt mit Sicherheit eine Notlandung geben würde. In der Ferne, vielleicht 80 km in nordöstlicher Richtung, glaubte ich den Niger und eine Station liegen zu sehen, die meiner Berechnung nach Timbuktu sein müßte.

Das Gelände unter mir sieht nicht sehr ansprechend aus. Ich bin über einem breiten Wüstengürtel mit vielen Sanddünen, auf denen ganz dicht kahle Bäume stehen. Ich sehe keine Stelle, die annähernd groß genug wäre, um die Maschine unbeschädigt hineinzusetzen. Außerdem würde eine Notlandung für mich selbst da zwischen den Bäumen auch nicht ganz gefahrlos sein.

Der Motor läßt dauernd an Touren nach, und mir blutet das Herz, daß ich ihn nicht durch Abstellen von dieser Quälerei erlösen kann. Doch ich kann darauf keine Rücksicht nehmen – ich muß aus dieser gefährlichen Zone hinaus und dazu noch jede Umdrehung des Motors ausnützen.

In weiter Ferne sehe ich Sandgebiet wieder an die Überschwemmungszone angrenzen und versuche, im Heruntergleiten mich gleichzeitig den kleinen Seen zu nähern.

Jetzt bin ich nur noch 400 Meter hoch, der Propeller ist stehengeblieben, der Motor ist rettungslos kaputt – aber auch das ist im Moment noch nicht wichtig. Aus den letzten 200 Metern wird ein regelrechter Segelflug. Mit der rechten Fläche streife ich einen Baum, werde dadurch, weil ich gar keine Geschwindigkeit mehr habe, um 180 Grad herumgerissen und sitze, bis auf einen kleinen Riß im Sperrholz und mit durch die schnelle Drehung auf dem Boden gebrochenem Sporn, unbeschädigt auf einem Platz von vielleicht 20 Metern Länge zwischen dem letzten Baum und dem ersten kleinen See.

Im Heruntergleiten während der letzten Sekunden erlebte ich eine Überraschung: ich sah einen Schwarzen mit erhobenen Händen entsetzt davonlaufen. Das Flugzeug stand erst einmal und würde voraussichtlich auch noch etwas stehenbleiben.

Jetzt mußte ich meinen kleinen Schwarzen suchen, um zu sehen, was nun zu unternehmen sei. Aber der hatte sich verkrochen. Nach einigem Suchen entdeckte ich ihn hinter einem dürren Baum, wo er sich mit den Zeichen höchster Angst versteckt hielt. Ich winkte und lachte ihm zu, damit er seine Furcht vor dem lautlosen großen Vogel verlöre, und bekam ihn schließlich dazu, daß er sich langsam näherte. Ich klopfte ihm auf die nackte braune Schulter und hielt ihm eine kleine Ansprache in wohlgesetzten französischen Worten. Doch damit wußte er nichts anzufangen.

Versuchen wir es also mit einer Zigarette! Ich hielt

ihm mein Etui hin, das er mir, es erstaunt ansehend, aus der Hand nahm. Ich zeigte ihm, daß man als wohlerzogener Schwarzer nur eine Zigarette nimmt. Er dreht sie verständnislos hin und her, riecht daran und – jetzt erschrecke ich doch: der Schwarze hat noch nie mit Europäern zu tun gehabt; denn das Rauchen ist immer eins der ersten Dinge, die ein Schwarzer vom Europäer übernimmt.

Damit war es also nichts. Nun nahm ich meine Karte, Maßstab 1:1 000 000, heraus, und zeigte in die Richtung, in der meiner Ansicht nach die Station liegt und fragte: »Timbuktu?«

Man sah ihm an, daß er nichts verstand. Ich zeigte auf den Boden, auf dem wir standen und machte eine ortsfragende Bewegung, um vielleicht aus ihm einen Ortsnamen herauszubekommen.

Nichts.

Ich deute ihm auf der Karte den Lauf des Niger an. Wieder nichts. Inzwischen waren andere Eingeborene hinzugekommen; wilde Kriegergestalten, jeder mit mehreren Speeren in der Hand. Sie waren nur sehr notdürftig bekleidet, und ich versuchte, bei ihnen etwas zu entdecken, was von den Europäern stammt, und sei es nur eine Nähmaschinennaht. Aber ich finde nichts.

Sie stellten sich etwas abseits und hielten wahrscheinlich einen kleinen Kriegsrat. Inzwischen sah ich mir meinen Motor an und fand heraus, daß die Ölleitung gebrochen war.

Danach nahm ich die Verhandlungen wieder auf. Die Männer waren inzwischen nähergekommen und begrüßten mich durch Aufheben der Hand. Ich nehme wieder mein Verhör auf, aber auf »Timbuktu« bekomme ich nach wie vor kein Zeichen des Verständnisses. Nach einiger Zeit sagt einer der Schwarzen: »Goundham« und zeigt nach Westsüdwest. Ich sehe auf meiner Karte nach, und tatsächlich finde ich Goundham, das allerdings nicht auf meiner Luftlinie liegt und meiner Schätzung nach viel weiter entfernt von diesem Platz ist als Timbuktu. Jetzt ist die große Frage: Habe ich mich getäuscht oder stimmt die Karte nicht. – (Später stellt sich dann heraus, daß beides stimmte, die Karte und meine Schätzung. Mein Notlandeplatz lag wirklich wesentlich näher an Timbuktu als zu Goundham, aber merkwürdigerweise gehörte dieser Streifen aus verwaltungstechnischen Gründen zum Bezirk Goundham. Dadurch ergaben sich dann eine Reihe von Schwierigkeiten.) Jetzt versuchte ich den guten Leuten durch vielerlei Gesten mit Händen und Füßen klarzumachen, daß ich nach Timbuktu marschieren wolle, vielleicht auch nach Goundham, jedenfalls nach der nächsten europäischen Station.

Da sagt auf einmal einer von ihnen auf Kreoli: »Viel Wasser, keine Pirogge.«

Der Mann hatte recht mit dem Wasser – aber das konnte doch schließlich nur der Niger sein, und wenn wir wirklich bis zum Niger marschierten, würden wir am Ufer sicherlich irgendein Boot zum Übersetzen auftreiben. Die kleinen Seen des Überschwemmungsgebietes schienen mir flach genug, um sie einfach zu durchschreiten. Außerdem konnte ich ja schwimmen.

Ich merkte bald, daß die Schwarzen absolut nicht die Absicht hatten, mit mir aufzubrechen, und nach all dem, was sich später dann ereignete, muß ich mich immer wieder wundern, mit welch außerordentlicher Vorsicht und Überlegung sie bei meinem ganzen Abenteuer gehandelt haben.

Allein konnte ich nicht ins Blaue hineinmarschieren und sagte mir: Also schön, bleiben wir erst einmal hier. Lebensgefährlich sah die Geschichte ja nicht mehr aus, nachdem ich gut gelandet war und Menschen gefunden hatte, die offensichtlich nicht feindlich eingestellt waren.

Nun erklärte ich ihnen durch Zeichensprache, sie möchten mich zu ihren Hütten führen. Es dauerte einige Zeit, bis sie mich verstanden hatten. Die Koffer und Sitzkissen nahm ich aus der Maschine heraus, und jetzt gingen wir ungefähr einen Kilometer in das Sandgebiet hinein. Schließlich kamen wir bei den Hütten an.

Ich konnte jetzt allerdings begreifen, daß aus der Luft davon nichts zu entdecken war; denn die vier Hütten waren zu klein und primitiv, als daß man sie als solche hätte erkennen können. Zwischen den Behausungen war ein kleiner Kral, in den ihre Ziegen hineingetrieben wurden, und das Ganze war von einer Hecke aus dichtem Dorngestrüpp umgeben, die nur einen kleinen Zugang hatte. Später erfuhr ich, daß meine Schwarzen hier dem Stamme der Songhai angehörten, die Sklaven eines anderen Eingeborenenstammes, der Tuareg, waren; völlig recht- und besitzlose Nomaden, die auf diesem schmalen Sumpfstreifen die Herden der Tuareg zu weiden hatten und mit ihnen immer hin und her zogen.

Ich wählte mir die beste der vier Hütten aus, die quadratisch, allerdings etwas kurz, ungefähr 130 cm, aus Matten gebaut war. Da brachte ich meine Koffer und die Kissen aus der Maschine unter, und wie mir bei der Gelegenheit meine Schreibmappe in die Hand fiel, kam mir der Gedanke: ich machte den Schwarzen wieder durch Zeichen klar – und dieses Unternehmen war wirklich sehr kompliziert –, daß ich eine Nachricht an die weißen Menschen schreiben würde, und ob nicht ein Bote diesen Brief zur nächsten europäischen Station bringen könnte. Und tatsächlich, es gelang nach unendlichen Mühen. Auf diese Leistung bin ich heute noch stolz. Ich schrieb in diesem Brief alles, was sich ereignet hatte, und gab, so gut ich konnte, meinen ungefähren Aufenthaltsort an. Außerdem war ja dann auch ein Schwarzer als Begleitung zu dem Brief da, von dem man Näheres erfahren konnte.

Nachdem dieser Bote, der den Weg zu kennen schien, sich für die Reise durch eine große Schale Hirse gestärkt hatte, entfernte er sich mit dem Brief, aber nach der entgegengesetzten Richtung, in der meiner Schätzung nach Timbuktu liegen mußte.

Meine Lebensmittelbestände waren schnell zu übersehen, nur war leider die Thermosflasche mit Tee während der Reise von Bissao bis hierher wahrscheinlich durch die unsanfte Landung entzweigegangen. Der Tee war ausgelaufen, und ich hatte nichts mehr zu trinken, aber einen schrecklichen Durst. Seit morgens um 6 Uhr hatte ich nichts mehr zu mir genommen, und die Hitze war sehr groß! Wir mußten eine Temperatur von ungefähr 45 Grad im Schatten haben.

Nun gab es allerdings Wasser in unserer unmittelbaren Nähe, aber ich wußte nur zu gut, daß dieses Wasser mit großer Wahrscheinlichkeit verseucht war.

Bis zum Abend habe ich dieses Nichttrinken durchgehalten, aber dann ging es nicht mehr. Ich konnte kaum noch schlucken, so ausgedörrt war mir schon der Hals. Mir blieb also nichts anderes übrig, als das Sumpfwasser zu trinken. Ich habe es dann durch ein doppeltes Taschentuch filtriert und aus dem heilgebliebenen Becher der Theromosflasche getrunken. Dazu schnitt ich meine Dauerwurst an und nahm so mit etwas Wasser das kombinierte Mittags- und Abendmahl ein. Nachher trat ich einen Inspektionsgang an und entdeckte einen hübschen kleinen See, der noch im Sandgebiet lag und wie zum Baden eingerichtet zu sein schien.

Inzwischen war die Sonne untergegangen. Im Lager wurden Feuer angemacht, und darauf brodelte ein großer Topf mit Hirse. Ich war jetzt wirklich müde und richtete mich für die Nacht ein. Meine Hütte hatte ich, so gut es ging, mit meinen Kissen ausgelegt, um nicht direkt auf den Matten der Eingeborenen zu liegen. Zudecken konnte ich mich mit meinem Ledermantel. Sowie es dunkel wurde, erwachten die Moskitos, Tausende und Abertausende, die hier im Sumpfgebiet zu Hause waren, und alle stürzten sich wie ausgehungert auf mich. So war an Schlaf nicht zu denken. Ich versuchte es mit der Frisierhaube vor dem Gesicht, aber da stachen sie hindurch. Dies ist solch eine Situation, die man, glaube ich, nicht ganz mit all ihren Scheußlichkeiten schildern kann. Wer es erlebt hat, dieses ganz nervös machende Summen der Tiere, ihr Stechen, das man erst merkt, wenn es schon zu spät ist, wird sich in meine Lage hineinversetzen können. Es verging eine Stunde nach der anderen, immer noch saßen die Schwarzen um ihr Feuer herum und unterhielten sich leise, um mich nicht zu stören. In der Nähe hörte ich einen Löwen brüllen.

Gegen Morgen wurde es empfindlich kühl und feucht, und als der erste Lichtstrahl wieder erschien, stand ich ganz durchfroren auf, ohne geschlafen zu haben.

Der zweite Tag sah noch weniger angenehm aus.

Ich mußte mich beschäftigen, denn es war ja sehr gut möglich, daß heute Flugzeuge kamen, um mich zu suchen. Inzwischen war es sicherlich durch die Telegrafie auf allen Stationen bekanntgeworden, daß ich nicht in Timbuktu angekommen war.

Also arrangierte ich Haufen aus trockenen Zweigen in einiger Entfernung rings um das Flugzeug, stellte in kleinen Kalebassen Benzin dazu, um sie sofort entzünden zu können, und wartete ab. Gegen Mittag kam ein offenbar nach mir suchendes Flugzeug. Doch es sah weder mich noch meine Rauchzeichen.

Dann habe ich Strümpfe gewaschen, geschrieben – alles solche Beschäftigungen, die nicht unbedingt nötig waren, die aber gut über die Länge der Zeit hinweghalfen.

Später nahm mich der Häuptling bei der Hand und führte mich auf eine Sanddüne. Dann zeigte er mit dem Finger lange in eine bestimmte Richtung, und nachdem meine Augen sich an die Entfernung gewöhnt hatten, sah ich ganz weit weg wie Stecknadeln sechs Funkmasten. Ich sah ihn an und fragte: »Timbuktu?« – denn die Richtung stimmte ja genau mit meinem bei der Notlandung genommenen Kompaßkurs überein. Er zuckte die Achseln – er wußte es nicht.

Nun war die Entfernung bis zur Station sicherlich recht groß. Aber man hatte doch ein sichtbares Ziel vor Augen. Jetzt wurde ich wieder munter. Mit Zeichensprache hielt ich ihm einen langen, sehr ernsten Vortrag: »Morgen früh, wenn die Sonne, nachdem sie schlafen gegangen ist, wieder aufstehen will, gehst du mit mir und drei anderen, die meine Koffer auf dem Kopfe tragen, zu dieser Station. Dort wirst du für dich und dein Dorf viele schöne Geschenke bekommen.«

Er nickte zum Zeichen, daß er begriffen hatte und einverstanden war, und ich sah jetzt mit viel größerer Ruhe dem weiteren Verlauf der Dinge entgegen.

Nachts konnte ich wieder wegen der Moskitos nicht schlafen, und auch die Schwarzen sind nicht zur Ruhe gekommen. Am nächsten Morgen war ich ganz früh auf, denn die Hoffnung, nun wegzukommen, hatte mich trotz aller Müdigkeit schnell auf die Beine gebracht. Ich krabbelte aus meiner Behausung heraus, die Frauen waren schon am Arbeiten, doch weder der Häuptling noch irgendein anderer Mann waren im Lager zu sehen.

Was ist denn das nur wieder? Auf meine Frage wurde mir angedeutet, daß die Männer zum Arbeiten weggegangen seien.

Sollte das offener Widerstand gegen meine Wünsche sein? Jedenfalls entmutigte diese neue Überraschung mich doch etwas. Ich konnte allein nichts unternehmen. Ich wußte nicht, in welcher Richtung ein Durchkommen nach der europäischen Station möglich war; denn schon, daß der Schwarze mit dem Brief einen so großen Umweg eingeschlagen hat, war der Beweis, daß der direkte Weg nicht passierbar ist. Ist der Brief überhaupt angekommen? Wird man mir Hilfe schicken?

Flugzeuge sind nicht mehr gekommen. Es ist ja auch sehr schwer, auf einer über 750 km langen Strecke eine kleine Klemm zu finden. Aber ich kann doch nicht ewig hierbleiben, und ich muß auch wieder einmal etwas Richtiges zu essen bekommen, und wenn ich noch länger nicht schlafen kann, dann bin ich in kurzer Zeit ganz entkräftet.

Ich legte mich in den Schatten einer Hecke und fing einfach an zu weinen. Was wird nun weiter? Nachdem bis zum dritten Tag nichts geschehen war, wird der Brief vielleicht nicht angekommen sein, und man hat mich womöglich schon aufgegeben, weil kein Lebenszeichen von mir eingetroffen ist.

Neben mir lag die Frau des Häuptlings unter einem Tuch und stöhnte. Das war ja auch wieder ganz etwas Neues. Eine schwarze Frau, die am Tage dalag, nicht arbeitete und sogar noch Schmerzenslaute von sich gab. Ich zog ihr das Tuch weg und sah ihre Hand, die sie bis dahin immer unter ihrem Gewand verborgen gehalten hatte, die am Gelenk ganz von schrecklichen großen Wunden zerfressen ist.

Das mußte Lepra sein! Ich hatte schon mehr aussätzige Schwarze gesehen, und die Wunden sahen genau so aus. Sie rief ihren kleinen Sohn, der mit einem kleinen Gefäß mit Wasser kam und nun mit seinen Fingern die kranke Stelle kühlte. In der Hütte dieser Frau habe ich zwei Nächte lang gelegen!

Auf einmal höre ich Männerstimmen. Kommen die Männer zurück? Herrgott, ich werde abgeholt!

Ein Schwarzer in Uniform mit der roten Filzkappe der Tirailleurs! Ich stürzte ihm entgegen, wir schütteln uns, wie alte Freunde, die Hand, und er erklärt mir in mühsamem Französisch, aber immerhin verständlich, daß mein Brief angekommen ist und daß man ihn geschickt habe, um mich abzuholen.

Er hat mir auch zu essen mitgebracht, zwei Hühner und 18 Eier, ist einen Tag und eine Nacht gelaufen, und jetzt ist er hier. Ich brauchte keine Angst vor ihm zu haben, ich soll mich ruhig seiner Führung anvertrauen, er sei nur gekommen, um mich zu retten.

Rudyard Kipling
Das japanische Mahl

Rudyard Kipling (geboren 1865 in Bombay, gestorben 1936 in London) wird mit vierundzwanzig Jahren zum meistgelesenen Autor Englands. Hierzulande durch Das Dschungelbuch *bekannt, erhält Kipling 1907 den Nobelpreis für Literatur. Nach seiner Reise 1889 von Indien – wo er bis dahin lebte – über Südostasien, Japan und Nordamerika nach England entstehen die* Reisebriefe aus Japan.

Eine leichte Handbewegung ließ eine Seitenwand zurücksausen, und wir betraten einen wirklich großen Raum mit einem weiteren *tokonoma,* auf einer Seite eingerahmt von acht oder zehn Fuß eines unbekannten Holzes mit der gleichen Maserung wie ein »penang lawyer«, und nach oben von einem Stock aus borkenlosem Baumholz, dort angebracht allein wegen der seltsamen Marmorierung. In diesem zweiten *tokonoma* stand eine perlgraue Vase, und das war alles. Zwei Seiten des Raums bestanden aus Ölpapier, und die Verfugungen der Balken waren verdeckt von Messingkrebsen in halber Lebensgröße. Abgesehen von der schwarzlackierten Schwelle des *tokonoma* war jedes Stückchen Holz dort in natürlicher Maserung, ohne jeden Makel. Ein hölzerner Wandschrank, sauber und leer, erschloß sich aus einer Ecke mittels einer Tür, die aus einem einzigen Stück eines dunkel gemaserten Holzes hergestellt war, und der Boden bestand natürlich aus weißen Strohmatten. Draußen lag der Garten, gesäumt von einer Hecke aus Zwergkiefern und geschmückt durch einen kleinen Teich, wassergeglättete Steine tief im Boden und einen Kirschbaum in Blüte.

Sie ließen uns allein in diesem Paradies der Reinlichkeit und Schönheit, und da ich nur ein schamloser Engländer ohne Schuhe war – ein Weißer ist immer erniedrigt, wenn er barfuß geht –, wanderte ich die Wand entlang und probierte alle Wandschirme. Erst als ich stehenblieb, um den eingelassenen Verschluß eines Schirms zu untersuchen, sah ich, daß es eine Intarsienspange war; sie stellte zwei weiße Kraniche dar, die Fisch aßen. Das Ganze war etwa drei Quadratzoll groß und wäre im normalen Gang der Dinge niemals bemerkt worden. Die Schirme verbargen einen Schrank, in dem alle Lampen und Kerzenhalter und Kissen und Schlafsäcke des Haushalts aufbewahrt zu sein schienen. Eine orientalische Nation, die einen Schrank säuberlich anfüllen kann, ist eine Nation, vor der man sich verneigen sollte. Ich stieg eine Treppe aus gemasertem Holz und Lackwerk hinauf, zu Räumen von erlesenster Beschaffenheit, mit runden Fenstern, die sich zum Nichts hin öffneten und daher zur Entzückung des Auges mit Bambus-Flechtwerk gefüllt waren. Das dunkle Holz der Gangböden schimmerte wie Eis, und ich schämte mich.

»Professor«, sagte ich, »die spucken nicht aus; die essen nicht wie Schweine; die können sich nicht zanken, und ein Betrunkener würde sofort durch sämtliche Trennwände im Haus hindurchtorkeln und bergab nach Nagasaki hineinrollen. Die können hier keine Kinder haben.« Dann hielt ich inne. Treppab war alles voller Babys!

»Ich gebe auf«, sagte ich; und die Maiden kamen herein mit Tee in blauem Porzellan und Kuchen in einer roten Lackschale. Kuchen, wie man ihn nur in ein oder zwei Häusern in Simla bekommt. Wir fläzten uns ohne jegliche Anmut auf roten Teppichen über den Matten, und sie gaben uns Eßstäbchen, mit denen wir den Kuchen teilen sollten. Es war ein langwieriges Unterfangen und sehr mühselig. Dann warteten wir erneut und versuchten, uns in anmutige Posituren zu bringen.

»Ist das alles?« knurrte der Professor. »Ich hab Hunger, und Kuchen und Tee sollten erst um vier Uhr dran sein.« An dieser Stelle nahm er verstohlen ein Eckchen Kuchen mit den Händen.

Sie kehrten zurück – diesmal zu fünft – mit schwarzen Lackgestellen, einen Quadratfuß groß und vier Zoll hoch. Das waren unsere Tische. Sie brachten eine rotlackierte Schüssel mit Kochfisch in Salzlake und Seeanemonen. Jedenfalls waren es keine Pilze.

Unsere Eßstäbchen waren in mit Goldfäden befestigte Papiertüchlein gewickelt; und in einer kleinen flachen Untertasse lagen eine geräucherte Languste, eine Scheibe von einem Kompromiß, der aussah wie Yorkshire-Pudding und schmeckte wie ein süßes Omelette, und ein verdrehtes Fragment von einem durchscheinenden Ding, das einmal gelebt hatte, jetzt aber mariniert war. Dann gingen sie fort, aber nicht mit leeren Händen, denn du, oh, O-Toyo, nahmst mein Herz mit dir – selbiges, das ich in der Shwe-Dagon-Pagode dem burmesischen Mädchen gab!

Der Professor öffnete seine Augen ein wenig, sagte aber kein Wort. Die Stäbchen forderten seine ganze Aufmerksamkeit, und die Rückkehr der Mädchen beanspruchte den Rest. O-Toyo, ebenholzhaarig, rosenwangig, ganz aus feinstem Porzellan gemacht, lachte über mich, weil ich die ganze Senfsauce aß, die zu meinem rohen Fisch serviert worden war, und ausgiebig weinte, bis sie mir *sake* einschenkte aus einer prächtigen Flasche, etwa vier Zoll hoch. Wenn Sie ein wenig sehr dünnen Rheinwein nähmen und versuchten, daraus heißen Würzwein zu machen, und dann das Gebräu vergäßen, bis es halb erkaltet ist, dann hätten Sie *sake*. Ich trank meinen aus einem derart winzigen Gefäß, daß ich mich erkühnte, es acht- oder zehnmal nachfüllen zu lassen, und am Ende liebte ich O-Toyo nicht minder. Aber zurück zum Essen.

Nach rohem Fisch und Senfsauce gab es eine andere Sorte von gekochtem Fisch mit eingelegten Rettichen, sehr glitschig auf den Stäbchen. Die Mädchen knieten in einem Halbkreis und kreischten vor Wonne über die Tolpatschigkeit des Professors, denn ich war es wirklich nicht, der beim vergeblichen Versuch, sich anmutig zurückzulehnen, fast die Tafel umgestürzt hätte. Nach den Bambussprossen kam ein großer Napf mit weißen Bohnen in süßer Sauce – wirklich sehr schmackhaft. Versuchen Sie mal, mit zwei hölzernen Stricknadeln Bohnen zum Mund zu befördern, und warten Sie ab, was passiert. Hühnerfleisch, geschickt mit Rüben gekocht, sowie eine Schale mit schneeweißem grätenlosem Fisch und einem Reishügel beschlossen das Mahl. Einen oder zwei der Gänge habe ich vergessen, aber als O-Toyo mir die winzige lackierte japanische Pfeife reichte, gefüllt mit heuartigem Tabak, zählte ich neun Schalen auf dem Lack-Gestell – wobei jede Schale einen Gang repräsentierte. Dann rauchten O-Toyo und ich abwechselnd ganze Pfeifen. Drei Züge erschöpften den Pfeifenkopf, der in einen Bambus-*pikdan* ausgeklopft und aus einer komplizierten kleinen Lackdose neu gestopft wurde. Die steifen Gelenke der Barbaren hatten inzwischen ein Kissenpolster auf dem Boden erforderlich gemacht – blaue und weiße Kissen vom Allersanftesten.

Meine höchst ehrbaren Freunde in allen Clubs und Messen, habt ihr euch je nach einem guten Mahl auf Kissen herumgelümmelt und geraucht, mit einem hübschen Mädchen, das euch die Pfeife stopft, und vieren, die euch in einer unbekannten Zunge bewundern?

Ihr wißt ja nicht, was Leben ist. Ich blickte um mich, auf diesen makellosen Raum, auf die Zwergkiefern und sahnigen Kirschblüten draußen, auf O-Toyo, die übersprudelte von Gelächter, weil ich Rauch durch die Nase ausstieß, und auf den Kreis von *Mikado*-Maiden drüben vor dem goldbraunen Bärenfell. Hier gab es Farbe, Form, Speise, Behagen und Schönheit genug für ein halbes Jahr der Kontemplation. Ich wollte kein Burmese mehr werden. Ich wollte Japaner sein – natürlich immer mit O-Toyo –, in einem Kabinett-Haus an einem kampferduftenden Berghang.

»Eija!« sagte der Professor. »Zum Leben und Sterben gibt es schlechtere Plätze als diesen hier. Wissen Sie, daß unser Dampfer um vier Uhr geht? Wir sollten uns die Rechnung geben lassen und aufbrechen.«

Wir brachen; aber ich habe mein Herz bei O-Toyo zurückgelassen, unter den Kiefern. Vielleicht kriege ich es in Kobe zurück.

Kapitel V

Machtlos vis-à-vis. Von starken Naturen und anderen Gewalten

Friedrich-Karl Praetorius
Die Insel Gili air

Friedrich-Karl Praetorius, geboren 1952 in Hamburg, ist Schauspieler, Menschenhasser und seit 1993 auch Schriftsteller. In seinem Reisebuch für den Menschenfeind *veranschaulicht er, daß niemals jemand es ihm je recht machen kann. Zu den Freuden dieses Misanthropen gehört auch die Suche nach der Insel »Fürmichganzallein«.*

Hey Mister, what's your name? Where are you going?«

Daß man Mister ist, weiß man jetzt. Wie man heißt, will man – bei der Häufigkeit, mit der man am Tag seinen Namen wiederholen muß – bald selbst nicht mehr wissen, und wohin man geht – das erzählt man am besten niemandem.

»You need transport?« No, Ruhe is all I need.

Die hundert Angebote, transportiert zu werden – man ist zu müde, sie auszuschlagen, bekommt diesen glasigen Blick, diese tauben Ohren und schaut sehnsüchtig ostwärts gen Nusa tenggara, dort schwimmen an die zwölftausend, meist unbewohnte Inseln kulturlos dahin, ohne Bemo, ohne money-changer … Wo ist sie, die Insel »Fürmichganzallein«?

Lombok bietet sich an. Padang Bai nennt sich der After von Bali. Ein schmuddeliger Hafen stößt eine durchgerostete Fähre aus, die nur noch die Pflicht zusammenhält, täglich pendeln zu müssen. In der Brühe, die gegen das Schiff schwappt, zeigen dunkelbraune Balinesenkinder ihre hellrosa Fußsohlen und kreischen dem transportierten Reisenden noch nach: »Hey Mister, you need transport?« – wie zum Hohn auf dessen zwanghafte Reiselust.

Daß wir Erste Klasse fahren, erkennen wir lediglich an der würdevollen Art, mit der die Bordstewardeß in ihrem hellblauen Kostüm über das rostige Deck schreitet, und der erstklassigen Weise, in der sie nach unseren Tickets fragt.

Lembar heißt der schmuddelige Mund von Lombok, und schon von weitem hört man ihn rufen: »Hey Mister, you need Hotel?«

»Isn't it horrible«, fragt mich im unvermeidlichen Bemo mit sanfter Stimme ein Indonese, dessen Lippen meine Frau auch noch ›sinnlich‹ findet, »to hear all day long, you need this, you need that«? Moslems sind Spießer, erfahre ich, »Hindus more flexible«. Am Ende einer einstündigen Demonstration seiner Einfühlsamkeit kommt er zu dem Schluß, ich könnte mich nur in seinem Losmen von den lästigen Werbungen erholen, und zufällig stehen wir auch schon davor.

Wo ist sie, die einsame Insel?

Nördlich von Mataram erstrecken sich endlos weiße Sandstrände. Hier wittern wir sie. Vereinzelte Bungalow-Anlagen bilden die nur dünne touristische Haut von Sangiggi Beach. Gleich hinter dem Coca-Cola-Stand führt ein Pfad in den Urwald. Hier haben sich Menschen zwischen Bäumen etabliert. In den winzigen Nischen und Lichtungen nimmt »Kultur« Platz, nicht als krasser Einschnitt, sondern als sanfte Aneignung. Noch fast Baum, wird der Bambus zum Pfahl. Ein paar aufgeworfene Steine bilden die Lagerstatt, darüber ein Strohdach. In Form und Farbe bildet Kultur keinen Kontrast, Natur und Kultur, freundlich nebeneinander, existieren nicht – sie sind identisch. Merkwürdig unbeeindruckt und abgeschirmt gegen das Klimpern der Cola-Flaschen gehen die Sasaks hier ihren Gang; vielleicht reiht sich dieses Klimpern sogar als weitere Klangvariante an die Tonfolgen ihrer Gamelan-Musik.

Eindeutig als Kultgegenstand identifiziere ich eine leere Sprite-Flasche in einem Schrein, auf Hibiskusblüten gebettet: Das ist auch eine Art, mit unserem Kulturschrott fertig zu werden. Die bekannte Ausschlachtung des Kulturschrotts, wie wir sie von Indianerreservaten kennen – hier suchen wir sie vergeblich. Begriffe wie ›Dorf‹, auch wenn sie soziologisch begründet sein mögen, sagen merkwürdig wenig aus über diese ›Menschen zwischen Bäumen‹.

»Sind Sie nicht ein Kunde von uns aus Osnabrück?«

Wieder zurück am Cola-Stand spricht mich Klaus an. Weil ich jener Kunde hätte sein können, laden Jutta und er mich zu einer echten Tasse Filterkaffee in ihr

Sangiggi-Beach-Hotel ein. Diesseits gegen die Sasaks und jenseits gegen die Strandverkäufer abgeschirmt, erfüllen sie sich *ihren* Inseltraum. »Einmal in drei Wochen setze ich meinen Fuß aus der Anlage und stoße fast auf einen Kunden.« Für Klaus sind alle Menschen Fast-Kunden. »Drei Wochen Freundlichsein auf dem Weihnachtsmarkt von Osnabrück, und dir schmerzen die Mundwinkel.« Wir sind so freundlich zueinander, daß wir nur qualvoll auseinanderkommen. Ich denke an die zum Lachen geöffneten, vom Betelnußkauen blutrot gefärbten Münder der alten Sasaks, für die Ernstsein eine arge Anspannung ist. Einen Moment lang blicken wir alle drei, von einer ähnlichen Sehnsucht ergriffen, auf die blumengeschmückte Hotelumfriedung. Von Osnabrück sind Jutta und Klaus jetzt nicht weniger weit entfernt als von dem Terrain, das hinter ihrem Ghetto beginnt.

Vor der nördlichen Küste Lomboks gibt es drei kleine Inseln: Gili air, Gili menos und Gili trawangan. Letztere, weil sie am umständlichsten zu erreichen ist, wird gerne von denen frequentiert, die allein sein wollen, das heißt: von den meisten. Auf Gili menos, so hören wir, lebe ein chinesischer Allergiker, der den Frieden durch ständiges Niesen störe. Wir entschließen uns für Gili air. Mit dem Gerücht, die Insel sei malariaverseucht, gelingt es mir, weitere Touris abzuschütteln.

Von Bangsal aus steuern wir in einem schmalen Auslegerboot auf ›unser Paradies‹ zu.

Auf den ersten Blick entspricht Gili air meiner Vorstellung von einer einsamen Insel: Annähernd rund, innen grün und außen weiß, unter blauem Himmel, scheint sie auch das Angenehmste zu beherbergen – den nicht vorhandenen Mitmenschen. Zunächst tritt meine Frau lediglich auf einen Leguan, wenig später aber auf einen Wiener, der sich als äußerst geschwätzig erweist. Umgehend erfahren wir, daß er im siebten Bezirk wohnt und daß von Erika Pluhar bis Udo Proksch ihm alle wichtigen Wiener persönlich bekannt sind. Aber auch das Geschwätz eines Wieners verflüchtigt sich hier gleichmäßig im Raum. Vor drei Strandhütten hocken ›Ausgesetzte‹, richtige Robinsons, und blicken verbissen aufs Meer. Wir umrunden dreimal die Insel und gestehen uns ein: Mehr gibt es hier nicht zu sehen. Jetzt müßte das Glück einsetzen. Statt dessen beginnt es zu regnen. Ein einfacher Pfahlbau dient uns als Unterschlupf. Hier sollen wir die Nacht verbringen. Und schon wird es Abend. Jetzt stellt sich die ›Hotelcrew‹ vor, die unseren Pfahlbau managt: Ein zahnloser Malaie, der erstaunlich gut englisch spricht und seine Pupillen geschickt unter den Lidern versteckt, zeichnet für »public relations‹. Er labert uns voll. Ein nicht weniger schräger Vogel, den er als »our brillant cook« vorstellt, nennt sich »Brrr«. Ich sagte scherzhaft, den Namen könne ich mir leicht merken, weil man so bei uns die Pferde bremse. Im Halbdunkel bleibt ein eher rundliches Geschöpf, das meine angespannte Aufmerksamkeit fordert, weil bekannte Gefühlsregungen seinem Gesicht nicht zu entnehmen sind. Bedauerlicherweise weicht die Crew nicht von unserer Seite. Unsere Paradiesinsel bröckelt. Zwei ihrer wichtigsten Komponenten verabschieden sich, die Sonne und das Paradies, während die Einsamkeit auf gewisse Weise größer wird. Sehnsüchtig schaue ich mich nach dem Wiener um. Ach, würde er doch jetzt von Erika Pluhar plaudern. Wie eine ironische Zeremonie wird »Restaurant« nachgespielt. Die Entstehung eines Omelettes wird geprobt. Man kellnert, serviert und dienert wie in einer Farce von Mrozek. Dann überläßt man uns ganz der Nacht.

Aus dem Abfluß der Mandis nähern sich die Kakerlaken. Ein Gecko ruft noch spöttischer als sonst seinen Namen. Riesige Käfer stürzen sich ins Licht unserer Taschenlampe. Ach, wären wir doch jetzt bei Jutta und Klaus. Dann hören wir ein Knistern im Unterholz. Eine Gruppe von Eingeborenen taucht vor uns auf, angeführt von unserem grinsenden Malaien. Ob uns die »world news« interessierten, sie würden in wenigen Minuten beginnen. Selbstverständlich freuen wir uns über jeden Kontakt zur Außenwelt. Man führt uns schweigend durch den Dschungel. Mitten im Urwald steht ein Fernsehgerät. Ja, ein Fernsehgerät! Matt schneit das Bild herein. Winzige Bruchstücke einer vertrauten Wirklichkeit. Amerika bombt Bagdad. In Frankfurt hat es 14 Grad. Es gibt sie also, die Außenwelt. Eine muslimische Hymne beschließt das gespenstische Programm.

»Hey Mister, you need transport?« Nie zuvor in meinem Leben habe ich mich so über eine Frage gefreut wie über diese am nächsten Morgen.

Angeregt von einer thailändischen Tourismus-Initiative hatte Anfang der achtziger Jahre auch die indonesische Regierung unter dem Motto »Seid freundlich zu den Touristen« in den Tageszeitungen des Landes drei Fragen abgedruckt, die zu lernen jeder Indonese aufgefordert war: What's your name? Where do you come from? Where are you going? Bewundernswerterweise bin ich noch keinem Indonesen begegnet, der die Fragen nicht in der vorgegebenen Reihenfolge gestellt hätte. Mit stolzer Freude über das einmal Gelernte werden die Fragen auch mehrmals vorgetragen, selbst dann, wenn sie bereits mehrmals beantwortet sind. Das aber, gelobte ich nach unserer heilen Rückkehr von Gili air, würde mich von nun an nicht mehr davon abhalten können, sie mit grenzenloser Geduld auch tausendmal zu beantworten.

Mary Kingsley
Egaja – das Dorf der Menschenfresser

Mary Kingsley (1864–1900) lebte ausschließlich in England, bis sie – fast dreißig Jahre alt – zu ihrer ersten großen Reise nach Französisch-Kongo, heute Gabun, aufbricht. 1895 fährt sie ein zweites Mal dorthin und kommt mit reicher Ausbeute zurück: Sie veröffentlicht sowohl ihren Reisebericht Travels in West Africa *als auch wissenschaftliche Studien über Fische und magische Praktiken der Afrikaner. Auf von Weißen unerforschten Pfaden dringt ihre Reisegruppe durch Sümpfe und über Nebenflüsse des Ogowé ins Landesinnere. Eine Nacht verbringen sie im Dorf Egaja bei den Fang.*

Unser zweiter Tagesmarsch war um vieles schlimmer als der erste, denn er führte uns über eine Reihe schroffer Hügel und durch tiefe Schluchten. In jeder Schlucht gab es einen Sumpf und zu jedem Sumpf auch einen Fluß. Dieser Teil des Landes muß für menschliche Wesen, schwarze wie weiße, außer in der Trockenzeit vollkommen unpassierbar sein. Alle drei Hauptformen westafrikanischer Sümpfe sind dort vertreten. Am besten kamen wir mit den tiefen zurecht, denn sie hören am Waldrand auf. Die Sonne scheint auf ihre Oberfläche und so bildet sich eine Kruste, über die man, wenn man schnell ist, gehen kann. Aus den Sümpfen von Devonshire wußte ich, daß Geschwindigkeit unsere beste Chance war, und ich nehme an, daß einer meiner Spitznamen bei den Fang daher rührt.

Die häufigste und schlimmste Sorte ist der tiefe, enge Sumpf, der keine Kruste hat, weil er zu sehr im Schatten des Waldes liegt. Die Hänge der Schluchten sind meist mit Unterholz aus Shenja bewachsen, was zwar unbeschreiblich schön aussieht, aber jedes Durchkommen sehr behindert. Bald lernte ich es zu fürchten, wenn der Mann vor mir oder ich selbst bergab ging, denn es bedeutete, daß wir uns während der nächsten halben Stunde wieder durch ein Stück Shenja zu kämpfen hatten.

Mit dessen Schönheit läßt sich wohl nur weniges vergleichen. Wenn etwa das goldene Sonnenlicht durch die oberen Zweige des Waldes auf die zart geformten, harten, dunkelgrünen Blätter fällt, scheinen sie wie mit goldenen Zechinen gesprenkelt. Die langen grünen Stengel der Blätter, an denen auch kleine Büschel roter Beeren hängen, sind zierlich geformt und vollkommen frei von Insekten. Damit wäre aber alles gesagt, was für die Shenja spricht. Denn ansonsten sind diese langen grünen Stengel hart wie gezwirbelter Draht, und die anmutigen Formen verbinden sich zu Netzen, die einem Menschen bis zur Schulter reichen. Außerdem gleitet man auf den harten Blättern leicht aus, wenn sie auf dem Boden liegen. Es ist also kein Vergnügen, dort zu gehen, besonders dann nicht, wenn die Natur als Rand des Hangs, den man hinuntersteigt, eine Felsenmauer von zehn oder zwölf Fuß Höhe vorgesehen hat, die sich aus einem Sumpf von unbekannter Tiefe erhebt. Diese Kombination war auf dem zweiten und dritten Tagesmarsch häufig. Die Shenja schien uns mit dem Kopf voran in diese Sümpfe schicken zu wollen. Noch unangenehmer ist es allerdings, die andere Seite der Schlucht wieder hinaufzusteigen, wenn man aus dem Sumpf gekommen ist. Man muß sich durch nackten Fels und durch ein hartes, zähes Netzwerk aus Stengeln hochkämpfen. Wir verausgabten uns völlig, nur die Fang nicht.

Auf diese und andere Weise bereiteten uns die Sümpfe enorme Schwierigkeiten und kosteten uns sehr viel Zeit. Manchmal startete der jeweilige Anführer der Gruppe drei oder vier Versuche, bis eine Furt gefunden war, und tauchte bis zum Hals in die teigige Brühe, um es dann an einer anderen Stelle nochmals zu versuchen. Der Rest der Gruppe saß währenddessen am Hang und wartete, um nicht weitere Menschenleben zu gefährden. Und je mehr Männer im Sumpf herumpaddelten, desto wahrscheinlicher war es, daß einer von ihnen in ein Loch fiel und als dessen Entdecker wohl auch seine Knochen darin zurückgelassen hätte.

Marschierte zufällig ich am Anfang, fiel auch die Aufgabe der Furtsuche auf mich, denn keiner von uns kannte die Sümpfe hinter Efoua aus eigener Anschauung. Ich hatte zu große Angst vor den Fang und war zu unsicher, aus welchem Stoff meine anderen Begleiter gemacht waren, als daß ich es gewagt hätte, vor irgendeiner Sache zu kapitulieren, die auf mich zukam. Die Fang nahmen mein Verhalten als gegeben hin, da sie nie zuvor mit Weißen unterwegs gewesen waren. Sie wußten daher auch nichts von Weißen, die sich über Sümpfe und Flüsse tragen lassen. Ich bin überzeugt, daß es mir ganz anders ergangen wäre, wenn ich ein Gebiet, das von einem ähnlich mächtigen und wilden Stamm wie den Fang beherrscht würde, von der Westküste aus betreten hätte. Dort sind die Bewohner daran gewöhnt, daß der weiße Mann zu keiner körperlichen Anstrengung fähig ist. Er muß in der Sänfte getragen oder in einem Wagen durch die Straßen der Küstenstädte geschoben werden. Die Sicherheit seiner Siedlung ist ebenfalls nur durch ein Korps schwarzer Soldaten garantiert.

Das ist in Französisch-Kongo nicht der Fall, und ich hatte als Rückhalt das Prestige einer Reihe weißer Männer, die, wenn Eingeborene zu ihnen sagen würden: Du darfst dies oder jenes nicht tun, oder: Du darfst hier oder dort nicht hingehen, genau das eben doch tun würden. Ich fand bald heraus, daß der Name des Generalagenten für dieses Gebiet, Mr. Hudson, unter den Handel treibenden Stämmen Wunder wirkte. Was die Ajumba betraf, wußten sie zwar wenig über den weißen Mann, doch diejenigen, mit denen sie Bekanntschaft gemacht hatten, waren eher edle Exemplare dieser Gattung: Mr. Fildes, Mr. Cockshut, Monsieur Jacot, Dr. Pélessier, Père Lejeune, Monsieur Gacon, Mr. Whittaker und der lebhafte französische Beamte gehörten nicht zu den Männern, mit denen irgendein Schwarzer oder Weißer gern Streit hat. Hinzu kam, daß ein gewisser »weißer Mann MacTaggart« im Gedächtnis der schwarzen Händler haftengeblieben war. Ein Handel treibender Stamm hatte die Dreistigkeit besessen, diesen Mr. MacTaggart in der Nähe von Kama anzugreifen, auf ihn zu schießen, ihn an ein Kanu zu binden und mit Messern auf ihn einzustechen. Dennoch überlebte er und zahlte es ihnen heim.

Natürlich war es schwer, sich an solchen Idealen zu orientieren, und ich will nicht behaupten, daß es mir darum ging, ganz zu schweigen davon, wie ich mich wirklich in einer Notsituation verhalten hätte.

Man sagte mir, daß all die Flüsse, die wir am ersten, zweiten und dritten Tag überquerten, in einen Arm des Ogowé mündeten. Daraus ergab sich, daß auch der lange Hang zwischen Ogowé und Rembwé zum Ogowé verlief. Der Fels, aus dem die Berge bestanden, war der gleiche harte, schwarze Stein, den ich in der Sierra del Cristal von den Ogowé-Stromschnellen kannte. Nur war er in dieser Gegend nicht so sehr mit weißem Quarz durchsetzt, der für das Gebiet von Talagouga den Ogowé hinauf so typisch ist. Die Berge waren nicht so hoch, aber sie hatten die gleiche schroffe Form.

Von unseren Schwierigkeiten in den Holzschlägen habe ich schon gesprochen. Am schlimmsten wurde es zwischen Efoua und Egaja. Ich hatte den ganzen Tag unter großem Durst gelitten, da ich kein ungekochtes Wasser trank. Außerdem waren wir völlig erschöpft von all den athletischen Leistungen, seitdem wir Efoua hinter uns gelassen hatten. Über Egaja wußten wir nur eines sicher: keiner von uns hatte dort einen Freund, und das Dorf hatte einen besonders schlechten Ruf. Wir waren daher nicht gerade in Hochstimmung, als wir gegen Abend zu den ersten Plantagen kamen, auf die wir durch ein Mißgeschick aufmerksam wurden: Silence trat mit voller Wucht in einen scharfen Ebenholzdorn, den man in den engen Pfad getrieben hatte. Darauf durchwateten wir einen reißenden Fluß, der den Pfad kreuzte, gingen durch ein weiteres Waldstück und dann wieder bergab. »Oh, ihr gesegneten Sümpfe«, dachte ich, »hier ist schon wieder einer.« Aber diesmal hatte ich unrecht. Über die Schlucht war als Brücke ein riesiger Baumstamm gelegt, ungefähr fünfzehn Fuß über dem Wasser, das unten über die Felsbrocken rauschte. Mit einem Blick erfaßte ich die Situation. Auf der Stelle hätte ich die Brücke gegen jeden Sumpf, der mir je zu Gesicht gekommen war, eingetauscht; sogar gegen die Seilbrücke, in der ich mich einmal wie eine surrende Fliege in einem Spinnennetz verheddert hatte. Ich war entsetzlich müde, meine Beine zitterten nach all den Stürzen und Aufregungen des vergangenen Tages, und meine Stiefel waren vollgesogen mit Wasser, dazu noch rutschig.

Die Fang gingen in den Fluß und überquerten ihn halb schwimmend, halb watend. Die Ajumba folgten außer Pagan, und Ngouta kam mit ihrer Hilfe hinüber. Pagan wollte es über die Brücke probieren, und ich wollte beobachten, ob ihm das gelang. Er kam ein paar Meter voran, rutschte aus, erwischte aber im Fallen den Baum und zog sich wieder hinauf. Daraufhin ging er zum Ufer und durchquerte das Wasser. Dies stärkte meine Nerven nicht gerade, denn ich mußte über die Brücke gehen. In meinem erschöpften Zustand war ich nicht stark genug, gegen das Wasser anzukämpfen. Wenn das verwünschte Ding doch nur noch seine Rinde gehabt hätte, wäre es einfacher gewesen. Der Stamm aber war nackt, glatt und rund. Ausrutschen bedeutete den Tod auf den Felsen. Ich rannte hinüber und erreichte sicher die andere Seite. Der arme Pagan wurde wegen seines mißglückten Versuchs von den Männern aufgezogen, die behaupteten, nur deshalb durch das Wasser gegangen zu sein, weil sie sich die Füße waschen wollten.

Das andere Ufer erschien nicht besonders einladend, denn es war ein sumpfiger Streifen am Fuß der steilen Hügel. Nach ein paar Metern endete der Pfad in einem Seitenarm des Flusses. Er war von dichtem Buschwerk umgeben, und auf dem halbflüssigen Morast stand das Wasser. Als Abwechslung verdeckte es manchmal entsetzlich schlüpfrigen, harten Schlamm, der uns zu unbeschwerten Kopfsprüngen seitwärts ins Gebüsch zwang. Bisweilen »setzten« wir uns auch einfach. Wenn es nicht in dieser üblen Weise weiterging, dann tappte man in Löcher. Fast glaube ich, daß deren Grund der eigentliche Boden war, weil mir das Ganze so löchrig wie ein Fischernetz erschien. Jedenfalls war es seltsam, dem jeweils vordersten Mann zuzusehen. Zuerst schaufelte er sich in knietiefem Wasser voran, um plötzlich bis zu den Schultern im Wasser zu stehen. Aus diesen glitschigen, engen Höhlen herauszukommen, war ziemlich schwer.

Aber das ist der Weg, den man gehen muß, wenn man nicht so klug ist, gleich zu Hause zu bleiben. Die kleine Bucht mit buschbestandenem Sumpf grenzte auf der einen Seite an den Fluß, auf der anderen stiegen die Berge an.

Schließlich erreichten wir ein sandiges Ufer, und darauf lag Egaja, das Dorf, das selbst bei den Fang verrufen war. Aber ob gut oder schlecht, wo hätten wir sonst bleiben sollen? Wir gingen durch das Palaverhaus hinein, und bald gab es den üblichen Krawall.

Nachdem sich das erste Gewitter gelegt hatte und das Gespräch in ruhigeren Bahnen verlief, fand ich heraus, daß es sich bei dem schurkisch aussehenden Halunken, der mit Ruß beschmiert und in einen echt antiken Tuchfetzen gehüllt war, um den Häuptling in Trauerkleidung handelte. Er überließ mir sein Haus, einen wahren Herrschaftssitz mit nicht weniger als vier Räumen. Der erste war nahezu vollständig von einer Bettstatt ausgefüllt, die wegen der kleinen Tür gleich im Haus angefertigt worden war. Sie mußte zuerst entfernt werden, bevor wir mit all dem Gepäck hineinkonnten.

Nach den Umzugsarbeiten kam der andere Häuptling. Er war geholt worden, weil er sich bei unserer Ankunft am Fluß beim Fischen befunden hatte. Ich sah sofort, daß er allen anderen Häuptlingen, die ich vorher getroffen hatte, überlegen war. Das lag nicht etwa an seiner Kleidung – obwohl auch sie für die Gegend bemerkenswert war, denn sie bestand aus einem eleganten schwarzen Gehrock, einem leuchtendblauen Filzsombrero und einem weiten Tuch aus kariertem Stoff –, sondern an seinem ausdrucksstarken Gesicht. Seine ganze Haltung verriet Kraft. Ich wußte, daß Egaja diesem Mann sein Renommee verdankte – ob dies nun Gutes oder Schlechtes bedeutete – und nicht dem lüsternen und brutal aussehenden anderen Häuptling. Er war überaus höflich, befahl seinen Leuten, mir und ihm selbst einen Hocker und auch einen Fliegenwedel zu bringen, um die Abendwolke aus Sandmücken zu vertreiben. Ich ließ Pagan kommen, der dolmetschen sollte, während die übrigen das Gepäck verstauten. Nach dem Austausch von Komplimenten sagte ich: »Sag dem Häuptling, daß ich gehört hätte, sein Dorf sei ein Diebesnest.«

»Lieber nicht, Sir«, sagte Pagan.

»Los, oder ich sag' es ihm selbst.«

Pagan tat, wie ihm geheißen. Der Häuptling war niedergeschmettert.

»Diebsnest, mein Egaja! Dieser hochanständige Ort! Ein Dorf, dessen moralisches Verhalten in jeder Hinsicht (hier folgte eine detaillierte Aufzählung) für alle anderen Dörfer ein Vorbild ist, als Diebesnest verschrien. Oh, welch schlechte Welt.«

Darin stimmte ich ihm zu, sagte aber auch, ich würde mein Urteil, ob Egaja ein Teil der bösen Welt oder eine strahlende Ausnahme sei, aufschieben, bis ich es selbst herausgefunden hätte. Wir sprachen dann über vielerlei Themen. Ich erhielt eine Fülle von Informationen über Fetische von dem Häuptling, die für mich sehr wertvoll waren, denn das ganze Gebiet war noch nicht in Kontakt mit der Kultur der Weißen gekommen. Am Ende waren der Häuptling und ich dicke Freunde.

Gerade als ich meinen heißersehnten Tee trinken wollte, kam er mit seiner Mutter zu mir, einer sehr interessierten alten Dame. Allerdings waren ihre Hand und ihr Arm in einem so ekelerregenden Zustand, wie ich es noch niemals gesehen habe. Beschämt gestehe ich, daß ich beinahe nach afrikanischer Art sofort aus Mitleid selbst krank geworden wäre. Ich fühlte, daß ich es nicht ertragen konnte und meinen Tee später trinken mußte. Eine der kanuförmigen kleinen Wannen, in denen Maniok gestampft wird, ließ ich mit heißem Wasser füllen und schüttete reichlich Condy's Fluid hinein. Dann badete die Frau ihren ganzen Arm darin. Ich trank meinen Tee und ging wieder hinein, holte einige der herumstehenden Frauen, um Buschlichter zu halten, und untersuchte den Fall. Die ganze Hand bestand aus einer gelben Eitermasse, die von Pusteln durchsetzt war. Auf dem Unterarm hatten sich große Geschwüre eingegraben, und in der Achselhöhle wucherte ein Abszeß. Ich öffnete ihn sofort, und die alte Dame brachte mich fast um den Verstand, als sie langsam in sich zusammensank. Ich dachte, sie läge im Sterben, fand aber bald heraus, daß sie nur eingeschlafen war. Daraufhin wusch ich den Abszeß gut aus, vermischte in der Wanne heißes Wasser mit Condy's Fluid und vielen getrockneten Bananen zu einem dicken Brei und legte ihren Arm hinein. Ich stützte sie ab und wickelte sie in Tücher. Dann schickte ich nach ihrem Sohn und überließ sie ihrem Schlaf.

Die Folge war, daß alle Gebrechlichen von Egaja erschienen, um medizinischen Rat zu holen. Offensichtlich herrschte gerade eine Frambösie-Epidemie, natürlich massenweise Geschwüre, ein Mann mit dem Stück einer abgebrochenen Speerspitze im Schenkel und einer mit Fadenwürmern. Das ganze Weiße seines Auges wimmelte von kleinen Würmern. Eine Abordnung überzähliger Exemplare wanderte gerade unter der Haut über die Nasenwurzel zum anderen Auge. Erst nach elf Uhr nachts war ich fertig. Meine Männer lagen längst im Tiefschlaf. Der Häuptling jedoch war wach geblieben und hatte alles gewissenhaft beobachtet. Dann ging er, holte einige gerollte Rindenmatten und legte sie auf meine Planke. Ich gab ihm ein hübsches Tuch, das ich zufällig dabeihatte, ein paar Messer und etwas Tabak und wünschte ihm eine gute Nacht.

Nachdem ich meine Rindentür verschlossen hatte und über meine schlafenden Ajumba den Weg zu dem inneren Raum suchte, den ich auch verschloß, hoffte ich, daß mir Egaja ein paar Stunden Ruhe gewähren würde. Doch das sollte mir nicht vergönnt sein. Um Viertel vor zwei wurde das ganze Dorf von den gellenden Schreien einer Frau geweckt. Ich nahm an, daß einer meiner Fang-Beaus damit zu tun hatte. Genau so war es auch. Nachdem ich für den Schaden bezahlt hatte, kam ich um halb drei wieder zurück und fiel sofort in Schlaf. Um genau vier Uhr war ganz Egaja wieder in heller Aufregung, der Krach war diesmal noch größer. Ich schlug den Ajumba vor hinauszugehen, aber nein, sie scherten sich einen Dreck, ob einer unserer Fang getötet würde, also ging ich selbst und erkannte Kivas Stimme, der gerade jemandem Vorhaltungen machte. Wie es schien, war Kiva vor langer Zeit an einer Transaktion mit einem Elefantenzahn beteiligt gewesen. Sein damaliger Kumpan war unglücklicherweise in dieser Nacht zufällig im Dorf, und ihm schuldete Kiva seither einen Mantel.

Kiva hatte anscheinend den ganzen Abend damit zugebracht, seinem Gläubiger zu erklären, daß er ihm einen Mantel mitgebracht haben würde, sogar einen ausgesucht schönen dazu, wenn er geahnt hätte, ihn hier zu treffen. Er habe bis jetzt deshalb noch nicht bezahlt, weil er die Adresse seines Freundes nicht habe finden können. Der Gläubiger sagte, daß er wiederholt in Kivas Dorf vorgesprochen habe, in jenem berüchtigten M'fetta, Kiva aber nie zu Hause gewesen sei, und daß außerdem eine von Kivas Frauen einen gelben Hund von beträchtlichem Wert aus seinem Kanu gestohlen habe. Kiva sagte, so seien Frauen eben, und war daraufhin schlafen gegangen, in der Annahme, die Angelegenheit sei damit erledigt und das Zahlungsziel verlängert. Der Gläubiger war jedoch nicht zu Bett gegangen, sondern dachte nach und erinnerte sich vieler Fälle, die er in voller Länge ausbreitete, in denen Kiva seine Schulden nicht bezahlt hatte. Ebenso schien es mit Kivas Bruder und seinem Onkel gewesen zu sein. Daher entschloß er sich, die Zwangsvollstreckung am Besitz seines Schuldners zu vollziehen, Kivas Besitz aber bestand nur aus seinem Körper, und das hieß, ihn festzunehmen und aufzuessen.

Es ist immer hochinteressant, wenn man den Keim unserer eigenen Anschauungen in der Kultur einer niederen Rasse entdeckt. Trotzdem ist es nervenaufreibend, mitten in der Nacht aus dem Schlaf gerissen zu werden, um derartiges zu studieren. Offensichtlich war dies eine frühe Form der Zwangsvollstreckung. Das Gericht entbindet einen Mann von seinen Schulden, wobei das Gericht in diesem Fall durch ein Messer und einen Kochtopf repräsentiert wurde. Es zeigte auch, daß das Weißwaschen ein allgemein üblicher Brauch ist. Nur wird in diesem Fall nicht der Schuldner weißgewaschen, sondern die Gläubiger beschmieren sich mit weißem Lehm, um die Errettung ihres Feindes aus der Sphäre niedriger Taten zu feiern. Diese Umkehrung verdankt sich möglicherweise der Tatsache, daß das Weißwaschen eines Gläubigers, der gleich danach gekocht wird, unklug wäre, weil die Farbe abgehen und die Soße verderben könnte. In afrikanischen Bräuchen ist immer eine Portion gesunder Menschenverstand enthalten.

Kiva war gefesselt, als ich dazukam, und redete wie ein Wasserfall. Das gleiche taten die Anwesenden, während eine Frau in einem Topf weißen Lehm anrührte.

Ich hätte zu ihm hinrennen, die Fesseln zerschneiden, danach alle Leute mit einem Revolver erschießen und mit meiner Truppe in den Busch fliehen müssen. Bloß war meiner Truppe ganz und gar nicht nach Flucht zumute. Sie lagen in der Hütte, schliefen angeblich und schienen sich für die Angelegenheit nicht zu interessieren. Obwohl es möglich gewesen wäre, die Männer zu diesem Zeitpunkt ohne Gewissensbisse zu entlassen, so könnte ich doch nicht unbeschwert mit Kiva in den Busch türmen und meine Fische aufgeben. Also brüllte ich »Azuna« in das Vollstreckungsgericht und ließ einen Fang kommen, der Handelsenglisch sprechen konnte und dolmetschte. Er erklärte mir die bereits genannten Zusammenhänge.

Was den eigentlichen Frevel von Kiva betraf, so waren meine Fang übrigens der Meinung, daß die Tat verjährt sei.

Zum Glück für den Leser ist es mir nicht möglich, die Vorgänge im Gericht vollständig darzustellen. Selbst wenn die gesamte Belegschaft von Mr. Pitmans Kurzschriftschule dabeigewesen wäre, ließe es sich dennoch nicht in Worte fassen. Wäre jedoch der verstorbene Richard Wagner zugegen gewesen, so hätte er die ganze Vorstellung sicher für großes Orchester instrumentiert. Es wäre mit all dem entsetzlichen Grunzen und Brüllen, dem pistolenschußartigen Fingerschnippen, den langgedehnten Wörtern und dem Schenkelklopfen ein Meisterwerk geworden.

Ich nahm meinen Freund, den Häuptling, beiseite, doch er erklärte mir, daß er keine Rechtsgewalt habe, da keiner der beiden Männer zu seinem Dorf gehörte. Der Vorfall geschehe in seinem Dorf, erwiderte ich ihm, und *ipso facto* stehe ihm auch die Rechtsgewalt zu. Der Fang konnte diesen Satz nicht übersetzen, daher ließen wir ihn unübersetzt, aber der Häuptling schien seine Freude daran zu haben. Daraufhin griffen wir gemeinsam in die Vorgänge ein. Ich sah ihn bewundernd an, als er seine Rede hielt. Ein »Azuna« verursachte einen Moment Stille, in die er seine Ansprache halten konnte. Und während ich mein Plädoyer hielt, blickte er auf mich. Ich nehme an, daß keiner von uns verstand, was der andere sagte. Außerdem hatten wir Schwierigkeiten mit unserem Klienten, der immer »nicht schuldig« plädierte, was natürlich absurd war.

Während die graue Dämmerung über dem Wald heraufzog, bezahlte ich schließlich den Gegenwert für einen Mantel aus meinen Tauschgütern. Damit hielten alle Parteien die Angelegenheit für einvernehmlich geregelt. Ich ging wieder in meine Hütte und ergatterte noch etwas Schlaf, bis ich gegen sieben Uhr meinen Tee bekam und mich daranmachte, mit meiner Truppe aus Egaja zu verschwinden – es sollte bis nach zehn Uhr dauern.

Meine Männer hatten einen Streit nach dem anderen, doch ich war entschlossen, sie so schnell wie möglich aus dem Dorf zu bringen, da ich von absolut zuverlässigen und erfahrenen Leuten viel über die hinterhältige Art der Fang gehört hatte. Nach dem Resümee seiner kriminellen Karriere, von der ich letzte Nacht erfahren hatte, befürchtete ich auch, daß noch weitere Anklagen gegen Kiva vorgebracht werden könnten. Ich wußte außerdem, daß es äußerst zweifelhaft war, ob meine anderen Fang besser waren als er. Der Mordfall, in den Seine Gnaden verwickelt war, ist nur aus Mangel an Beweisen niedergeschlagen worden, da die Zeugen der Anklage auf Elefantenjagd waren. Und Wiki hatte sich in diesem Dorf bei einem Palaver wegen einer Frau nur dadurch herausgeredet, daß er behauptete, er habe einen Zwillingsbruder.

Im Interesse des moralischen Zustands bei den Fang im allgemeinen hoffe ich wirklich, daß ich die drei größten Schurken von M'fetta angeheuert habe und auch daß M'fetta das schlimmste Dorf im ganzen Fang-Land ist. Gleichgültig wie unangenehm dieser Umstand für mich persönlich auch gewesen sein mag. Jedenfalls bin ich sicher, daß meine Pappenheimer in jedem Stamm und überall ohne weiteres die Rate der Schwerkriminalität erhöhen würden.

Die beiden Häuptlinge begleiteten uns höflich aus dem Dorf bis zu der Stelle, wo der Fluß den nach draußen führenden Pfad kreuzte. Der blaubehütete Chief gab mir einige Amulette, die den »Fuß auf dem Weg halten« sollten. Der Häuptling in Trauer lieh uns seinen Sohn, um uns durch die Festungslinie innerhalb der Plantagen zu führen. Auch ich war freigebig, und auf die Frage, ob ich Egaja für ein Diebesnest hielt, antwortete ich jetzt, daß diese Behauptung auf einem schlimmen Vorurteil beruhe, denn ich hätte während meines Aufenthalts nichts dergleichen bemerkt. So trennten wir uns mit dem gegenseitigen Ausdruck der Hochachtung und der Hoffnung auf ein baldiges Wiedersehen.

Martin Walser
Der Sandalenkauf

Der Schriftsteller Martin Walser (geboren 1927) wird Mitte der siebziger Jahre von der »Stern«-Redaktion gebeten, zu dem Thema »Dichter suchen ihre Paradiese« zu schreiben. Sein Bericht über Trinidad und Tobago *wurde nicht gedruckt. Begründung: »Ein Paradies, vor allem IHR Paradies, haben Sie in Trinidad offensichtlich nicht gefunden. ... Für Ihren Bericht hätte das Thema anders lauten müssen, etwa: Dichter suchen Elendsgebiete der Welt.«*

Ein paar Tage lang händigten wir uns durch die immer überfüllten Straßen von Port of Spain, blieben manchmal minutenlang eselhaft träumerisch stehen im Duftstrahl, der uns aus einer Bäckerei heraus getroffen hatte; faßten uns dann und gingen hinein und kauften von all diesen Brotsorten: Kokosbrot, Zitronenbrot, Bananenbrot ... und bedauerten, daß das Land von Nescafé erobert ist, das heißt Kaffee zwar noch anpflanzt, ihn aber ausschenkt nur noch in Form dieses importierten Instant-Zeugs.

Wir brauchten Geld. Drangen in vier Banken ein, ausgerüstet mit DM-Scheinen, aber die die Kassen kontrollierenden Chinesen schickten uns jedesmal fort. Erst in der Zentrale der 33 hiesigen Barclay-Filialen ließ sich der chinesische Rayonchef von einer Kassen-Inderin dazu bewegen, wegen DM mit der Landeszentralbank zu telephonieren; dann blätterte er unsere Scheine noch durch, als könnten Läuse rausfallen und ließ uns einen miserablen Kurs auszahlen. Aber wer je die schwarzen, Bernini nachempfundenen Säulen am Vatikan dieser Kirche in der Piccadillystraße in London gesehen hat, der wird sich über solche Nehmens- und Gebensmanieren nicht wundern. Da war die First National City dann doch noch besser! Aber wer was vom Reisen versteht, kommt auch nicht mit Cash in die Welt. Aber das sagt einem ja keiner. Aber wir kauften uns dann dafür schamlos die einheimischsten Kleidungsstücke. Die waren nicht nur billig, sondern auch schön. Zumindest an K., die wenigstens Haare und Teint dazu hat. Ich dagegen, ziemlich weiß und grau, kam mir verkleidet vor. Aber so ein weitärmliges Dasheeki-Hemd ist eben leicht und auf Durchzug gebaut. Und ohne Strohhut hätte mir die Sonne hier das Gehirn an einem Vormittag entzogen. Und was ich an Hosen mitgebracht hatte, gehört nicht hierher. Und als diese billigen und viel zu gut geschnittenen lichtvioletten Hosen auch nach acht strapaziösen Tagen immer noch glatt waren, fragte ich K., wie das bloß käme. Von der Feuchtigkeit. Alles was man hier aufhängt, hänge sich über Nacht wieder glatt. Und weil ich unter meinem Strohhut so beschäftigt war mit Landundleutebeobachtung, hatte ich nicht bemerkt, daß K. sich einen blutigen Fuß gelaufen hatte. Abends um fünf, mitten in der hin und her schiebenden Masse, merkte sie's, sie kann nicht mehr. Diese Sandalen hätte sie sich nicht mehr flicken lassen dürfen, sieht sie jetzt ein. Aber bitte, komm, wir gehen doch schon seit Tagen an nichts als an Schuhläden vorbei, und alle voller Sandalen. Aber die Läden sind noch voller als die Straßen. Der letzte Werktag vor drei Feiertagen: Sonntag, Divali, Eid ul Fitr. Im ersten, zweiten und dritten Geschäft: nichts. Jedesmal drängte sich zu uns einzigen Weißen der jedesmal indische Chef her. Auch im vierten Geschäft. Auch hier wollten sich schon Größe und Aussehen nicht in einem Modell zusammenfinden. Schon war der Chef wieder weg, die schwarze Verkäuferin lehnte sich wieder an ihre Schachtelwand zurück, da rief von nebenan eifrig eine kleine indische Verkäuferin: die, die uns gefielen, seien doch in 38 da, und hatte sie schon geholt und die paßten, und wir waren froh und ließen die alten da und fragten, ob wir uns jetzt bis zur Kasse durchdrängen müßten, neben der die Frau Inderin stand wie ein Hausaltar neben dem anderen. Nein, nicht nötig. Das Mädchen nahm das Geld. Ich hatte doch gleich an ihrer Verkaufsaktivität bemerkt, daß die zum indischen Besitzerclan gehörte. Wir drängten uns weiter Richtung Savannah. In einem Geschäftseingang einer Bäckerei blieben wir wieder stehen und kauften diesmal zwei Eis. Erst als ich der schwarzen Verkäuferin die zwei 25ct-Stücke schon gegeben hatte, merkte ich, daß dies eines jener vielen Geschäfte war, in denen man zuerst an der Kasse bezahlt, und mit dem Zettel holt man sich dann, was man bezahlt hat. Das Mädchen lief mit den zwei 25ct-Stücken das ganze Hufeisen des Ladentischs aus, denn die Kasse war genau am anderen Hufeisenende. Weil wir Weiße waren, hatte sie uns nicht darauf aufmerksam gemacht, daß hier first pay herrscht. Für mich wären es zum anderen Hufeisenende nur drei Meter gewesen. Wir warteten also, bis sie zurückkam, um ihr zu danken und uns zu entschuldigen. Und die zehn cents wollten wir natürlich nicht mehr haben. Da lief sie mit den zehn cents wieder das ganze Hufeisen aus, drängte sich hinter allen Kolleginnen durch und lieferte die zehn cents bei der chinesischen Kollegin an der Kasse ab. Betrübt drängten wir uns hinaus und weiter. Nach etwa dreißig Minuten erfolglosen Drängens spürte ich plötzlich eine Hand auf der Schulter. Der indische Chef des vierten Schuhgeschäfts. Wir hätten unsere Schuhe nicht bezahlt. Ich, automatisch: 21.99. So was erfindet man ja nicht. Dann kommen Sie mit! Ich hatte das Gefühl, alle schauten zu, wie der Chef uns abführte, einen Weg bahnte durch sein Lokal und uns eine Treppe hinaufführte in seine Büros, die das Lokal wie eine Galerie umgaben. Glas vom Boden bis zur Decke. Also alle sahen von unten herauf. Die indische Verkäuferin wurde geholt. Der Chef sagte, wir behaupteten, wir hätten gezahlt. Mit einer nicht so festen Stimme sagte sie, wir hätten nicht bezahlt. Da lag es wirklich an mir, den alten, ertappten Ganoven zu spielen, der es eben immer wieder mal probiert. Ja, sagte ich also ohne jede Gewissensverklemmtheit, also sozusagen heidnisch heiter, wenn das Fräulein das sagt, dann haben wir wohl doch nicht bezahlt. Das Mädchen ging, der Chef und ich tauschten Geld und Quittung aus, leider hielt ich meine Rolle nicht ganz durch. Feige sagte ich, als ich die Quittung annahm: Das ist sicher die beste Lösung. K. sagte draußen: Teure Sandalen. Ich sagte: Hoffentlich nimmt er dem Mädchen jetzt nicht auch noch ihr Geld ab. K. sagte: Noch schlimmer wäre es, wenn das mit einer schwarzen Verkäuferin passiert wäre. Ja, eigenartig, jede Art von Verfügung, ob zu Recht oder zu Unrecht, wird, wenn sie über den Angehörigen einer anderen Rasse ausgeübt wird, sofort zur Gewalt. Die Sandalen, stellten wir im Hotel fest, waren made in Italy. Ich las dann noch ein bißchen über das Divalifest, dessen Vorabend angebrochen war, und stieß auf folgenden Satz: Diebe glauben, wenn sie in der Divalinacht erfolgreich sind, stehe ihnen ein Jahr guter Ernten bevor (they will reap a great harvest throughout the year). Hoffentlich war dieses Mädchen jetzt nicht zu sehr entmutigt. Aber hätte sie nicht wissen müssen, daß der Chef, sicher selbst ein tiefgläubiger Hindu, an diesem Abend besonders aufpassen würde, um allen, die in seinem Betrieb sich durch Diebstahl entschädigen müssen, gleich für das ganze Jahr den Mut zu nehmen! Wahrscheinlich war dieser

Spruch überhaupt von Besitzern erfunden. So brauchten sie nur in dieser Nacht aufzupassen, um die Diebe zu fangen oder wenigstens abzuschrecken, dann waren die, zum Glauben und Aberglauben erzogen, wieder für ein Jahr entmutigt. Den Schwarzen war es in ihrem Creole ganz direkt zur Einschüchterung geprägt worden: Everyday fuh thief, one day fuh watchman. Das hat der zur Seelenfesselung bestellte Hirte jeden Sonntag wiederholt. Wäre der Satz von den Betroffenen und Betrogenen formuliert worden, so müßte er ja, um der Alltäglichkeit des Betrogenwerdens einen Funken Utopie bzw. Hoffnung anzuzünden, doch so heißen: Everyday fuh watchman, one day fuh thief.

Beryl Markham
Westwärts mit der Nacht

Beryl Markham (geboren 1902 in Leicestershire, England, gestorben 1986 in Nairobi, Kenia) wächst in Kenia auf der Farm ihres Vaters auf und verbringt den größten Teil ihres Lebens in Afrika. Zuerst trainiert sie Rennpferde, dann entdeckt sie eine andere Leidenschaft – das Fliegen. Als Berufspilotin befördert sie Passagiere, Post und Medikamente durch die Weiten Afrikas; auch hilft sie als »Elefantenfliegerin« Großwildjägern, die Beute zu finden. 1936 überquert sie als erster Mensch im Alleinflug den Atlantik von Ost nach West: westwärts mit der Nacht.

Es kann geschehen, daß man ein ganzes Leben lebt, und am Ende mehr über andere Menschen weiß als über sich selbst. Man lernt es, andere Menschen zu beobachten, nur Selbstbeobachtung lernt man nie, weil man sich gegen die Einsamkeit wehrt. Wenn man ein Buch liest oder Patiencen legt oder für einen Hund sorgt, so versucht man nur, sich selbst aus dem Wege zu gehen. Der Abscheu vor der Einsamkeit ist so natürlich wie der Lebenswille. Wäre das anders, so hätten die Menschen sich niemals die Mühe gemacht, ein

Alphabet zu erfinden oder ursprünglich tierische Laute in Wörter zu verwandeln oder Kontinente zu durchqueren – immer voller Neugier, wie andere Menschen waren und aussahen.

In einem Flugzeug mit sich allein zu sein, sei es auch nur für eine Nacht und einen Tag, jedoch unwiderruflich mit sich allein, wobei es nichts zu beobachten gibt als die Instrumente und die eigenen Hände, im Halbdunkel; wo es nichts zum Nachsinnen gibt, als die Verwunderung über das eigene Fünkchen Mut; wo man sich Fragen stellt, die gar keine rechten Fragen sind: nach dem Glauben, nach den Gesichtern, nach den Hoffnungen, die tief in einem wurzeln – eine solche Erfahrung kann genauso bestürzend sein wie das erste Gewahrwerden eines Fremden, der nachts an deiner Seite schreitet. Der Fremde freilich bist du selbst.

Es ist schon dunkel, und ich befinde mich über dem Süden Irlands. Dort sind die Lichter von Cork, feuchte Lichter; sie sind durchnäßt von irischem Regen, und ich bin über ihnen und trocken. Ich bin über ihnen, und das Flugzeug dröhnt durch eine schluchzende Welt, deren Traurigkeit mich unberührt läßt. Solange ich die Lichter sehen und mir vorstellen kann, daß dort Menschen gehen, empfinde ich einen sonderbar egoistischen Triumph, so als sei ich aller Verantwortung ledig und hätte selbst eine so »lästige Pflicht« wie den Regen anderen überlassen.

Es ist jetzt eine gute Stunde her, seit ich von Abingdon gestartet bin. England, Wales und die Irische See liegen hinter mir, gleichsam wie abgenutzte Zeit. Bei einem Langstreckenflug sind Entfernung und Zeit ein und dasselbe. Aber es hatte einen Augenblick gegeben, da die Zeit stillstand – und die Entfernung auch. Das war der Augenblick, in dem ich in der blauen und silbernen Gull, der Möwe, abhob vom Aerodrome: jener Augenblick, in dem die Fotografen ihre Kameras klicken ließen, jener Augenblick, in dem die Maschine sich zur Wehr setzen wollte gegen all die Anstrengung und Last; jener Augenblick, in dem ich sie mit Hilfe von Steuerknüppel und Instrumenten beschmeichelte, zumal rein theoretisch doch *feststand,* daß sie leisten konnte, was von ihr gefordert wurde.

Nun, sie *hatte* abgehoben, und als sie erst einmal in der Luft war, nahm sie's von der praktischen Seite und erklärte: »Also bitte: Mit der Last bin ich hochgekommen. Wo soll's denn jetzt hingehen?« – und diese Frage hatte mir angst gemacht.

»Unser Ziel ist ein Ort rund fünftausend Kilometer von hier – davon über dreitausend Kilometer endloser Ozean. Über den Hauptteil der Strecke wird's Nacht sein. Wir fliegen westwärts mit der Nacht.«

Nun liegt Cork also hinter mir; und vor mir sehe ich den Berehaven-Leuchtturm. Es ist das letzte Licht auf dem letzten Rand des Landes. Ich beobachte es, zähle, wie oft es aufblitzt – soundsooft in der Minute. Ich passiere es und fliege hinaus auf die See.

Die Angst ist fort – wenn schon nicht überwunden oder »wegerklärt.« Sie ist fort, weil etwas anderes ihren Platz eingenommen hat; das Vertrauen und die Zuversicht, der gleichsam eingefleischte Glaube an die Sicherheit des Landes dort unten – nur daß ich diesen Glauben instinktiv auf mein Flugzeug übertragen habe, da das Land jetzt unsichtbar ist und es nichts anderes »Greifbares« gibt, woran ich und meine Hoffnung, mein Glaube sich halten können. Ein Flug – das ist nicht mehr als eine flüchtige Flucht vor der ewigen Erdenschwere.

Es regnet, unaufhörlich, und außerhalb der Kabine ist es völlig dunkel. Mein Höhenmesser sagt, daß der Atlantik rund siebenhundert Meter unter mir liegt, und mein künstlicher Horizont verrät mir, daß ich »level« – horizontal – fliege. Ich veranschlage mein Abdriften auf drei Grad mehr, als nach der Wettervoraussage anzunehmen wäre, und korrigiere den Kurs dementsprechend. Natürlich fliege ich blind. Es wäre schön, einen Leitstrahl zu haben, dem man folgen könnte. Und eine Funkverbindung wäre ideal – genauso wie klares Wetter. Von Sturm hatte der Mann vom Luftfahrtministerium nichts gesagt.

Ich spüre, wie der Wind stärker, der Regen heftiger wird. Der Benzingeruch in der Kabine ist so intensiv und das Dröhnen des Motors so laut, daß mir davon gleichsam die Sinne ertauben. Doch allmählich scheint es undenkbar, daß es in meinem Leben jemals anders gewesen sein könnte.

Um 22:00 Uhr folge ich dem sogenannten Great Circle Course in Richtung Harbour Grace, Neufundland. Bei einer Eigengeschwindigkeit von rund zweihundert Stundenkilometern habe ich einen Gegenwind von etwa siebzig km/h. Wegen des Wetters kann ich nicht sicher sein, wie viele Stunden ich noch fliegen muß, aber ich schätze so zwischen sechzehn und achtzehn.

Um 22:30 wird der Motor noch immer aus dem großen Tank in der Kabine gespeist. Ich möchte seinen Inhalt aufbrauchen, damit das Hin- und Herschwappen der Flüssigkeit aufhört, das meine Maschine seit dem Start ständig schüttelt. Ein Meßgerät, das den Inhalt anzeigt, hat der Tank nicht; statt dessen findet sich auf der einen Seite die trostvolle Zusicherung: »Dieser Tank reicht für vier Stunden.«

Eine solche Garantie ist eindeutig und nicht zu bezweifeln. Doch fünfundzwanzig Minuten vor elf hustet mein Motor und verstummt, und die Gull segelt antriebslos über der See. Jetzt wird mir bewußt, daß das laute Dröhnen der Maschine so etwas war wie ein gleichmäßiges, beschwichtigendes Schweigen. Es ist die wirkliche Stille, die dem letzten Stottern des Motors folgt, welche mich benommen macht. Ich fühle keine Furcht; ich fühle überhaupt nichts. Ich beobachte nur, mit sonderbar einfältigem Desinteresse, daß meine Hände wie wild agieren, und ich weiß, daß ich, während sie sich bewegen, hypnotisiert bin von der Nadel meines Höhenanzeigers.

»Ruhe bewahren« – bedeutet das nicht im Grunde das Unterdrücken eines natürlichen Impulses? Und zwar eines Impulses, der nur zu plausibel ist? Es ist tiefe Nacht, und du befindest dich in einem Flugzeug, dessen Motor ausgesetzt hat, und deine Höhe über der See beträgt kaum siebenhundert Meter – was wäre da wohl natürlicher als der Impuls, den Steuerknüppel dichter an dich heranzuziehen, um mehr Höhe zu gewinnen, und sei es auch noch so wenig? Doch dein Verstand, dein Wissen, deine Erfahrung sagen dir, daß du genau das Gegenteil von dem tun mußt, was du tun möchtest: Du mußt die Nase deiner antriebslosen Maschine tiefer drücken, in Richtung Wasser – doch alles in dir sträubt sich dagegen, du zweifelst an deinem Verstand, kannst nicht glauben, daß ein solcher Widersinn *Vernunft* sein soll. Und in diesem Augenblick – dem Augenblick scheinbaren Wahns – sind es deine Hände, deine dir jetzt fremden Hände, die mit unfehlbarer Präzision das tun, was die physikalischen Gesetze verlangen.

Dort sitze ich und beobachte, wie meine Hände den Steuerknüppel nach vorn drücken; und ich spüre, wie die Gull reagiert und ihre Nase in Richtung Wasser senkt. Im Grunde ist natürlich alles ganz einfach. Der Tank in der Kabine hat sich vorzeitig geleert. Ich brauche nur einen anderen anzuschließen – brauche nur den Anschluß aufzudrehen …

Aber es ist dunkel in der Kabine. Zwar kann ich den erleuchteten Höhenanzeiger erkennen, der mir sagt, daß ich mich jetzt dreihundertfünfzig Meter über dem Meer befinde; doch es ist nicht leicht, unten dicht am

Boden einen Tankanschluß zu sehen. Eine Hand tastet, findet eine Taschenlampe, und die Finger erspüren den Anschluß, drehen ihn auf; und ich warte.

In hundert Metern Höhe ist der Motor noch immer tot, und ich habe das Gefühl, daß die Nadel des Höhenmessers herumwirbelt wie eine Spindel, um auch die noch verbleibende Entfernung zwischen Flugzeug und Wasser aufzuspulen. Irgendwo blitzt es, doch das kurze Aufleuchten läßt die Dunkelheit nur um so tiefer erscheinen. Wie hoch können sich Wogen recken – sieben Meter vielleicht? Oder zehn?

Daß dies das Ende meines Fluges ist, der Gedanke läßt sich nicht verdrängen, doch meine Reaktion darauf ist unorthodox. Vor meinem inneren Auge läuft kein Film ab, der mir in verrücktem Taumel irgendwelche Ereignisse aus meinem Leben zeigt. Ich habe nur das Gefühl, daß all dies sich schon früher abgespielt hat – und das hat es auch. Es hat sich schon hundertmal in meiner Phantasie, in meinen Träumen abgespielt, so daß ich nicht wirklich von Entsetzen erfüllt bin. Es handelt sich gleichsam um eine vertraute Szene, um eine vertraute Geschichte, die durch allzu häufiges Erzählen viel von ihrer Spannung eingebüßt hat.

Ich weiß nicht, wie nah ich den Wellen bin, als der Motor wieder dröhnend zum Leben erwacht. Doch das Geräusch ist fast bedeutungslos. Ich sehe, wie meine Hand den Steuerknüppel näher an mich heranzieht, und ich spüre, wie die Gull an Höhe gewinnt im

Sturm, und wieder scheint die Nadel des Höhenmessers zu wirbeln wie eine Spindel, nur daß sie den Faden jetzt abspulen läßt, so daß sich die Entfernung von mir zum Meer ständig vergrößert.

Der Sturm ist stark. Er ist mir ein Trost. Er gleicht einem Freund, der mich schüttelt und sagt: »Wach auf! Du hast nur geträumt.«

Allerlei Gedanken gehen mir durch den Kopf. Anhand der Fakten kann ich errechnen, daß mein Motor rund dreißig Sekunden ausgesetzt haben muß.

Ich sollte Gott danken – und das tue ich auch, wennschon indirekt. Ich danke Geoffrey De Havilland, der die unbezwingbare Gipsy konstruiert hat, und der ja schließlich zuvor von Gott »konstruiert« worden sein muß.

Ein erleuchtetes Schiff – der Tagesanbruch –, ein paar steil aus dem Meer ragende Klippen. An der Bedeutung solcher Dinge für Piloten wird sich wohl nie etwas ändern. Wenn es eines Tages Flugzeuge gibt, welche den Ozean in einer Stunde überqueren können und die Zeit fast zu nichts schrumpfen lassen, der Anblick von festem Land wird dem Piloten einer solchen phantastischen Maschine nicht weniger willkommen sein. Er hat sich der List und Raffinesse einer noch moderneren Technik bedient, hat die Natur und ihre Gesetze gleichsam bemogelt und wird sich erleichtert bewußt, daß er bald wieder wirklich *festen* Boden unter seinen Füßen spüren wird.

Ich sah das Schiff und den Tagesanbruch, und dann

sah ich die Klippen von Neufundland, halb umhüllt von Nebelschwaden. Ich empfand die Erleichterung, die ich mir für so viele Stunden vorgestellt hatte, und ich war glücklich, daß ich es geschafft hatte, die gestrenge Autorität des Wetters und der See ungeschoren zu überstehen. Doch mein Triumph war von eher bescheidenem Format; meine schnelle Gull war nicht so schnell, als daß sie Riesenentfernungen im »Sauseschritt« hätte zurücklegen können. Die Nacht und der Sturm hatten sie eingefangen, und wir waren neunzehn Stunden lang blind geflogen.

Ich war jetzt müde, auch war mir kalt. Die Glasscheiben der Kabinenfenster wurden von einem dünnen Film aus Eis überzogen, und der Nebel trieb trügerische Zauberspiele mit dem Land. Aber das Land war dort. Auch wenn ich es jetzt nicht sehen konnte, so *hatte* ich es doch gesehen. Und es *mußte* das Land sein, das ich suchte: Einen Zweifel daran konnte ich mir nicht leisten. In meine Navigation durfte sich kein Fehler eingeschlichen haben, nicht jetzt.

Südlich von Cape Race, westlich nach Sydney auf Cape Breton Island. Mit den Mitteln, die mir zur Verfügung standen, hauptsächlich Karte und Kompaß, bestimmte ich meinen neuen Kurs. Ich hielt mich südwärts und fand den Leuchtturm von Cape Race, der wie ein warnender Finger aus dem Nebel ragte. Ich kreiste zweimal und flog weiter zum Golf des St.-Lorenz-Stroms.

Nach einer Weile würde New Brunswick in Sicht

kommen, und dann Maine – und dann New York. Ich konnte fast alles schon vor mir sehen. Ich konnte fast sagen: »Wenn du wach bleibst, wirst du sehen, daß es jetzt nur noch eine Frage der Zeit ist« – und natürlich würde ich, mußte ich wachbleiben. Ich war müde, und ich hatte mich keinen Zentimeter bewegt seit jenem ungewissen Augenblick in Abingdon, als die Gull sich schließlich trotz ihrer schweren Last in die Luft erhob; aber meine Augen hätte ich jetzt nicht schließen können. Ich saß in der Kabine, zwischen den Fenstern und den Benzintanks, und ich war dankbar für die Sonne, für das Licht und dafür, daß ich das Wasser unter mir sehen konnte. So ungeheuer viel war's doch jetzt gar nicht mehr. 600 km Wasser, aber dann wieder Land – Cape Breton. Ich würde in Sydney eine Zwischenlandung einlegen, um aufzutanken, bevor ich weiterflog. Ein Kinderspiel, wie ein Zwischenstopp in Kisumu.

Erfolg gibt Selbstvertrauen. Aber wer hat ein Recht auf Selbstvertrauen außer den Göttern? Ich hatte Rückenwind, mein letzter Benzintank war noch zu gut drei Vierteln gefüllt, und die Welt wirkte so hell, als sei es eine neue, noch unberührte Welt. Doch hätte ich wohl wissen müssen, daß solche Augenblicke, genau wie die Unschuld, von flüchtiger Dauer sind. Noch bevor ich das Land sah, bekam mein Motor Mucken. Er setzte aus, stotterte kurz, begann dann wieder zu arbeiten und schnaufte dann gleichsam vor sich hin. Er hustete und spie schwarze Abgase übers Meer.

Es gibt ja Worte für alles. Auch hierfür gab es ein

Wort – Airlock (Gasschleuse), wenn ich mich richtig erinnerte. Dies mußte ein Airlock sein, weil noch genügend Benzin vorhanden war. Vielleicht, dachte ich, läßt sich das beseitigen, indem ich sämtliche leere Tanks auf- und wieder zudrehe; also tat ich's. Die »Hähne« der Tankanschlüsse waren kleine, scharfe Metallsplinte, und nachdem ich sie ein dutzendmal geöffnet und geschlossen hatte, sah ich, daß meine Hände bluteten, und das Blut auf meine Karten und meine Kleidung tropfte; doch meine Bemühungen blieben fruchtlos. Der Motor lahmte und stockte immer wieder. Öldruck und Öltemperatur waren normal, auch sonst konnte ich nichts finden; und dennoch verlor ich langsam an Höhe, während sich gleichzeitig in mir das Gefühl breitmachte, fast schon gescheitert zu sein. Falls ich das Land noch erreichte, wäre ich der erste Mensch gewesen, der den Nordatlantik von England aus überquerte; aber selbst wenn mir eine Landung gelang, eine Notlandung, so war das, aus Pilotensicht, ein Fehlschlag, weil ich ja New York erreichen wollte. Eine Zwischenlandung, um aufzutanken, war dagegen absolut in Ordnung ... dann konnte ich's noch schaffen ... wenn nur ... ja, wenn doch nur ...

Wieder setzt der Motor aus, wieder fängt er sich, und dann nutze ich jeweils die Gelegenheit, um höher zu steigen, so hoch wie nur möglich; und dann stottert und stockt er wieder, und ich gleite tiefer in Richtung Wasser; und steige und sinke, je nachdem, wie ein Seevogel auf Jagd.

Ich finde das Land. Die Sicht ist jetzt ausgezeichnet, und ich kann sechzig oder siebzig Kilometer weit blicken. Falls ich auf dem richtigen Kurs bin, muß das Cape Breton sein. Minute nach Minute verstreicht, und jede gewinnt vor meinen Augen fast buchstäblich Gestalt: Sie gleichen Gliedern einer sich langsam bewegenden Kette, und jedesmal, wenn der Motor stockt, sehe ich in der Kette ein zerbrochenes Glied und halte den Atem an, bis sich die Kette weiterbewegt.

Das Land ist jetzt unter mir. Ich greife nach meiner Karte und starre darauf, um mich genau zu orientieren. Trotz meiner verminderten Fluggeschwindigkeit bin ich nur zwölf Minuten vom Sydney Airport entfernt, wo ich die Maschine vor dem Weiterflug auftanken und überholen lassen kann.

Wieder setzt der Motor aus, und ich gehe in den Gleitflug, aber jetzt mache ich mir keine Sorgen mehr; er wird schon wieder anspringen, genau wie zuvor, und dann steige ich höher und fliege nach Sydney.

Aber diesmal springt er nicht wieder an; diesmal ist er so tot, wie ein Motor nur tot sein kann; die Gull strebt erdwärts, und es ist ein Stück Erde, das ich nicht kenne. Es ist schwarze Erde voller Felsbrocken, und ich schwebe darüber, getragen nur von der Hoffnung und einem nichtrotierenden Propeller. Aber lange kann ich so natürlich nicht halten. Die Erde eilt mir entgegen. Ich kurve und wende und »schiebe« seitwärts, um den Felsblöcken auszuweichen; und spüre, wie mein Fahrgestell aufsetzt, wie die Räder einsinken. Die Gull steckt ihre Nase in den Dreck, und ich selbst knalle mit dem Kopf gegen die vordere Kabinenglasscheibe und höre, wie sie zersplittert, und fühle, wie Blut über mein Gesicht strömt.

Ich taumle aus dem Flugzeug und versinke bis zu den Knien in Morast; und stehe dort mit dümmlichem Blick – jedoch nicht gerichtet auf die öde Insel, sondern auf meine Armbanduhr.

Einundzwanzig Stunden und fünfundzwanzig Minuten. Atlantikflug. Von Abingdon in England zu einem namenlosen Sumpfgelände – nonstop.

Ein Inselbewohner aus Cape Breton fand mich – ein Fischer, der sich zufällig in der Nähe des Sumpfgebiets aufhielt und die Gull sah, »Köpfchen tief im Dreck, Schwänzchen in die Höh'«. Und er sah mich, wie ich mich durch den Morast mühte, der mich immer inniger umschlang. Seit einer Stunde schon versuchte ich ihm zu entkommen, und der schwarze Schlamm hatte mich bereits bis zur Hüfte umfaßt, während das Blut aus meiner Kopfverletzung ihm auf halbem Weg entgegenkam.

Aus einiger Entfernung dirigierte mich der Fischer mit Gesten und Rufen zu den festen Stellen im Sumpf; eine weitere Stunde verging, bevor ich Stück für Stück in seine Nähe gelangte – wie eine Bewohnerin des Hades, die von der Sonne geblendet wird; nur war es bei mir nicht die Sonne – ich hatte vierzig Stunden lang nicht geschlafen.

Er brachte mich zu seiner Hütte am Rande der Küste, und ich entdeckte, daß es dort auf den Felsen ein Telefonhäuschen mit einem uralten Telefon gab – für Schiffbrüchige, vorsorglich.

Ich rief den Sydney Airport an und meldete, ich sei in Sicherheit und eine Suche nach mir unnötig. Am folgenden Morgen stieg ich auf Floyd Bennett Field aus einem Flugzeug und sah eine Menschenmenge, die sich zu meiner Begrüßung versammelt hatte; nur war das Flugzeug, aus dem ich stieg, nicht die Gull; und noch tagelang während meines Aufenthalts in New York dachte ich darüber nach und wünschte mir wieder und wieder, daß es doch die Gull gewesen wäre – bis der Wunsch seine Bedeutung verlor und die Zeit ganz einfach vorrückte, über so vieles hinwegschreitend, was auf ihrem Wege lag.

ERNEST HEMINGWAY
Deutsche Gastwirte

Dieses Urlaubserlebnis entstammt den 49 Depeschen, *journalistischen Auftragsarbeiten des Schriftstellers und Globetrotters Ernest Hemingway (1899–1961) aus den Jahren 1920–1956.* Deutsche Gastwirte *erschien am 5. September 1922 in* The Toronto Daily Star.

OBERPRECHTAL, SCHWARZWALD. – Wir glitten und rutschten den steilen Waldhang hinunter und traten aus dem Schatten der Fichten auf eine helle Lichtung hinaus, wo eine Sägemühle und ein weißverputztes Gasthaus in der Sonne schmorten. Ein deutscher Schäferhund bellte uns an, ein Mann steckte seinen Kopf durch die Gasthaustür und sah herüber. Wir waren nicht sicher, ob es das Haus war, zu dem man uns geschickt hatte, und so gingen wir die Lichtung noch ein Stück weiter hinunter, um zu sehen, ob es noch ein anderes gebe, aber da war nur das Tal und die staubige Straße, der Fluß und die steilen, waldigen Berge. Wir waren seit dem frühen Morgen unterwegs und hatten Hunger.

In der Gaststube fanden Bill Bird und ich den Wirt und seine Frau am Tisch sitzen und Suppe essen.

»Können wir bitte zwei Doppelzimmer haben?« fragte Bill. Die Wirtin wollte etwas sagen, aber der Wirt blitzte sie an, während ihm die Zwiebelsuppe aus dem Schnurrbart rann. »Ihr könnt hier überhaupt keine Zimmer bekommen, heute nicht und morgen nicht und nie, ihr Ausländer ...« schnarrte er.

Bill wollte ihn beruhigen, indem er sagte: »Herr Trinkler in Triberg empfahl Sie uns. Wir wollen hier angeln.«

»Trinkler?« Seine Unterlippe schob sich hoch und sog die Zwiebelsuppe aus dem Bart. »Trinkler? Trinkler hat hier gar nichts zu sagen ...« Er befaßte sich wieder mit seiner Suppe.

Bill und ich hatten unsere Frauen draußen auf der Lichtung. Wir sagten, die Frauen seien hungrig nach dem Sieben-Kilometer-Weg über die Berge. Ich selber hatte so großen Hunger, daß sich mir der Magen umdrehte und zu knurren anfing, und Bill ist dünn und grazil wie von einem der alten italienischen Primitiven gemalt, so daß man es ihm sofort ansieht, wenn er etwas gegessen hat, wie einem Strauß, der einen Baseball verschluckt. Er sah dünner aus als je, und wir waren sehr höflich.

»Wir haben Hunger«, sagte Bill, und ich versichere Ihnen, daß man es ihm ansah. »Wie weit ist es denn bis zum nächsten Gasthaus?«

Der Wirt haute auf den Tisch: »Das müßt ihr schon selber herauskriegen!«

Wir fanden eines nach sechs Kilometer heißer, staubiger Straße, und es sah nicht besonders gut aus. Wie die meisten Gasthäuser im Schwarzwald hieß es *Zum Rößle*. Das »Rößle« ist das Lieblingssymbol der Schwarzwaldwirte, aber es gibt auch eine Menge »Adler« und »Sonnen«. Alle diese Gasthäuser sind weiß getüncht und sehen von außen ordentlich und sauber aus, aber innen sind sie schmutzig, eins wie das andere. Die Bettlaken sind kurz, die Federbetten klumpig, die Matratzen hellrot, das Bier gut, der Wein schlecht. Beim Mittagessen müssen Sie vorsichtig sein und aufpassen, daß das Stück Brot, das Sie erwischen, nicht sauer ist. Der Wirt versteht nie, was Sie sagen, seine Frau bindet sich die Schürzenbänder, während sie den Kopf schüttelt. Arbeiter in Unterhemd und Hosenträgern schneiden sich mit dem Taschenmesser ganze Kanten von dem Schwarzbrot ab und spülen es mit dem sauren Wein hinunter. Die Deckenbalken sind schwarz vom Rauch. Die Hühner scharren im Vorgarten, und der Misthaufen dampft unter den Schlafzimmerfenstern.

Das *Rößle*, in dem wir einkehrten, verfügte über alle diese Kennzeichen, und über einige mehr: Es gab hier eine ordentliche Mahlzeit aus gebratenem Fleisch, Kartoffeln, grünem Salat und Apfelkuchen, vom Wirt selber aufgetragen, der unerschütterlich wie ein Ochse aussah und mitunter mit dem Suppenteller in der Hand stehenblieb und wie abwesend aus dem Fenster starrte. Seine Frau hatte ein Kamelsgesicht, genau die unverwechselbare Kopfbewegung und den Ausdruck äußerster Stupidität, die man nur bei Trampeltieren und süddeutschen Bauersfrauen beobachten kann.

Es war heiß draußen, und in der Gaststube war es kühl und dämmrig. Wir stellten unsere Rucksäcke in die Ecke und aßen tüchtig. Von einem Tisch in der Ecke beobachteten uns einige Deutsche. Als wir bei der zweiten Flasche Bier und der letzten Waschschüssel voll grünem Salat waren, kam eine große, dunkelhaarige Frau an unseren Tisch und fragte uns, ob wir nicht Englisch sprächen. Die Antwort war nicht weiter schwierig, und es stellte sich heraus, daß sie eine amerikanische Sängerin war, die in Berlin Gesang studierte. Sie sah wie Mitte Vierzig aus. Wie alle guten Sängerinnen hatte sie gemerkt, daß sie es ihr Leben lang falsch gemacht hatte: sie war ein Opfer schlechter Lehrer gewesen. Aber jetzt war sie auf dem richtigen Wege, denn Elsa Sembry hatte sich ihrer angenommen, und jetzt war sie in den richtigen Händen. Es kam auf die Stimmbänder an, das war Elsa Sembrys großes Geheimnis, auf die Glottis oder die Epiglottis, ich habe nicht ganz verstanden, auf welche von beiden, jedenfalls müssen Sie die eine hinunter drücken, die andere hinauf; das ist alles, was Sie zu tun haben, und der Unterschied ist das ganze Geheimnis.

Mrs. Bird und meine Frau gingen hinauf in eins der kleinen, geweißten Gastzimmer und legten sich auf den knarrenden Betten schlafen; sie hatten 25 Kilometer hinter sich (nicht die Betten, sondern unsere Frauen), und Bill und ich machten uns auf den Weg nach Oberprechtal, wo wir uns um Angelscheine bemühen wollten. Wir saßen gerade vor dem Gasthaus *Zur Sonne* im lebhaften Gespräch mit dem Gastwirt, das ausgezeichnet voranging, solange ich mich mit meinem Deutsch aus dem Spiele hielt, als die Sängerin erschien. Sie hatte ein Notizbuch unter dem Arm und war in zuversichtlicher Laune. Ihre Stimme – sie sprach davon, müssen Sie wissen, in derselben vollkommen unpersönlichen Weise wie alle Sänger, die sich über ihre Stimme unterhalten –, ihre Stimme war also ein Koloratursopran, den man recht vorteilhaft mit dem Koloratursopran der Melba und der Patti verglichen hatte. »Gatti-Casazza hat gesagt, es fehle mir nur noch der Dreh, und deshalb bin ich hier«, erklärte sie, »aber Sie müßten meine Koloraturen einmal hören …« Sie fing an zu trällern, sanft, durch die Nase. »Von der Galli-Curci habe ich nie viel gehalten. Sie ist keine wirkliche Sängerin. Hören Sie sich mal das an …« Wieder trällerte sie, etwas lauter und noch etwas mehr durch die Nase. Ich war platt. Ich hatte noch niemals jemanden durch die Nase trällern hören, weder so sanft noch so laut und klar; es war ein Erlebnis. Danach erzählte sie uns, daß Mary Garden nicht singen könne, Yvonne Gall ein Bluff und die Tetrazzini eine Niete sei, und Mable Garrison war ein Reifen ohne Luft, ein glatter Plattfuß. Nach der Entlarvung dieser Hochstaplerinnen redete sie wieder in ihrer kühlen, unbeteiligten Art von sich selber. Sie war von der Patti und der Melba wirklich nicht zu unterscheiden. Danach gingen wir die Straße hinauf und zu unserem Gasthaus zurück.

Beim Abendbrot erlebten wir unser zweites Beispiel deutscher Widerwärtigkeit. Wir haben nur zwei erlebt in diesen zwei Wochen im Schwarzwald. Der Ausflug ist noch nicht zu Ende, aber uns reicht es.

Die Sängerin hatte sich uns angeschlossen, und unser Tisch war für fünf gedeckt. Als wir in die Gaststube kamen, saßen in der Nähe, am Ende des Nebentischs, zwei blondhaarige Deutsche. Um sie nicht zu stören, machte meine Frau einen Bogen um den ganzen Tisch herum. Daraufhin wechselten sie die Plätze, und Mrs. Bird mußte in entgegengesetzter Richtung um den Tisch herumgehen. Während des Essens mokierten sie sich auf Deutsch laut über uns »Ausländer«. Dann standen sie auf, und wollten gehen. Sie kamen auf uns zu. Ich stand auf und schob meinen Stuhl vor, um sie durchzulassen, aber es war zu eng. Sie hätten durchaus die Möglichkeit gehabt, um den Tisch herumzugehen, aber sie griffen nach meinem Stuhl und schoben ihn beiseite. Wieder stand ich auf und ließ sie durch. Das bereue ich seitdem. Aber ich habe früh in meiner Ehe herausbekommen, daß die Teilnahme an Streitigkeiten in Gasthäusern nicht zu den Geheimnissen des ehelichen Glücks gehört.

Einer der beiden gab schnarrend bekannt: »Wir sind Deutsche.«

»Du bist ein Schweinehund.«

Das entsprach zweifellos nicht den Regeln, aber es

schien verständlich zu sein. Bill faßte eine Flasche beim Hals. Es sah aus wie der Anfang einer internationalen Verwicklung.

Sie blieben eine Minute in der Tür stehen, aber die Chancen waren offenbar nicht gut, denn die Arbeiter am nächsten Tisch schienen unsere Partei zu nehmen. »Schieber!« sagte einer von ihnen und sah die beiden kegelköpfigen Sportsmänner in der Tür an. »Schieber!«

Die Tür schloß sich, sie waren gegangen.

»Wenn ich bloß Deutsch sprechen könnte«, lamentierte ich. »Es ist zu blöd, sich ankläffen lassen zu müssen und wie stumm dazustehen, während man doch über ein einigermaßen erschöpfendes Vokabularium verfügt ...«

Die Sängerin sagte in ihrer instruktiven Art: »Wissen Sie, was Sie ihnen hätten sagen müssen? Sie hätten ihnen sagen müssen: ›Wer hat denn den Krieg gewonnen?‹ Oder sagen müssen: ›Jawohl, es ist zu merken, daß Sie Deutsche sind.‹ Ich wünschte, es wäre mir eingefallen, wirklich zu sagen, was mir eingefallen war ...«

Das ging einige Zeit weiter, dann fing sie an zu trällern. Sie trällerte eine ganze Menge Opern, während wir in der verräucherten Gaststube saßen. Kurz und gut, in dieser Nacht gingen wir alle zusammen ein Stück die Straße hinauf, zwischen den schwarzwaldigen Bergen und einem Fingernagelschnitzen von Mond am Himmel, und die Sängerin trat in eine Pfütze. Am nächsten Morgen war sie heiser und konnte nicht sehr gut singen, aber sie tat ihr Bestes, um Mrs. Bird vorzuführen, wie man mit der Glottis umgeht, und wir andern gingen zum Angeln.

Alma M. Karlin
Das Maisabenteuer

1898 in Celje in der damaligen k.u.k. Monarchie geboren, geht Alma Karlin (gestorben 1950 in Celje) mit achtzehn Jahren als Sprachlehrerin nach England. Sie lernt insgesamt zehn Sprachen, entscheidet als Einundzwanzigjährige Schriftstellerin und Weltreisende zu werden, und zieht los. Nach fast zehn Jahren kehrt sie 1928 das erste Mal nach Europa zurück. In Einsame Weltreise, *einer ihrer vielen Veröffentlichungen, erreicht Alma Karlin im Mai 1920 Arequipa im Süden Perus.*

In Arequipa

Nun müssen wir ein Zimmer finden, das nicht allzu viel kostet«, meinte die Schneiderin von Cuzco, die sich wie eine Klette an mich geheftet hatte, und entdeckte einen kleinen Jungen, der den Koffer auf den Kopf schwang und uns voraneilte. Hinter ihm kam die mutige Bartdame mit zwei Taschen, dahinter die beiden Jungen mit den Zuckerrohrbündeln und zuletzt meine Wenigkeit mit Schreibmaschine und Handtäschchen. So wanderten wir durch die pechfinsteren

Gassen von Hotel zu Hotel, von Einkehrhaus zu Einkehrhaus, und immer war alles besetzt. Bei jeder Wegbiegung wurden unsere Sachen schwerer, und ich ächzte vor Müdigkeit, als wir endlich in das Hotel Francia e Inglaterra hinkten.

Unweit von Francia e Inglaterra wölbte sich das eiserne Gittertor der berühmten Kathedrale von Arequipa, unter der sich das Herz des Misti befinden sollte und die im Laufe der Jahrhunderte schon so oft zerstört worden war. Ihr Anblick berührte mich eigentümlich: Ich verspürte eine jähe Furcht, etwas wie ein Erinnern, das dennoch kein Erinnern sein konnte. Es war mir, als sollte dieser mir fremde Bau bestimmend für mein Leben werden. Ich wollte eintreten und wagte es nicht, weil ich keine Mantilla besaß. Da ich indessen über dem blauen Seidenmützchen noch den weißen Reiseschleier trug, winkte mir ein Priester, einzutreten. Die Kirche war schmucklos, verglichen mit anderen Kirchen lateinischer Völker, und nur ein Kruzifix von bedeutender Größe mit sonderbar wandernden Augen fiel mir auf. Das Morgenlicht lag in roten Lachen auf den weißen Fliesen, und oben, in den Fensterbogen, krächzten die Raben.

Ganz beklommen machte ich mich auf Zimmersuche.

Um drei Uhr nachmittags war ich nahe daran, mit der bärtigen Schneiderin nach Cuzco weiterzureisen; denn entweder vermietete man nicht, oder das Zimmer hatte keine Fenster, so daß man gewzungen war, die Tür angelweit offen zu lassen. So unwissend ich war, ahnte ich doch, daß dies unbedingt zu verwerfen war, und mühte mich ab, etwas besser Gelegenes zu entdecken. Jemand riet mir etwas in der Calle Jerusalem, und die Frau, zu der ich meinen Wunsch aussprach, geleitete mich durch ein enges Mauergefüge zu einem fensterlosen Loch, das keinen Boden und nur eine Brettererhöhung für das Bettzeug hatte.

»Licht brauchen Sie wenig«, meinte sie gutmütig, »denn wenn am Abend die Esel in die Stallungen zurückgekehrt sind, brennen die Knechte Kerzen vor den Türen und der Widerschein der Stallaternen kommt Ihnen zugute.«

So sehr ich meine Ansprüche herabgeschraubt hatte, so nieder waren sie noch nicht. Ich suchte neuerdings ein Zimmer im Herzen der Stadt, gelangte bis zur Markthalle jenseits des kleinen Parks und fand in der Casa rosada Unterkunft.

Die Frau, die mir das Haus empfohlen hatte, sagte mir:

»Es wohnen gute Leute dort und schlechte.«

Das bestimmte mich, den guten wie den bösen Leuten auszuweichen. Man konnte, wo man wollte, gewiß auch allein sein, und es war der einzige bewohnbare Raum, den ich entdeckt hatte. In einem erstklassigen Hotel zu wohnen, wäre mir zu teuer gewesen, und selbst da ist es mehr als fraglich, ob ich mit weniger Gefahren davongekommen sein würde.

Ich zog ein.

In der Casa Rosada

Am Abend drehte immer jemand eine Drehorgel, und die ganze Nacht hindurch heulten die Hunde, heulten doppelt, wenn die Glocken läuteten und der Boden wankte, weil es im Misti kochte.

Ich entschied mich zum Bleiben und arbeitete so brav wie nie zuvor. Ich lieh mir sogar einen Besen aus, mit dem ich den Staub hinausfegte –, eine Tugend, die ich bis dahin noch nie entfaltet hatte, und in meiner Freizeit (zwischen der literarischen Arbeit) zeichnete und malte ich fieberhaft. Eine Anzeige in der Zeitung brachte mir unverhofft viele Antworten ein, und ich sah mich schon mit vollen Säcken das alte Inkareich verlassen. Ich lächelte wie ein Krampus auf einer Zuckerschachtel und war »columbusser« denn je.

Das Maisabenteuer

In drei Tagen war ich »auscolumbust« und der »geschwollene Kopf« auf den ursprünglichen Umfang zurückgeführt. Von da ab kannte ich meine Grenzen und hatte überdies das Gruseln erlernt. Die Taupfeilertapferkeit war weg. Von da an ging ich durch das Leben als Weib, nicht als verrücktes Mägdelein …

Und das kam so.

Ich hatte mich bei dem vornehmsten Advokaten der Stadt vorstellen müssen, da er beabsichtigte, mir den

Unterricht seiner Kinder – dreizehn an der Zahl – für alle Gegenstände in englischer Sprache zu übergeben, und um einen besseren Eindruck hervorzurufen, hatte ich mein bestes Kostüm aus rotschwarzer Seide angezogen. Sehr befriedigt – was ich verdienen würde, reichte dahin, mein Zimmer, und, wenn ich *sehr* vorsichtig wirtschaftete, meine Kost zu bezahlen – und in meiner Freude stolperte ich unachtsam dahin, bis mich auf der Plaza de Armas vor der Kathedrale jemand anrief. Es war ein Mitreisender des »Bologna«, der mir sagte, daß ich mich im fremden Lande einsam fühlen mußte, und mich fragte, ob ich Lust hätte, seine Schwester zu besuchen. Ich *war* einsam und folgte ihm sofort. Die Sonne schien hell, es war drei Uhr nachmittags, und die Wohnung der jungen Frau nicht allzu weit entfernt.

Im Hofe hatte er Lamas, und mein Entzücken kannte keine Grenzen. Bis dahin hatte ich sie höchstens in einem Tiergarten gesehen, nun konnte ich ungestört ihr weiches Fell, ihren langen Hals, die verächtlich gerümpfte Nase, die hohen Beine bestaunen; nur angreifen durfte ich sie nicht, denn für derlei Vertraulichkeiten sind sie nicht zu haben: Da spucken sie dem Verwegenen einfach ins Gesicht.

»Ich werde dem Fräulein unsere Felder und Bäume zeigen«, sagte er, und ich begleitete den jungen Mann über die Maisfelder, die durch breite, aber niedere Steinwälle voneinander getrennt und schon deshalb bemerkenswert waren, weil sie so hoch wuchsen, wie man es bei uns nie erlebt. Manche Halme erreichten eine Höhe von drei Metern, und daher bewegte ich mich auf dem schmalen Pfade wie in einem Wald.

Damals trug ich immer Handschuhe und dachte so wenig daran, sie auszuziehen – selbst an heißen Sommertagen – wie mein Hemd. Umso befremdlicher war es, daß ich auf einmal ein Drängen verspürte, mich der Lederhandschuhe zu entledigen und sie in meine Handtasche zu stecken, die Paß und Geld und einige wichtige Briefe enthielt. Kaum aber hatte ich das getan, so fühlte ich mich an den Schultern erfaßt und auf den schmalen Pfad niedergedrückt. Noch immer war ich eher erstaunt als bestürzt und starrte der Braunhaut groß ins Gesicht.

Hierauf folgten die Ereignisse schnell aufeinander. Mir blieb nur ein dunkles Erinnern an einen Kampf, der uns schnell vom schmalen Pfad unten im Graben landete, so daß mein neues Staatskleid mit einer sandigen Kruste bedeckt wurde, was meine Erbitterung noch erhöhte. Von Zeit zu Zeit verlor ich die Tasche und schwamm gewissermaßen zu ihr zurück, riß sie an mich und kämpfte weiter, ohne daß der Peruaner mich auf die Beine kommen ließ. Alle meine Bitten, alle meine Vorstellungen blieben unerhört und ernteten einzig ein kaltes »Es nützt nichts!«. Das Menschtier kniete mit all seiner Schwere auf mir und vereitelte jede Bewegung außer der meiner Arme.

Da warf ich den Kopf zurück und schrie so laut, wie ich es meiner Lunge nie zugetraut hätte. Laut genug, ganz Arequipa von den Toten zu erwecken, aber ich erweckte nichts als einen sehr kleinen Jungen, der angstvoll in den Graben spähte. Das Menschtier saß noch auf mir und preßte seine dicke, arbeitsharte Hand auf meinen Mund. Meine Zähne sind noch von Mutter Natur eingehängt; sehr gute überdies. Ich vertiefte sie in die Pfote. Das Tier ließ los. Ein Stoß, gerade als er zum Kinde sprach, um es wegzujagen und ich war frei. Ehe er mich zu packen vermochte, war ich den Abhang hinaufgelaufen und rannte aus Leibeskräften dem Weichbild der Stadt zu.

Hinter mir rannte der Mann, aber ich war flinker. Erst als ich vor einem Kakteengebüsch landete und fünf Meter unter mir die Straße sah – ich mußte mich verlaufen haben –, erreichte er mich auf dem unteren Pfade. Ich hatte die Demütigung, mich von ihm herabheben lassen zu müssen, aber hier waren schon so viele Fußgänger, daß ich mich nicht mehr zu weigern brauchte. Wortlos ging ich von ihm hinweg; er sprach zu tauben Ohren. Nun machte ich ihm keinerlei Vorwürfe mehr. Es mußte auch meine Unvorsichtigkeit gewesen sein, die das Unheil ermöglicht hatte.

Als ich heimwanderte, dachte ich ohne Ende:

»Wie seltsam du bist! Ein so großer Schrecken, eine so starke seelische Erschütterung und endlich auch eine körperliche, denn ich war wie ein leerer Sack hin- und hergeflogen, und du weinst nicht, du fällst nicht in Ohnmacht, du tust mit einem Worte *nichts*!«

Quellennachweis

(In Klammern die von der Herausgeberin gewählten Titel für die Textauszüge in diesem Band – sofern sie nicht mit den Originaltiteln übereinstimmen.)

Michael Crichton: *Im Kreis der Welt. Reiseerlebnisbericht.* Rowohlt Verlag, Reinbek bei Hamburg, 1991. (*Das Mundstück*)
Simone de Beauvoir: *Amerika Tag und Nacht. Reisetagebuch.* Rowohlt Verlag, Reinbek bei Hamburg, 1988. (*Buffalos Niagarafälle*)
Karel Čapek: *Reisebilder.* Aufbau Verlag, Berlin, 1978.
Heide Wilts: *Wo Berge segeln. Mit der »Freydis« in die Arktis.* Delius Klasing & Co., Bielefeld, 1988; Ullstein TB, Berlin, 1997. (*Ein Matterhorn kentert*)
Jack London: Die Fahrt der Snark. Übers. v. Erwin Magnus. Universitas Verlag in der F. A. Herbig Verlagsbuchhandlung, München, 1911. (*Jungfernfahrt*)
Charles Nicholl: *Im Goldenen Dreieck. Eine Reise in Thailand und Burma.* Rowohlt Verlag, Reinbek bei Hamburg. (*Ausflug nach Laos*)
Martha Gellhorn: *Reisen mit mir und ihm.* Rowohlt Verlag, Reinbek bei Hamburg 1990. (*Mit Mr. Dandy im Dschungel*)
Philippe Frey: *Der weiße Nomade.* Übers. v. Xenia Gharbi. Fischer Taschenbuch Verlag, Frankfurt a. M., 1993. (*Der Alptraum*)
Truman Capote: *Lokalkolorit.* Limes Verlag, München, 1960. (*Bandidos*)

Gertrude Bell: *Ich war eine Tochter Arabiens*. Scherz Verlag, Bern, München, Wien, 1993. (*Besteigung der Finsteraarhorn-Ostwand*)
Mark Twain: *Durch Dick und Dünn*, Aufbau Verlag, Berlin. (*Die letzte Nacht*)
Paul Theroux: *Abenteuer Eisenbahn. Auf Schienen um die halbe Welt*. Übers. v. Werner Peterich. Hoffmann & Campe Verlag, Hamburg, 1977. (*Geduffillt*)
Tim Cahill: *Der heiße Atem des Jaguars. Reportagen*. Ullstein Verlag, Berlin, 1990. (*Ein Haufen Trottel*)
Christian W. Lutz: *Opunzien oder die Damen in Strick und Schick*. Aus: Reisen. Konkursbuch 21. Verlag Claudia Gehrke, Tübingen, 1989.
Mark Twain: *Bummel durch Europa*. Aufbau Verlag, Berlin. (*Die Pianistin*)
Bruce Chatwin: Traumpfade. The Songlines. Übers. v. Anna Kamp. Carl Hanser Verlag, München, Wien, 1990. (*Känguruhjagd*)
Fruttero & Lucentini: *Kleines Ferienbrevier*. Piper Verlag GmbH, München, 1994. (*Ferien auf dem Öko-Hof*)
Simone Borowiak: *Frau Rettich, die Czerni und ich. Eine Sommerverlobung*. Eichborn Verlag, Frankfurt a. M., 1992. (*Mit Grippe, Frau Rettich und der Czerni in Barcelona*)
Karl Valentin: *Sturzflüge im Zuschauerraum. Der Gesammelten Werke anderer Teil*. Hrsg. v. Michael Schulte. Piper Verlag, München, 1969.
Djuna Barnes: *Die Frau, die auf Reisen geht, um zu vergessen. Reisebilder*. Klaus Wagenbach Verlag, Berlin, 1992.
Oriana Fallaci: *Das unnütze Geschlecht. Wo lebt die Frau am glücklichsten?* Econ Verlag, Düsseldorf, 1965. (*Ein Abend mit Geishas*)
Otto Julius Bierbaum: *Yankeedoodle-Fahrt. Ergötzlicher*

Bericht einer Mittelmeerreise. Nymphenburger Verlagshandlung, München, 1965. (*Bakschischismus*)
Elly Beinhorn: *Alleinflug.* Langen Müller Verlag in der F.A. Herbig Verlagsbuchhandlung, München. (*Verschollen*)
Rudyard Kipling: *Reisebriefe aus Japan.* Hrsg. v. Hugh Cortazzi und George Webb. Paul List Verlag, München, 1990. (*Das japanische Mahl*)
Friedrich-Karl Praetorius: *Reisebuch für den Menschenfeind. Die Freuden der Misanthropie.* Suhrkamp Verlag, Frankfurt am Main, 1993. (*Die Insel Gili air*)
Mary Kingsley: *Die grünen Mauern meiner Flüsse.* C. Bertelsmann Verlag GmbH, München, 1989. (*Egaja – das Dorf der Menschenfresser*)
Martin Walser: *Variationen eines Würgegriffs. Bericht über Trinidad und Tobago.* Radius Verlag GmbH, Stuttgart, 1985. (*Der Sandalenkauf*)
Beryl Markham: *Westwärts mit der Nacht. Erinnerungen als Pferdezüchterin und Fliegerin.* Nymphenburg Verlag in der F. A. Herbig Verlagsbuchhandlung, München, 1986.
Ernest Hemingway: *49 Depeschen. Ausgewählte Zeitungsberichte und Reportagen aus den Jahren 1920–1956.* Hrsg. v. Ernst Schnabel. Rowohlt Verlag, Reinbek bei Hamburg, 1969.
Alma M. Karlin: *Einsame Weltreise. Erlebnisse und Abenteuer einer Frau im Reich der Inkas und im Fernen Osten.* Kore Verlag, Freiburg, 1995. (*Das Maisabenteuer*)

GERTRUDE BELL: *Ich war eine Tochter Arabiens.* Scherz Verlag, Bern, München, Wien, 1993. (*Besteigung der Finsteraarhorn-Ostwand*)
MARK TWAIN: *Durch Dick und Dünn,* Aufbau Verlag, Berlin. (*Die letzte Nacht*)
PAUL THEROUX: *Abenteuer Eisenbahn. Auf Schienen um die halbe Welt.* Übers. v. Werner Peterich. Hoffmann & Campe Verlag, Hamburg, 1977. (*Geduffillt*)
TIM CAHILL: *Der heiße Atem des Jaguars. Reportagen.* Ullstein Verlag, Berlin, 1990. (*Ein Haufen Trottel*)
CHRISTIAN W. LUTZ: *Opunzien oder die Damen in Strick und Schick.* Aus: Reisen. Konkursbuch 21. Verlag Claudia Gehrke, Tübingen, 1989.
MARK TWAIN: *Bummel durch Europa.* Aufbau Verlag, Berlin. (*Die Pianistin*)
BRUCE CHATWIN: Traumpfade. The Songlines. Übers. v. Anna Kamp. Carl Hanser Verlag, München, Wien, 1990. (*Känguruhjagd*)
FRUTTERO & LUCENTINI: *Kleines Ferienbrevier.* Piper Verlag GmbH, München, 1994. (*Ferien auf dem Öko-Hof*)
SIMONE BOROWIAK: *Frau Rettich, die Czerni und ich. Eine Sommerverlobung.* Eichborn Verlag, Frankfurt a. M., 1992. (*Mit Grippe, Frau Rettich und der Czerni in Barcelona*)
KARL VALENTIN: *Sturzflüge im Zuschauerraum. Der Gesammelten Werke anderer Teil.* Hrsg. v. Michael Schulte. Piper Verlag, München, 1969.
DJUNA BARNES: *Die Frau, die auf Reisen geht, um zu vergessen. Reisebilder.* Klaus Wagenbach Verlag, Berlin, 1992.
ORIANA FALLACI: *Das unnütze Geschlecht. Wo lebt die Frau am glücklichsten?* Econ Verlag, Düsseldorf, 1965. (*Ein Abend mit Geishas*)
OTTO JULIUS BIERBAUM: *Yankeedoodle-Fahrt. Ergötzlicher*

Bericht einer Mittelmeerreise. Nymphenburger Verlagshandlung, München, 1965. (*Bakschischismus*)
ELLY BEINHORN: *Alleinflug.* Langen Müller Verlag in der F.A. Herbig Verlagsbuchhandlung, München. (*Verschollen*)
RUDYARD KIPLING: *Reisebriefe aus Japan.* Hrsg. v. Hugh Cortazzi und George Webb. Paul List Verlag, München, 1990. (*Das japanische Mahl*)
FRIEDRICH-KARL PRAETORIUS: *Reisebuch für den Menschenfeind. Die Freuden der Misanthropie.* Suhrkamp Verlag, Frankfurt am Main, 1993. (*Die Insel Gili air*)
MARY KINGSLEY: *Die grünen Mauern meiner Flüsse.* C. Bertelsmann Verlag GmbH, München, 1989. (*Egaja – das Dorf der Menschenfresser*)
MARTIN WALSER: *Variationen eines Würgegriffs. Bericht über Trinidad und Tobago.* Radius Verlag GmbH, Stuttgart, 1985. (*Der Sandalenkauf*)
BERYL MARKHAM: *Westwärts mit der Nacht. Erinnerungen als Pferdezüchterin und Fliegerin.* Nymphenburg Verlag in der F. A. Herbig Verlagsbuchhandlung, München, 1986.
ERNEST HEMINGWAY: *49 Depeschen. Ausgewählte Zeitungsberichte und Reportagen aus den Jahren 1920–1956.* Hrsg. v. Ernst Schnabel. Rowohlt Verlag, Reinbek bei Hamburg, 1969.
ALMA M. KARLIN: *Einsame Weltreise. Erlebnisse und Abenteuer einer Frau im Reich der Inkas und im Fernen Osten.* Kore Verlag, Freiburg, 1995. (*Das Maisabenteuer*)